Der Fall Weil

RAOUL WEIL

DER FALL WEIL

Wie mein Leben
in den Fängen der US-Justiz
zum Albtraum wurde

WÖRTERSEH

© 2015 Wörterseh Verlag, Gockhausen

Lektorat: Reto Winteler, Wetzikon, und Andrea Leuthold, Zürich
Juristisches Lektorat: Dr. Georg Gremmelspacher, Rechtsanwalt, Basel
Korrektorat: Andrea Leuthold, Zürich, und Brigitte Matern, Konstanz
Umschlaggestaltung: Thomas Jarzina, Holzkirchen
Foto Umschlag vorn: Raoul Weil in den Büros von Freshfields Bruckhaus
Deringer, Oktober 2014; Daniela Reinsch, New York
Fotos Umschlag hinten: Dokument, das die Geschworenen nach
45-minütiger Beratung Richter James I. Cohn übergaben, und ein Bild
der Fußfessel, die Raoul Weil während fast elf Monaten tragen musste
Layout, Satz und herstellerische Betreuung:
Beate Simson, Pfaffenhofen a. d. Roth
Druck und Bindung: CPI – Ebner & Spiegel, Ulm

Print ISBN 978-3-03763-062-4
E-Book ISBN 978-3-03763-585-8

www.woerterseh.ch

*Für Susanne, meine Mutter und
meinen im April 2015 verstorbenen Vater.
Und für Brenda und John.*

»A bend in the road is not the end of the road ...
unless you fail to make the turn.«

Eine Kurve in der Straße ist nicht das Ende der Straße ...
es sei denn, du kriegst sie nicht.

———————————

Helen Keller

Dieses Buch ist ein Erlebnisbericht, der sich auf wahre Begebenheiten stützt und in dem die Geschehnisse ausschließlich aus der subjektiven Sicht des Autors dargestellt werden. Angaben zum Gerichtsprozess und rechtlich relevante Inhalte basieren auf öffentlich zugänglichen Quellen. Die Verhöre und Kreuzverhöre während der Verhandlung in Amerika sind nicht wortwörtlich wiedergegeben, Raoul Weil fasste sie sinngemäß nach bestem Wissen und Gewissen zusammen – ohne Falschaussagen von Zeugen gegen ihn zu widerlegen. Die effektiven Dialoge sind im über mehrere tausend Seiten dicken Gerichtsprotokoll dokumentiert und für jedermann einsehbar.

Um die Privatsphäre von natürlichen und juristischen Personen zu schützen sowie dem Bankgeheimnis Rechnung zu tragen, wurde – auch im Sinne des Persönlichkeitsschutzes – ein großer Teil der Namen geändert.

Eine persönliche Abrechnung mit involvierten Personen liegt Raoul Weil fern. Er hat mit der Vergangenheit Frieden geschlossen.

INHALT

PROLOG

Seit je besteht zwischen dem Schweizer Bürger und seinem Staat ein Vertrauensverhältnis. Das schweizerische Verrechnungssteuersystem und das Bankgeheimnis waren während Generationen Ausdruck dieses liberalen Denkens. Für den Großteil der Schweizer und Schweizerinnen ist es eine Selbstverständlichkeit, dass sie ihre Steuererklärungen korrekt ausfüllen, pünktlich einreichen und die Rechnung gewissenhaft bezahlen.

Andere Staaten pflegen ein eher von Misstrauen geprägtes Verhältnis zu ihren Bürgern und erwarten beispielsweise von ihren eigenen Banken, dass sie als verlängerter Arm der Steuerbehörden agieren.

Was in Sachen Schweizer Bankgeheimnis immer wieder gern vergessen geht: Es schützt nicht nur die Privatsphäre jedes Einzelnen, es hat auch während Jahrzehnten politisch verfolgten Menschen wertvolle Dienste geleistet. In den letzten Jahrzehnten wurde es – richtigerweise, wie ich finde –, etwa durch den »Geldwäscherei- und Insiderartikel«, stufenweise eingeschränkt. Die USA mit dem »Qualified Intermediary Agreement«, und später die OECD, zwangen die Schweizer schließlich zu einem politischen Gesinnungswandel, der zur Aufgabe des Bankgeheimnisses – mindestens für Ausländer – führen wird.

Meine persönliche Erkenntnis aus dem Erlebnis dieser Umbruchperiode ist, dass man sich nicht auf Verträge – auch nicht auf Staatsverträge – verlassen sollte. Großmächte haben die unangenehme Eigenheit, klare Abmachungen später einseitig zu ihren Gunsten auszulegen. Sogenannte befreundete Nationen zeigen auf einmal ihre unfreundlichere Seite. Das Recht des Stärkeren kann einen deshalb jederzeit vor unliebsame Sachzwänge stellen.

Ab 2018 wird die Schweiz zu einem automatischen Informationsaustausch in Steuersachen übergehen. Ob dieser den OECD-Staaten ein besseres wirtschaftliches Umfeld mit ausgeglicheneren Staatshaushalten bescheren wird, soll die Zukunft weisen.

Als Bürger erfüllte ich immer meine Pflicht. Und auch als Manager versuchte ich, dies nach bestem Wissen und Gewissen zu tun. Der Job eines Top-Managers lässt sich ganz gut mit jenem eines Bullenreiters beim Rodeo vergleichen. Jeder Cowboy klammert sich krampfhaft am Strick fest und versucht, den Bullen, auf dem er sitzt, so gut wie möglich zu bändigen. Dabei weiß jeder, dass der Abwurf nur eine Frage der Zeit ist. Auch ich habe das – rückblickend betrachtet – eigentlich immer gewusst. Aber ich verdrängte dieses Wissen erfolgreich. Wie sonst hätte ich Tag für Tag mein Bestes geben können? Und ja, mein Fall war tief. Sehr tief. Die harte Landung im Staub presste mir die Luft aus den Lungen, und sämtliche Knochen im Leib schienen zu zersplittern. Die langsam verheilenden Wunden werden mich wohl für den Rest meines Lebens wetterfühlig sein lassen. Aber ich habe gekämpft. Gekämpft gegen ein von ambitionierten und politisch motivierten Staatsanwälten beherrschtes US-Rechtssystem, aber auch gegen ein Umfeld, dem es völlig egal war, dass ich eiskalt in den Boden getrampelt werden sollte. Die Art und Weise, wie mir ehemalige Weggefährten, von denen ich bei einigen dachte, es seien Freunde, den Schwarzen Peter zuschoben, erschütterte mein Vertrauen zu den Menschen in seinen Grundfesten; es half mir aber auch, meine wahren Freunde zu erkennen. Und das ist eine der positiven Seiten, die ich meiner Geschichte abgewinnen kann. Es gibt noch andere.

Die erlebte Zäsur hat mir die eigene Endlichkeit vor Augen geführt, den Moment kostbarer werden lassen und mich dazu gebracht, meine Prioritäten neu zu setzen. So steht meine Beziehung zu meiner Familie und meinen Freunden heute über allem. Und so sind es auch die einfachen Dinge im Leben, die mich heute Glück erleben lassen.

Raoul Weil, im September 2015

ALBTRAUM OHNE ENDE

Toc! Toc! Toc! Nachts um halb zwei klopfte es heftig an unsere Zimmertür im »I Portici Hotel« in Bologna. Toc! Toc! Toc! »Aprite la porta! Per favore.«

So beginnen Kriminalromane. Das hier ist einer. Meiner.

Aber lassen Sie mich, bevor wir auf die Ereignisse eingehen, die in jener Nacht vom 18. auf den 19. Oktober 2013 in Bologna eskalierten, zwei, drei Worte zu meiner Person sagen.

Also, wer bin ich? Ich heiße Raoul Weil und dies seit 1959. Ich bin mit Susanne Lerch verheiratet. Dies seit 1996. Wir haben keine Kinder.

Susanne ist Übersetzerin, arbeitete bei der Fifa und war später Personalchefin der Logistikdivision jener Schweizer Bank, bei der auch ich gearbeitet habe und wo wir uns kennen gelernt haben. Susanne ist mein Fels in der Brandung.

Zu mir spontan noch das Folgende: Ich wuchs als Einzelkind in einer ganz normalen, durchschnittlichen Schweizer Familie in Basel auf. Meine Mutter war Hausfrau, mein Vater Architekt bei der Großmetzgerei Bell. Ich besuchte das Gymnasium und studierte schließlich an der Uni Basel Volks- und Betriebswirtschaft. Was gibt es noch zu sagen? Ich war Fourier bei den Flieger- und Flabtruppen der Schweizer Armee und habe (als ehemaliger Flabkanonier) einen leichten Hörschaden. Susanne meint, dass ich das, was ich hören will, eins a hören würde. Sie behauptet übrigens auch, dass ich ein schlechter Autofahrer sei. Und weil sie recht hat, lasse ich ihr gern den Vortritt.

Bis vor kurzem war ich Banker. 2008 trug ich bei der Old Swiss Bank (OSB) die Verantwortung für 63 000 Mitarbeitende. Bald werde ich in einem Hochsicherheitsgefängnis in Bologna sitzen. In einer Dreierzelle. Unschuldig, wie das Geschworenengericht in Fort Lauderdale, mehr als ein Jahr nach meiner Verhaftung, am 3. November 2014 urteilen wird. Einstimmig.

Ich bin gesellig und liebe angeregte Gespräche in angenehmer Gesellschaft. Ich bereiste rund neunzig Länder und interessiere mich für zeitgenössische chinesische Kunst und für moderne Architektur. Vielleicht hätte ich gescheiter Architekt werden sollen, dann wäre mir wohl einiges erspart geblieben. Ich verschlinge Bücher, in deutscher und englischer Sprache, und spiele regelmäßig Bridge. Allerdings lediglich auf Plauschniveau. Während unserer Zeit in New York besuchten wir Jazzklubs und Broadway-Shows, sahen uns Ballettinszenierungen und Opern an. Dennoch muss ich zu meiner Schande gestehen, dass ich relativ unmusikalisch bin. Klassische Musik höre ich lediglich am Sonntag. Zum Frühstück. Das hat dann so etwas Beruhigendes. Aufgewachsen bin ich mit der Musik von Deep Purple, Supertramp, David Bowie, The Clash und den Stranglers. Rock 'n' Roll und Punk. Vielleicht kommt mein Hörschaden auch ein bisschen von den Rolling Stones. »You Can't Always Get What You Want«.

Ich bin ein liberaler Mensch. Sowohl wirtschaftlich als auch gesellschaftlich. Ich schätze unsere direkte Demokratie. Aber politisch aktiv bin ich nicht. Ich esse und trinke gern, bin aber weder ein Weinconnaisseur noch ein Gourmet. Ich bin kein eigentlicher Hobbykoch, stehe jedoch am Wochenende ganz gern am Herd.

Bis zwanzig fuhr ich hobbymäßig Skirennen. Heute gehe ich es auf dem Schnee langsamer an, am liebsten in den Bündner Bergen. Daneben jogge und wandere ich. Wann immer möglich mit Susanne und unserem Hund Madhu, einem Irish Soft Coated Wheaten Terrier. Wie so ein Irish Soft Coated Wheaten Terrier aussieht? Schwierig zu beschreiben. Stellen Sie sich einfach etwas sehr Sympathisches, Mittelgroßes mit hellem, flauschigem Fell und freundlichen Knopfaugen vor. Madhu bedeutet im altindischen Sanskrit »Honig« und bezieht sich auf die Farbe seines Fells.

Als junger Erwachsener spielte ich Handball. In der ersten und zweiten Liga. Und eher bescheiden Tennis. Von außen beurteilt man mich als teamfähig, integer, zuverlässig und fokussiert, als schlagfertig, humorvoll und intelligent, aber auch als etwas gutgläubig. Susanne meint, es fehle mir zuweilen an Sensibilität. Ich bin ein Zahlenmensch.

Früher war ich eher scheu. Und noch heute bin ich keiner, der in großer Gesellschaft aufsteht und ruft: »Hört mal her, ich habe da eine absolut wahnsinnige Story erlebt.« Angesichts der Tatsache, dass ich meine Geschichte nun öffentlich mache, klingt das wie ein Widerspruch, und es drängt sich die Frage nach dem Warum auf.

Es ist ganz einfach: Das Schreiben hielt mich im Knast über Wasser. Mit jeder geschriebenen Seite konnte ich Ballast abwerfen und die Geschehnisse verarbeiten. Im Englischen heißt es: »Turn the page!« Ich habe beim Schreiben viele Seiten gewendet und wurde dabei – im wahrsten Sinn des Wortes – leichter. Zu Beginn schrieb ich einzig und allein für mich. Als Therapie. Irgendwann entstand der Wunsch, meine Aufzeichnungen jenen Menschen zum Lesen zu geben, die sich im Sturm nie von uns ab-, sondern im Gegenteil noch mehr zugewandt haben. Ja, und als das fertige Manuskript dann vor mir lag, motivierte mich mein Studienfreund Tobi, die Geschichte als Buch zu veröffentlichen. Nicht zuletzt auch, um jene Facetten zu schildern, die in der öffentlichen Berichterstattung auf der Strecke blieben. Allora.

Freitag, 18. Oktober 2013 Eigentlich begann alles ganz entspannt. Nach acht unbeschwerten Tagen in Rom kamen Susanne und ich am frühen Nachmittag im Hotel I Portici in Bologna an. Das Viersternehaus befindet sich im Herzen des historischen Zentrums von Bologna, nur fünf Gehminuten vom Hauptbahnhof entfernt. Es bietet einen spannenden Mix aus ganz alt und ganz neu. Manche Zimmer sind auf den Park gerichtet, und von anderen blickt man auf die Via Indipendenza. Indipendenza. Unabhängigkeit. Was für ein großes Versprechen.

Nach dem Einchecken schlenderten Susanne und ich noch ein bisschen durch die Altstadt, besichtigten die gewaltige Basilica San Petronio, die beiden schiefen Türme Asinelli und Garisenda und genossen die letzten Strahlen der Herbstsonne im Kaffeehaus Zanarini bei Cappuccino und Mandelkuchen. Auf Empfehlung einer Bekannten reservierten wir im Ristorante Pappagallo einen Tisch für den Abend. Leo, der Inhaber, empfing uns mit Prosecco und Parmaschinken, und wir genossen die weltweit oft kopierte, aber unerreichte, ursprüngliche Küche der Emilia Romagna. Bei Kerzenschein. Was wir noch nicht wussten: Es sollte unser letztes gemeinsames Essen für eine lange Zeit sein.

Samstag, 19. Oktober, 1 Uhr 30 Toc! Toc! Toc!

Susanne rief schlaftrunken und leicht verärgert: »Hey, hallo, Sie sind an der falschen Tür! Suchen Sie Ihr eigenes Zimmer!«

Abermals klopfte es. »Aufmachen! Polizei!«

Keine Sekunde später wurde die Tür aufgesperrt, und zwei Polizisten standen in unserem Zimmer.

Entsetzt sprangen wir aus dem Bett, umschlangen uns und versuchten uns so gegenseitig zu beschützen. Susanne trug ein kurzes, rosafarbenes Nachthemd, was den einen der Carabinieri ein bisschen zu genieren schien. Den Blick zum Parkettboden gesenkt, fragte er mich nicht unfreundlich, aber bestimmt: »Sind Sie Signor Weil Raoul?«

»Sì.« Ich stand in Boxershorts da.

»Ziehen Sie sich bitte an und kommen Sie mit. Sie müssen uns einige Fragen beantworten.«

Obwohl überrumpelt vom ungebetenen nächtlichen Besuch, wusste ich sofort, warum die Polizisten in unserem Hotelzimmer standen. Fast auf den Tag genau vor fünf Jahren war ich von den USA im Zuge des Steuerstreites zwischen Amerika und der Schweiz angeklagt worden. Jetzt würde das nächste und hoffentlich letzte Kapitel geschrieben werden.

Mechanisch, mit den Gedanken überall und nirgends, schlüpfte ich in meine Hose, streifte mir ein Hemd über, steckte mein Handy und das Portemonnaie ein, küsste Susanne – »Mach dir keine Sorgen, auf bald!« – und verließ wortlos und entschlossenen Schrittes das Zimmer.

Die zwei Carabinieri machten beim Nachtportier kurz halt und bedankten sich für seine Meldung an die Polizei.

»Keine Ursache, das war doch selbstverständlich. Ich habe die Warnung im Reservationssystem gesehen und nur meine Pflicht getan.«

Dann gings los: Zum allerersten Mal in meinem Leben wurde ich in einen Streifenwagen verfrachtet und an einen mir unbekannten Ort gefahren. Es sollte nicht das letzte Mal sein. Nichts gegen eine Ausfahrt in einem hellblauen Alfa Romeo 159 – aber morgens um zwei Uhr und mit zwei Polizisten im Schlepptau gehört so ein Ereignis nicht zu den zehn wichtigsten Dingen, die man als Mann in seinem Leben gemacht haben muss. Vor allem dann nicht, wenn man nicht vorn sitzen darf.

Auf dem Polizeikommissariat, einem trutzigen, düsteren Palazzo, der auch schon bessere Tage gesehen hatte, durchlief ich ein Prozedere, wie ich es bisher nur aus Krimiklassikern kannte: Ein bierbäuchiger Beamter mit Dreitagebart nahm mir erst mein Handy und meine Fingerabdrücke ab und erfasste dann Größe, Augenfarbe und so weiter. Gleichgültig schoss er danach ein unvorteilhaftes Polizeifoto. Ein junger, eleganter und überraschend zuvorkommender Polizist führte mich daraufhin in sein Office. Ich nahm auf einem wackeligen Stuhl Platz und musterte das Büro. Hohe Decken und vergilbte Wände, die seit Jahrzehnten keinen Anstrich mehr gesehen hatten. Verstaubte Möbel und Berge von Akten. Spinnweben in den Ecken. Und in der Luft ein Hauch von Schimmelpilz. Und »Acqua di Giò« von Giorgio Armani. Laut Werbung verfallen »Männer jeden Alters diesem Duft, der an Sommer, Sonne, Strand und Meer erinnert«. Alles in allem war das Büro eine graue Beamtenstube, wie man sie sich für einen Mafiafilm nicht besser wünschen könnte. Und doch war eine gewisse Klasse zu spüren. Nicht nur in Italien machen Kleider Leute. Aber besonders dort. Selbst ein einfacher Carabiniere im Nachtdienst stellt in seiner maßgeschneiderten dunkelblauen Uniform mit weißem Brust- und Ledergurt und der imposanten Mütze mit lackiertem schwarzen Schild mehr dar als ein Schweizer General bei einem Staatsempfang.

Der geschniegelte Beamte redete in melodiösem Italienisch auf mich ein: »Wissen Sie, weshalb Sie hier sind?«

»Nein, nicht wirklich«, antwortete ich vorsichtig auf Englisch.

»Sie werden in den Vereinigten Staaten wegen Verschwörung zum Zweck des Steuerbetrugs* gesucht. Falls Sie der Auslieferung zustimmen wollen, unterschreiben Sie bitte hier.«

---

* Im Folgenden Verschwörung zum Steuerbetrug genannt.

Meine Italienischkenntnisse beschränkten sich bisher auf das Bestellen eines Cappuccinos, einer Pizza oder eines Bieres, aber Worte wie »cospirazione«, »evasione fiscale« und »estradizione« passten in etwa zu dem, was ich erwartet hatte.

»Es tut mir sehr leid, aber ich spreche kein Italienisch. Und deshalb unterschreibe ich auch keine Dokumente – und schon gar keine auf Italienisch. Ich möchte zuerst meinen Anwalt sprechen.«

Damit war unsere Konversation vorerst beendet, und der Armani-Carabiniere führte mich in eine große, karge Aufnahmezelle. Unser Zimmer im »I Portici Hotel Bologna« sah anders aus. Durch eine riesige Glasscheibe beobachteten mich die diensthabenden Polizisten wie einen exotischen Fisch im Aquarium. Das Licht der nackten Neonröhren leuchtete grell und hart. Auf einer langen Bank lag ein Stapel abgewetzter Wolldecken, die nach Fußschweiß und erkaltetem Zigarettenrauch stanken. Ich breitete eine aus, legte mich hin und zog mir meine Steppjacke übers Gesicht. Draußen auf dem Korridor grölte ein aufgebrachter Besoffener. Er fluchte wie ein Rohrspatz und trommelte mit den Fäusten gegen eine Wand. Mir hämmerten die Ereignisse der letzten Stunden durch den Kopf. Wie mag es Susanne ergehen? Was wird die Zukunft bringen? Werde ich aus diesem Schlamassel jemals wieder rauskommen? Was wird mit meiner Familie geschehen? Fragen über Fragen. Erst nach Stunden fiel ich erschöpft in einen kurzen, erstaunlicherweise aber tiefen Schlaf.

Nach dem Aufwachen fühlte ich mich durchgewalkt wie nach einer durchzechten Nacht. Gerädert. Orientierungslos. Wo war ich? Mir schoss für einen kurzen Moment durch den Kopf, dass Susanne und ich für den heutigen Abend Karten für eine Opernaufführung im Teatro Comunale di Bologna hatten. Ironischerweise für Verdis »Nabucco«. Jene Oper, welche für ihren großartigen Gefangenenchor berühmt ist. Na bravo!

Irgendwann bekam ich einen Espresso im Plastikbecher. Er vermochte die pochenden Kopfschmerzen zumindest etwas zu lindern. Dann meldete sich die Natur.

»Carabiniere, toiletta! Prego?«, rief ich. Oder hieß das »gabinetto«? Egal.

»Hier entlang, Signore.«

»Grazie.«

»Nein, nicht hier, das ist die Sitztoilette für uns Beamte. Benutzen Sie bitte die Latrine da drüben!«

Anfängerfehler: Ich hatte die schöne Diensttoilette mit der Insassentoilette verwechselt.

Da stand ich nun. Die Toilette war funktional einwandfrei und absolut pflegeleicht, keine Frage. Ein gekachelter Abort mit zwei Podesten für die Füße und einem Loch. Aber was mich störte: Der Polizist überwachte mich beim Pinkeln. Sicherheitshalber. Für ihn Routine. Für mich eine hochnotpeinliche Situation.

Als ich in der Aufnahmezelle zurück war, streckte mir der Armani-Carabiniere mein Handy entgegen. Er wolle, sagte er, meine Frau über meinen Verbleib informieren. Ob aus Mitleid oder von Gesetzes wegen ist mir bis heute nicht ganz klar. Mit meinem vierstelligen Code entsperrte ich das Gerät, tippte Susannes Nummer ein und übergab es ihm wieder. Nachdem er meiner Frau ein paar Kontrollfragen gestellt hatte, um sicherzugehen, dass auch tatsächlich sie am anderen Ende war, schilderte er ihr »die aktuelle Situation«. Der Carabiniere schien ganz offensichtlich ein anständiger Mensch zu sein, denn er überreichte mir das Handy, damit nun auch ich noch ein paar Worte mit meiner Frau wechseln konnte.

Just in dem Moment, als ich auf sein Handzeichen hin das kurze Gespräch beendet hatte, entstand auf dem Korridor draußen ein

Tumult. Aufgebrachte Stimmen, Schreie und der Lärm herumfliegender Einrichtungsgegenstände. Es schien sich um eine gröbere Auseinandersetzung zu handeln, weshalb der Kollege draußen den Carabiniere in meiner Zelle zu Hilfe rief. Quasi im Hechtsprung stürzte sich der ins Getümmel und vergaß dabei völlig, mein Handy wieder an sich zu nehmen. Das Telefon unter der Decke versteckt, tippte ich hastig und mit zitternden Fingern eine SMS an Susanne: »Anwalt. Love.«

Die Antwort kam postwendend: »Bin bereits im Anwaltsbüro.«

»Merci! CH-Konsulat! Love!«

»Anwälte arbeiten auf Hochtouren. Konsulat informiert. Love U 2.«

»Danke. Anwalt. Dringend!«

Dann bemerkte der Carabiniere seinen Fehler, und er unterbrach die Verbindung zu meiner Frau.

Zu meiner großen Erleichterung tauchte bereits sieben Minuten später Luca auf, mein von Susanne eiligst rekrutierter Anwalt aus Bologna. Ich unterschrieb sofort die nötigen Vollmachten, um ihn für meine Vertretung vor Gericht zu mandatieren. Und nachdem er gegangen war, tat ich das, was in nächster Zukunft meine Hauptbeschäftigung werden sollte: Ich wartete.

Um die Mittagszeit kam es zu einer weiteren bemerkenswerten Premiere in meinem Leben: Ein Carabiniere bat mich, die Hände vor meinen Bauch zu halten, und legte mir, ritsch-ratsch-klick, Handschellen an und informierte mich, dass es nun ins Gefängnis an die Via del Gomito 2 gehe. Das Gefühl von kaltem Stahl an den Handgelenken werde ich nie vergessen.

Zwei Polizisten führten mich nach draußen, platzierten mich auf einer Blechbank im Fond eines Streifenwagens und stiegen ein. Zu meiner Überraschung war ich nicht der einzige Fahrgast. Neben mir saß, ebenfalls in Handschellen, ein verlauster Mittdreißiger, der mit seinen schwarz geränderten Restfingernägeln eine abbröckelnde weiße Aufschrift von seiner Lederjacke pulte. Kaum hatten wir uns begrüßt, bretterte der Polizei-Diesel davon und pflügte sich mit Blaulicht und gellender Sirene durch den Mittagsverkehr.

»Ich bin Raoul«, versuchte ich ein Gespräch zu eröffnen.

»Franco.«

»Weswegen haben sie dich verhaftet?«, wollte ich wissen.

»Nur eine Kleinigkeit. Die kennen mich eben und behalten mich im Auge. Ich bin vor kurzem nach dreizehn Jahren Knast entlassen worden.«

Wo zum Teufel bin ich hier bloß gelandet? Dreizehn Jahre! Dreizehn Jahre kriegt man ja nicht fürs Schwarzfahren mit dem Bus der Bologneser Linie 25 aufgebrummt. Auch nicht für Zechprellerei, einen Handtaschendiebstahl oder das Klauen einer Butangasflasche für den Gartengrill.

ERINNERUNGEN AN BHUTAN

1999 unternahmen Susanne und ich eine Reise in das damals noch wenig erschlossene Himalaja-Königreich Bhutan, das Land, das dem Bruttosozialglück seiner Bevölkerung auch heute noch mehr Bedeutung zumisst als seinem Bruttosozialprodukt. Wir machten ausgedehnte Wanderungen bis tief hinein in Täler, deren Dörfer weder Elektrizität noch fließend heißes Wasser kannten, erlebten beängstigende Fahrten auf höllisch abfallenden Passstraßen in über 3500 Metern Höhe und begegneten überall Bauern, Mönchen und Heerscharen von breit lachenden Kindern. Sie alle waren materiell zwar wenig gesegnet, mit sich und der Welt aber vollkommen zufrieden. Die Spiritualität und Mystik dieses kleinen Landes zog uns von der ersten Sekunde an in ihren Bann.

Unweit der Hauptstadt Thimphu wollten wir zwei abgelegene Dzongs, buddhistische Klosterburgen, besuchen. Der Aufstieg zum ersten Dzong erwies sich als sehr beschwerlich. Es nieselte. Der Pfad war abschüssig und rutschig. Susanne entschied sich daher, nicht zur zweiten Klosterfestung mitzukommen, und so machte ich mich mit Namgay Wangchuck, unserem lokalen Begleiter, ohne sie auf den Weg. Nach einem erneut sehr anstrengenden Aufstieg erreichten wir auf 2931 Metern über Meer das Kloster Tango, das im 13. Jahrhundert vom Lama Gyalwa Lhanampa gegründet wurde und heute die höchstgelegene Klosterschule Bhutans beherbergt.

Ein Mönch begrüßte uns mit einem freundlichen »Tashi deleg«, was so viel bedeutet wie: »Möge es euch wohlergehen.« Namgay stellte mir den Mann als einen seiner zahlreichen Cousins vor. Ich musste schmunzeln; die in Bhutan praktizierte Vielmännerei bringt es mit sich, dass die Verwandtschaft sehr weit verzweigt ist und man offenbar noch in den entlegensten Winkeln auf Familienmitglieder trifft.

»Ihr habt großes Glück«, sagte der Cousin, »unser religiöser Führer, der Rinpoche ist hier! Ich werde schauen, ob ich euch nach Beendigung seiner Meditation eine Audienz organisieren kann.« Namgay war ganz ergriffen. Rinpoche bedeutet wörtlich übersetzt »außerordentlich Kostbarer« und bezeichnet insbesondere einen reinkarnierten Lama.

Eine halbe Stunde später führte uns der Cousin in einen niedrigen Raum. Durch ein kleines, talseitig in die dicke Mauer eingelassenes Fenster drang ein magerer Strahl gedämpften Lichtes. Ansonsten lag der Raum in mystischem Halbdunkel. Die Luft fühlte sich irgendwie dicht und elektrisch geladen an. Ich spürte die Präsenz einer für mich unbeschreiblichen Kraft. Auf einem kleinen Podest saß ein etwa siebenjähriger Junge im roten Mönchsgewand im Lotossitz und musterte uns aufmerksam durch seine dicken Brillengläser. Sein wacher, intelligenter Blick ging mir durch Mark und Bein.

Neben dem Knaben stand ein älterer Mönch, offensichtlich sein Lehrer, der uns das Kind als den Yangsi Rinpoche, die Reinkarnation des berühmten spirituellen Lehrers Dilgo Khyentse Rinpoche, vorstellte. Vom kleinen Rinpoche ging eine Ausstrahlung aus, die mich nicht einen Moment lang daran zweifeln ließ, vor einem auserwählten Menschen zu stehen. Namgay warf sich mit ausgestreckten Armen in der bekannten, tiefste Ehrerbietung bezeugenden, rituellen Verbeugung vor dem Rinpoche auf den Boden.

Dessen Aura berührte auch mich. Ich ließ mich auf die Knie nieder, senkte meinen Kopf und hörte, wie er etwas zu mir sagte, was sein Lehrer sogleich ins Englische übersetzte: »Woher kommst du?«

»Ich komme aus der Schweiz.«

»Was machst du hier?«

»Meine Frau und ich sind in den Ferien und erkunden das wunderschöne Land Bhutan.«

»Dann will ich euch beiden meinen Segen mit auf den Weg geben. Nimm dieses geweihte Briefchen als mein Geschenk an. Es soll dir und deiner Frau, solltet ihr in eine unüberwindbar scheinende Situation geraten, Kraft verleihen und euch beschützen.«

Nachdem wir uns abermals verneigt hatten, wurden wir von seinem Lehrer mit einer gebieterischen Geste verabschiedet. Und im selben Moment wurde aus dem Rinpoche ein ganz gewöhnlicher kleiner Junge im Hier und Jetzt, der nichts anderes mehr wollte, als nach draußen zu stürmen und Fußball zu spielen.

Das geheimnisvolle gelbe Briefchen, dessen Inhalt wir bis heute nicht kennen, fand in unserem Haushalt in einer bunten Pappmaschee-Dose aus Kaschmir einen sicheren Platz. Es sollte uns in einer schwierigen Phase unseres Lebens den Glauben schenken, dass alles gut kommen wird.

EINTRITT IN DIE GALERA

Zurück in den Alfa Romeo 159 der Bologneser Polizei. Dank Blaulicht und Sirene erreichten wir die Via del Gomito 2 bereits nach zehn Minuten. Die Zufahrt zur Strafanstalt von Bologna, der Casa Circondariale, war auf der ganzen Breite mit einer bestimmt sieben Meter hohen Mauer gesichert. Das Gefängnis besteht aus verschiedenen Häusern auf einer rund 500 auf 500 Meter großen Fläche. Dass es den Namen »La Dozza« trägt, erfuhr ich erst sehr viel später. Die Häftlinge nannten es schlicht und einfach »galera«. Zuchthaus.

Die Galera ist in verschiedene Sektionen unterteilt. Ich lernte zwei davon kennen. Die erste wurde »infermerìa« genannt, was so viel heißt wie Krankenstation. In der Infermeria werden die neuen Gefangenen nach zwei, drei Tagen entweder wieder entlassen oder so lange behalten, bis klar ist, dass sie an keiner ansteckenden Krankheit leiden; insbesondere nicht an Tuberkulose.

Bei mir sollte das Warten auf die negativen Testergebnisse geschlagene 14 Tage dauern, danach würde ich zu den Untersuchungshäftlingen in die permanente Sektion verlegt werden, wo ich weitere 42 Tage verbringen würde. Total ergab das 56 Tage italienischen Knast, etwas, was ich nun wirklich nicht einmal meinem ärgsten Feind wünsche.

Die beiden Polizisten führten Franco und mich in so was Ähnliches wie ein Pförtnerhaus, wo sie uns die Handschellen abnahmen und einem abgeklärten, blondhaarigen Beamten, Mitte vierzig, mein Handy übergaben. Es steckte in einem verschweißten Plastikbeutel. Er nahm es entgegen, schaute mich müde, aber nicht unfreundlich an und sagte dann emotionslos: »Zieh die Kleider aus und leg sie auf die Theke. Die Unterhose kannst du anbehalten. Ich muss dich absuchen.«

Wir waren also per Du.

»Auch die Socken?«, fragte ich meinen neuen Freund. »Der Boden ist kalt.«

»Ja, auch die Socken. Stell dich da auf die Decke.«

Als er seine Pflicht getan hatte, sagte er: »Nun kannst du Hosen, Socken, Unterhemd, Pullover und die Schuhe wieder anziehen. Der Gürtel, die Schnürsenkel, das Jackett, deine Uhr, der Geldbeutel und dein Ehering kommen, genau wie dein Handy, in einen Plastiksack, den ich versiegle. Den Inhalt des Geldbeutels werde ich auf deinem Conto corrente, deinem Gefängniskonto, verbuchen. Mit den 230,50 Euro kannst du später Lebensmittel und Toilettenartikel beziehen.«

Ich nickte.

»Warum bist du hier in Bologna?«

»Ich bin, das heißt, ich war mit meiner Frau im Urlaub und wurde im Hotel verhaftet.«

»Im Urlaub?«

»Im Urlaub.«

»So, jetzt musst du die Inventarliste unterschreiben. Hier.« Der Beamte kritzelte mit dem Zeigefinger ein imaginäres Kreuzchen an die betreffende Stelle: »Hier, da, rechts unten. Und dann hoffen wir doch, dass du nur einen kurzen Aufenthalt in unserem Albergo speciale verbringen wirst.«

Kurz ist bekanntlich ein sehr relativer Begriff. Und im Moment deutete nichts darauf hin, dass seine und meine Hoffnung in Erfüllung gehen könnte. Jetzt war erst mal sitzen und warten angesagt. Die Stunden fühlten sich wie Tage an. Ich konnte meine Bartstoppeln wachsen hören.

Nach einem abermaligen Erfassen meiner Fingerabdrücke erwartete mich beim Arzt die schnellste medizinische Untersuchung, die ich je erlebt hatte. Immerhin wurde ich jetzt mit Sie angesprochen.
»Ziehen Sie Ihr T-Shirt aus. Haben Sie Atemprobleme, hohen Blutdruck?«
»Nein.«
»Nehmen Sie irgendwelche Drogen?«
»Nein.«
»Dann bitte einmal tief einatmen – jetzt husten.«
Ich tat, wie mir geheißen, und wurde abgehört.
»Geben Sie mir Ihren rechten Arm.«
Nun wurde noch rasch Blut abgezapft, und das wars dann auch schon. Der Turbo-Arzt erklärte die medizinische Eintrittsuntersuchung für erledigt. Das Ganze hatte keine fünf Minuten gedauert. Vermutlich wollte er nach Hause.

Nun führte mich, es war inzwischen früher Abend geworden, ein weiterer Aufseher durch endlose Gänge und unzählige elektronisch verriegelte Sicherheitsschleusen, bis die vergitterte, stählerne Tür meiner neuen Bleibe schwer hinter mir ins Schloss fiel.
Die Dreierzelle, die gerade mal 4,5 auf 2,5 Meter maß, war wie folgt ausgestattet: ein zweistöckiges Etagenbett, eine Einzelpritsche, drei Wandschränke, ein Tischchen mit zwei Hockern. Weiter gab es eine mit einer dünnen Sperrholztür abgetrennte Toilette, ein Lavabo mit fließend kaltem Wasser, ein vergittertes Fenster mit

Sicht auf einen kargen Innenhof. Es wurde zusätzlich mit einem feinmaschigen Netz aus Stahldraht gesichert. Und über der Zellentür – hinter einer Plexiglasscheibe – befand sich das Herzstück, der Fernseher. Zwischen den Betten und all den Möbeln blieb kaum Luft – die besten Voraussetzungen, um klaustrophobisch zu werden.

Lässig auf ihren Betten hockend, gelangweilt an ihren selbst gedrehten Zigaretten ziehend und in die Kiste glotzend, begrüßten mich meine beiden Zellengenossen mit einem ironischen »Willkommen in der Galera«. Unfreundlich schienen sie nicht zu sein. Aber eine längere Zeit mit ihnen zu verbringen, also zum Beispiel Weihnachten und Neujahr, das wollte ich mir dann doch nicht vorstellen.

»Wer bist du?«, wollte der ältere der beiden nun wissen.

»Ich heiße Raoul.«

»Und warum bist du hier?«

Nun, das war eine lange Geschichte, die ich ihm nicht bereits bei der ersten Begegnung erzählen wollte. Also winkte ich müde ab.

Die lange Geschichte beginnt mit meinem Studium der Wirtschaftswissenschaften in Basel. 1984, also mit 25 Jahren, trat ich, nach einer längeren Russland- und Asienreise, meine erste Stelle an. In der Informatik einer Großbank in Basel. Neun Jahre später, 1993, übernahm ich für sie die Leitung der Vermögensverwaltung Nordamerika und zog nach New York, wo Susanne und ich 1996 heirateten. 1997 übersiedelten wir nach Hong Kong und später nach Singapur. Dort leitete ich für die nach einer Fusion neu entstandene OSB das asiatische Private Banking. Im Jahr 2000 rief mich die OSB zurück nach Zürich und setzte mich auf das viel größere Geschäft mit Europa, dem Mittleren Osten und Afrika an. Im Juli 2002 wurde ich zum Leiter des Internationalen Vermögensverwaltungsgeschäfts befördert und übernahm damit auch das grenzüberschreitende US-Business. Ja, und damit war der Grundstein für meine Geschichte gelegt. Doch dazu später.

Nun bot mir der Jüngere eine Zigarette an. Ich schlug sie dankend aus und fragte, wie sie hießen und woher sie kamen. Der Jüngere hieß Florim und kam aus Rumänien, der Ältere stellte sich mit Giulio vor und war Italiener. Mehr wollten auch sie nicht erzählen. Sie wiesen mir meine Pritsche zu, das untere Etagenbett, und konzentrierten sich wieder auf die langbeinigen, spärlich mit Paillettenbikinis bekleideten jungen Frauen, die durch eines der vielen männerfreundlichen TV-Programme stöckelten. Ich legte mich hin und schloss die Augen. Mamma mia, was machte ich hier! Kurz darauf wurde mein erstes Knastmenü in die Zelle gereicht. Spaghetti bolognese. Bei Spaghetti kann man nicht viel falsch machen, müsste man meinen. Doch. Kann man. Vielleicht schmeckte das Essen aber auch bloß deshalb nicht, weil die Umstände niederschmetternd waren. Wahrscheinlich hätte man mir auch ein Kalbs-Cordon-bleu oder ein Bergkäse-Fondue servieren können, ich hätte lustlos drin rumgestochert.

Nach dem Essen legte ich mich wieder hin und versuchte einzuschlafen, da schüttelten mich meine beiden Zellengenossen plötzlich wild gestikulierend wach. Ich öffnete die Augen und blickte in ein mir wohlbekanntes Gesicht. In meines. Im Fernsehen. In den Nachrichten. Das Foto aus dem OSB-Geschäftsbericht von 2006, das mit der bordeauxroten Krawatte, war nicht mein Lieblingsbild, dennoch sollte ich es in den nächsten Wochen noch einige Male über den Bildschirm flimmern sehen, was mich in der Infermeria und später in der permanenten Abteilung zu einer Art VIP machte. Um 22 Uhr war Lichterlöschen.

In den kommenden Tagen lernte ich die schier unerträgliche, totale Langeweile der Infermeria kennen. Infermeria, das heißt: keine Bücher, kein Schreibzeug, keine Zeitung, nichts. Und absolut nichts zu tun. Die einzige Ablenkung boten zwei Hofgänge pro Tag, ein Damespiel, das irgendeiner mal aus verschiedenfarbigen Schraubverschlüssen von PET-Flaschen gebastelt und in der Zelle liegen gelassen hatte, und als Höhepunkt die katastrophal schlechten italienischen TV-Formate. Wann unser Fernseher lief und was wir schauten, das wurde – völlig demokratisch – von meinen beiden Zellengenossen Giulio und Florim mit absolutem Mehr entschieden. Leider deckte sich der Geschmack der beiden Herren nicht im Ansatz mit meinem. Aber wenigstens verschafften sie mir ab und zu ein wenig Heimatgefühl, dann zum Beispiel, wenn sie Canale 5 einschalteten. Dort moderierte Michelle Hunziker, die knackigste Schweizerin seit der James-Bond-Blondine Ursula Andress, zusammen mit zwei eher älteren Herren die läppische Satireshow »Striscia la notizia«. Die Krönung der italienischen Fernsehniederungen!

In all den Stunden, die wir in der Zelle saßen und irgendwie versuchten, uns auf diesem sehr engen Raum nicht auf die Nerven zu gehen, verständigten wir uns mehr schlecht als recht. Mit meinen wenigen Brocken Italienisch. Vor allem aber mit allerlei Handzeichen. Themen wie die Eurokrise oder die damaligen Bürgerproteste in der Türkei standen definitiv nicht auf der Agenda.

Während der täglichen Hofgänge (der erste von 9 bis 11.25 Uhr, der zweite von 13.30 bis 15.25 Uhr) schlurfte ich in meinen losen Hush Puppies und mit hängendem Hosenboden eher lustlos über den Sandboden. Die Schnürsenkel und den Gürtel hatte ich ja wegen Erhängungsgefahr abgeben müssen, und anfänglich fehlten mir die Ersatzkleider, um es meinen Mitgefangenen gleichzutun und das eigene T-Shirt in Streifen zu reißen, um damit Ersatzschuhbändel und Hosenhalter zu drehen. Es dauerte aber nicht lange, dann wusste auch ich den Blick auf den freien Himmel und den hautnahen Kontakt mit der Witterung zu schätzen. Frische Bologneser Luft! Doch es gab noch einen weiteren Grund, der mir das gerade mal 25 auf 25 Meter große Areal bald schon zu einem sehr wertvollen Ort machte: Ich traf dort auf Algerier, Tunesier und Marokkaner, mit denen ich mich in meinem schlechten Schulfranzösisch austauschen konnte.

Im Hof ergaben sich immer wieder spannende Begegnungen. Die mit Mustafa, einem 27-jährigen Drogendealer aus Marokko, ist mir ganz besonders in Erinnerung geblieben. Er erzählte mir, dass er nach dem Abitur, das er in Casablanca absolviert hatte, jahrelang in der Nähe von Avignon während sieben Tagen die Woche Früchte gepflückt habe. Für 650 Euro pro Monat!

»Meine Arbeitsbewilligung ist jeweils auf sechs Monate beschränkt gewesen. Danach musste ich für die Reise zurück nach Marokko einen ganzen Monatslohn einsetzen.« Er machte eine Pause, schaute auf den Boden, dann wieder mich an. »Irgendwann suchte ich nach lukrativeren Einkünften und begann mit kleineren Einbrüchen.«

»Keine gute Entscheidung.«

»Das erste Mal haben sie mich in Genf geschnappt und in den Knast gesteckt. Dort ließ es sich bestens überwintern. Das Essen war gut, ich hatte ein Dach über dem Kopf, eine geheizte Zelle und konnte erst noch Taschengeld verdienen – und zwar mehr als beim Pflücken von Pfirsichen und Aprikosen!«

»Und dann?«

Er lächelte müde. »Dann habe ich in Italien zu dealen begonnen. Das ist im Nachhinein sicher ein Fehlentscheid gewesen. Wobei schon auch eine gehörige Portion Pech mit im Spiel war, dass ich erwischt worden bin.«

Pech hatte auch Samir, der junge Tunesier, der mich eines Tages im Hof ansprach. Er saß in der Infermeria fest, weil er – sehr dummerweise, wie er selbst konstatierte – auf seiner Bahnreise von Salzburg nach Bologna einen Joint geraucht hatte.

»Ich wollte meinen vierzehnjährigen Bruder, der hier in Bologna zur Schule geht, besuchen, und jetzt drohen mir vier Monate Knast.«

»Vier Monate? Wegen einem Joint? Das ist aber heftig!«

»Ja, nein«, sagte er in relativ gutem Deutsch, »nicht wegen dem Joint. Aber wegen dem Joint hat mich die Polizei halt routinemäßig abgecheckt und ist dann auf eine noch hängige Geschichte aus dem Jahr 2008 gestoßen. Ein kleiner Diebstahl. Nichts Großes. Und jetzt das! Vier Monate! Das ist eine Katastrophe. Ich habe in Salzburg einen Job als Pizzaiolo. Und eine Frau, die im siebten Monat schwanger ist. Das Kind wird zur Welt kommen, und ich hocke im Knast. Großartig! Es ist einfach Scheiße! Kannst du mir helfen, meiner Frau, sie ist Österreicherin, einen Brief zu schreiben? Ich mache in Deutsch noch zu viele Fehler.«

»Klar!«

»Ich werde auch bald Österreicher sein, mein Einbürgerungsantrag läuft.«

Seine Geschichte berührte mich.

Bei einem unserer Gespräche fiel mir im Hintergrund einer von Samirs afrikanischen Landsleuten auf, der an seinen Unterarmen unzählige weiße Narben und eine offensichtlich frisch vernähte Wunde hatte. Der dunkelhäutige Mann ging unentwegt kopfschüttelnd und in kleinen Schritten nervös auf und ab.

»Samir, weißt du, was mit diesem verwirrten Tunesier los ist?«

»Verwirrt? Er ist verrückt. Schau dir doch nur seinen irren Blick an! Total durchgeknallt. Würde mich nicht wundern, wenn der für fünfzehn Jahre aus dem Verkehr gezogen wird. Ich habe gehört, dass seine Frau auch sitzt. Hier in der Frauenabteilung!«

»Was haben die beiden denn verbockt?«

»Sie hat eine junge Italienerin entführt, diese in einer Garage festgehalten, misshandelt und Geld erpresst.«

»Und er?«

»Er hat die Geisel dann vergewaltigt. Zusammen mit seinen vier Kollegen.«

Den italienischen Mitinsassen passte das gar nicht, dass ich mich des Öfteren mit den Nordafrikanern unterhielt. Sie schauten mit größter Verachtung auf die Araber herab.

»Svizzero, weshalb redest du mit diesen Schwächlingen? Eh? Die können nichts. Die haben null Mumm in den Knochen. Die halten den Knast im Kopf nicht aus. Die Psychos verstümmeln sich dauernd mit ihren Rasierklingen. Che cazzo! Erst gestern hat wieder einer der Krankenschwester gedroht, dass er sich die Arme aufschlitzen werde. Aber weißt du was? Anna, la brava, ließ sich nicht beeindrucken. Die sagte ihm arschkalt: ›Nur zu, du Idiot, schneide dich ruhig auf, ich flicke dich dann halt einfach wieder zusammen.‹«

Für die italienischen Gefangenen standen die Araber zuunterst in der Galera-Hierarchie. In den folgenden Wochen sollte ich die anderen Stufen aus nächster Nähe kennen lernen.

An der Spitze der Pyramide thronten, ganz selbstverständlich, die Italiener. Ihrem Rechtsverständnis und ihrer Tradition folgend, spezialisierten sie sich gezielt auf Vergehen, die von der Justiz und der Kirche vergleichsweise milde abgestraft wurden. Prostitution passte nur bedingt ins moralische Selbstverständnis der gläubigen Katholiken. Hingegen bestanden beim »honorigen« bewaffneten Banküberfall, dem Knacken von Geldautomaten, aber auch beim organisierten Drogenhandel weniger Bedenken.

Auf der zweitobersten Stufe standen die Albaner, die »skrupellosen Neuankömmlinge« in der europäischen Verbrecherszene, wie mir meine Mithäftlinge immer wieder versicherten. Sie seien allesamt Dealer, Zuhälter, gnadenlose Auftragskiller und Schläger.

Die Rumänen stellten die dritte große Gruppe. Sie machten Italien, so wurde mir gesagt, als Meisterdiebe, Zuhälter und Waffenschieber unsicher. Aus dem Drogenhandel hielten sie sich wohlweislich heraus, weil sie wussten, mit welch drakonischen Strafen sie bei einer Auslieferung in ihr Heimatland zu rechnen hatten.

Zwei drahtige Chinesen, drei Schwarzafrikaner und ich, der nicht tätowierte, grauhaarige, harmlose »Svizzero«, bildeten eine eigene, vor allem aber völlig irrelevante Randgruppe.

Als Folge der zahlreichen, rassistisch begründeten Schlägereien hatte, auch das erfuhr ich schon bald, die Gefängnisdirektion eine separate permanente arabische Sektion eingerichtet.

Mittwoch, 23. Oktober 2013 Am fünften Tag nach meiner Verhaftung wurde die Langeweile auf der Infermeria unterbrochen. Die Polizei war von Gesetzes wegen verpflichtet, mich innert 96 Stunden nach der Einlieferung einem Richter vorzuführen, um die Verhaftung formell zu bestätigen. Wäre diese Frist ohne Anhörung verstrichen, hätte man mich laufen lassen müssen.

Zusammen mit einem ziemlich wilden Haufen ungepflegter, mit Tattoos übersäter Mitgefangenen, die ebenfalls alle zur Anhörung mussten, wartete ich darauf, dass man uns vor dem Verlassen des Gefängnisses abtastete, die Fingerabdrücke kontrollierte und Handschellen anlegte. Danach verfrachteten uns die Wärter in einen Gefangenentransporter von der Größe eines Reisebusses. Der Innenraum war in Käfige unterteilt. Ich musste mich in einen der engeren Einzelkäfige auf der linken Seite des Busses zwängen. Durch das vergitterte Fenster konnte ich Teile der Straßenszenerie Bolognas an mir vorbeiziehen sehen. Vergeblich versuchte ich, den Blick auf eine öffentliche Uhr zu erhaschen, denn seit mir meine eigene abgenommen worden war, hatte ich mein Zeitgefühl völlig verloren.

Im Gericht sperrte man mich in einer riesigen Abstellhalle in eine drei auf vier Meter große Glaskabine. Rastlos tigerte ich darin hin und her und vertrieb mir so die Zeit bis zur Gerichtsverhandlung. Ich stand unter Starkstrom, denn Luca, mein italienischer Anwalt, wollte das Gericht davon überzeugen, dass bei mir keine Fluchtgefahr bestünde und man mich statt im Gefängnis problemlos auch im Hausarrest und mit einer GPS-Fußfessel überwachen könnte. Die Hoffnung auf diese Chance machte mich halb wahnsinnig.

Was ich nicht wusste, war, dass Susanne draußen auf dem Korridor, keine fünfzig Meter von mir entfernt, auch auf und ab ging und mindestens so nervös und hilflos wie ich auf meinen Gerichtstermin wartete.

Auf dem Weg zum Gerichtssaal eskortierten mich zwei freundliche, glatt rasierte und makellos uniformierte Carabinieri.

Das Glücksgefühl, das mich überkam, als ich Susanne am Ende des Korridors auf mich warten sah, lässt sich nicht beschreiben. Als wir auf ihrer Höhe ankamen, stürzte sie auf mich zu und umarmte mich. Was für ein Bild muss ich für sie abgegeben haben: In Handschellen, seit vier Tagen nicht geduscht, unrasiert, mit ungeputzten Zähnen, ungewaschenen Haaren und immer noch in denselben, mittlerweile miefenden Kleidern, in denen man mich aus dem Hotelzimmer abgeführt und in denen ich auch die Nächte verbracht hatte. Seit ich verhaftet worden war, fühlte ich mich wie vom Erdboden verschluckt und von allen vergessen, jetzt ging – mindestens für einen kurzen Moment – die Sonne auf. Susanne war meine einzige Stütze und Hoffnung in dieser fürchterlichen Situation.

»Halte durch! Wir werden das zusammen überstehen«, flüsterte sie mir ins Ohr.

Dann zog mich einer der Carabinieri am Ellbogen auch schon unwirsch weiter und bugsierte mich in ein Gerichtsbüro.

Meine beiden Zellengenossen hatten mich ausdrücklich vor Richterinnen und Staatsanwältinnen gewarnt: Die »puttane« müssten immer beweisen, dass sie nicht zu nachsichtig seien und mindestens so hart in ihren Urteilssprüchen wie ihre männlichen Kollegen.

Bingo, nun saß ich tatsächlich einer Richterin *und* einer Staatsanwältin gegenüber. Volltreffer! Luca zeigte mir den Auslieferungsantrag der Amerikaner und das Rechtsgutachten betreffend meine Auslieferung.

Gemäß seiner Einschätzung hätte ich die Auslieferung um mehrere Monate verzögern können, denn nach juristischer Definition muss eine Verschwörung in Italien aus mindestens drei namentlich genannten Verschwörern bestehen. Die Amerikaner nannten im Auslieferungsantrag aber keine konkreten Namen, sondern lediglich »eine Gruppe von 17 000 Steuerhinterziehern«.

Das amerikanische Department of Justice, kurz DoJ, kümmerte sich wenig um Lucas Einschätzung. Im Gegenteil. Im Auslieferungsantrag an das italienische Justizdepartement stand klipp und klar und ohne jeglichen Respekt vor den italienischen Behörden: »Mr. Weil konspirierte mit Steuerbetrügern und schädigte die US-Regierung um 200 Millionen US-Dollar. Er war ein leitender Angestellter mit beträchtlichen finanziellen Mitteln, und es besteht eine große Fluchtgefahr. Da der italienischen Justiz die meisten Gefangenen aus dem Hausarrest entweichen, verlangen wir, dass Mr. Weil bis zur Auslieferung im Gefängnis verwahrt bleibt.«

Meine Hoffnung auf Hausarrest zerplatzte wie eine Seifenblase. Plopp!

Die Staatsanwältin, die ebenfalls auf der Gefängnisverwahrung insistierte, doppelte nach: »Signor Weil hat eine gewisse ›Kultur‹, und wir müssen davon ausgehen, dass er fliehen und sich als Wiederholungstäter herausstellen wird. Die Amerikaner schreiben in ihrem Auslieferungsantrag, dass Signor Weil mindestens fünf verschiedene Pässe besitzt und unter Verwendung verschiedener Geburtsdaten und Namen reist.«

Fünf Pässe mit verschiedenen Namen und Geburtsdaten?

Als Susanne wieder in Zürich war, fand sie in meinen privaten Unterlagen die Lösung für die haarsträubenden Unterstellungen: Seit meinem achtzehnten Geburtstag hatte ich alle meine abgelaufenen Pässe aufbewahrt. Zusammen mit dem aktuellen waren es fünf. Alle lauteten sie auf Raoul Weil, geboren am 13. November 1959. Auch die Seriennummern stimmten mit den vermeintlich »falschen Pässen« überein. Die Vorwürfe waren völlig aus der Luft gegriffen. Schummeln auf Amerikanisch?

Nun fragte mich die Richterin, ob ich einer unwiderruflichen Auslieferung an die Amerikaner zustimmen würde.

»Nein. Sie müssen verstehen, dass ich einer Auslieferung – wenn überhaupt – erst nach einer Konsultation mit meinem amerikanischen Anwalt zustimmen kann. Er sollte bald in Bologna eintreffen.«

Die Richterin, zu meinem Unglück eine ehemalige Staatsanwältin, die sich, gemäß Luca, noch immer nicht von ihrer früheren Rolle als bissiger Anklägerin hatte lösen können, fällte daraufhin das Urteil: »Das Gericht entscheidet, dass Signor Weil weiterhin in Haft verwahrt bleibt. Sollte eine GPS-Fußfessel organisiert werden können, deren Funktionstüchtigkeit die Polizei in Bologna bestätigt, ist das Gericht bereit, Hausarrest in Betracht zu ziehen.«

Luca setzte sich in den kommenden Wochen nach Leibeskräften dafür ein, das in Italien noch wenig etablierte Konzept der

»GPS-Fußfessel« für mich in die Praxis umzusetzen. Letztlich brachten Gespräche auf höchster Telekommunikationsebene in Rom den gewünschten Erfolg, und die Polizei in Bologna stimmte, wie von der Richterin gefordert, der Überwachung per GPS-Fußfessel im Hausarrest zu, worauf Luca sofort eine geeignete Wohnung ausfindig machte.

Vermutlich unter dem Druck der Amerikaner intervenierte jetzt aber die Staatsanwältin bei der Richterin. Sie reklamierte, dass sie, eben die Richterin, gar nicht die alleinige Kompetenz besitze, einen Hausarrest mit GPS-Fußfessel auszusprechen, worauf diese kalte Füße bekam und einen neuen Gerichtstermin für ein »Dreiertribunal« festsetzte. Mit anderen Worten: Die Richterin wälzte die Verantwortung für ein Ja oder ein Nein auf mehrere Kollegen ab. Bis man Luca und mir diesen neuen Termin kommunizierte, sollte es dauern.

Als ich wieder zurück in der Infermeria war, hatte man Giulio in ein anderes Gefängnis verlegt, und Leo, ein 32-jähriger Albaner von gedrungener, muskulöser und dennoch sehr gepflegter Erscheinung, im »Giorgio Armani«-Freizeitlook, nahm seinen Platz ein. Leo war ein ausgebuffter Kokaindealer und stellte sich mir als Stammgast an der Via del Gomito 2 vor. Als solcher kannte er sich natürlich bestens aus und brachte von zu Hause auch gleich die eigene Bettwäsche mit. Er hatte seine Heimat im zarten Alter von siebzehn Jahren verlassen, sein Glück zuerst in Griechenland und später in Frankreich, dann in Belgien und nun in Italien gesucht. Zu meinem Erstaunen sprach er fünf Sprachen mehr oder weniger fließend. Wir unterhielten uns in Englisch, und ich fragte ihn, ob er selber auch irgendwelche Drogen nehme.

»Nein, wo denkst du hin«, antwortete er, »für mich sind die Drogen einfach nur ein lukratives Geschäft. Der Konsum von Drogen ist ein Zeichen von Schwäche. Ich trinke weder Alkohol noch Kaffee. Meine Frau und ich sind sehr gesundheitsbewusst und achten darauf, dass wir und unsere Tochter uns absolut bio und fleischarm ernähren. Ich lasse mich mein Äußeres etwas kosten, sieh mal meine Tätowierung, die ist doch hochprofessionell und nicht so stümperhaft selbst gestochen wie die der gescheiterten Existenzen hier drinnen.« Daraufhin knöpfte er sein Hemd auf und zeigte mir einen Feuer speienden Drachen. Dessen Kopf zierte Leos Brust, der lange Körper des Tieres reichte bis über seine Schultern und der lange Schwanz bis zu seinem Unterarm. »2000 Euro hat dieses Kunstwerk gekostet. 2000 Euro! Ein gepflegtes Auftreten ist einfach wichtig in meinem Geschäft. In meiner Liga ist Seriosität das A und O. Schau her, ich habe doch hier diese Geheimratsecken. Zurzeit stelle ich meine Haare noch mit Gel igelmäßig auf, das lenkt ein bisschen von den großen Geheimratsecken ab. Aber ich werde vermutlich irgendwann die 4000 Euro in die Hand nehmen, die eine professionelle Haartransplantation kostet. Sieht doch einfach besser aus, Haare auf dem Kopf, das musst du zugeben!« Dabei zeigte er auf meinen vollen, grauen Haarschopf.

»Ist eine Perücke, hat mich ein Vermögen gekostet«, scherzte ich, und wir mussten beide herzhaft lachen.

»Aber sag, Leo, weshalb haben sie dich denn eingebuchtet?«

»Eine kleine, uralte Geschichte, muss dich nicht interessieren. Mein Anwalt ist der Meinung, dass er die Sache mit dem Richter bald arrangieren kann. Der hat mir in einer anderen Angelegenheit schon einmal Hausarrest gewährt.« Und grinsend fügte er hinzu: »Ich besitze eine Eigentumswohnung, bin verheiratet und kann mir problemlos eine Arbeitsbestätigung in meiner eigenen Kleiderboutique ausstellen. Die können gar nicht anders als mich in Hausarrest entlassen.«

Hausarrest! Ob der mir je vergönnt werden würde?

Nach wie vor hatte ich weder neue Kleider noch Toilettenartikel. Und eine Dusche war mir auch noch nicht gewährt worden. Ich fühlte mich inzwischen wie ein Clochard. Meine Moral sank rapide. Doch dann feierte ich so was wie verfrühte Weihnachten! Denn der fünfte Tag seit meiner Verhaftung war ein Mittwoch, und mittwochs war offenbar Einkaufstag. Im Gefängnisshop konnte ich einen Einwegrasierer, Rasierschaum, eine Zahnbürste, Zahnpasta, Seife, Shampoo und Deo einkaufen und mich an unserem kleinen Lavabo in der Zelle wenigstens ein wenig frisch machen. Obwohl Nichtraucher, kaufte ich auch Tabak und Zigarettenpapier, denn, auch das hatte ich schnell gelernt, das war die Universalwährung in der Infermeria. Mit Zigaretten ließ sich hier so mancher Gefallen erwirken. Für eine Selbstgedrehte erhielt ich vom Gefangenen, der das Essen verteilte, eine Extraportion Kaffee in meinen aus einer PET-Flasche gebastelten Becher oder eine zusätzliche Ration Käse.

Völlig überraschend forderte mich der für uns zuständige Aufseher um 21 Uhr auf, ihn zu einem der Gefängnisdirektoren zu begleiten. Dort traf ich auf einen kultivierter Mittvierziger, der mich zu meinem Erstaunen auf Deutsch ansprach: »Guten Abend, Herr Weil. Wie geht es Ihnen? Ich hoffe, Sie haben sich trotz des ungewohnten Umfelds einigermaßen gut bei uns eingelebt.«

»Den Umständen entsprechend«, gab ich mich wortkarg.

»Ich nehme immer wieder gern die Gelegenheit wahr, Neuankömmlinge persönlich zu treffen und sie nach ihrem Befinden zu befragen.«

Ich saß dem Gefängnisdirektor in meinem verschwitzten, fleckigen, früher einmal weißen T-Shirt gegenüber. Ein immenser, mit Papier überfrachteter, klotziger Schreibtisch schaffte respektvolle Distanz.

»Bitte entschuldigen Sie meinen peinlichen Aufzug, Herr Direktor.«

»Kein Problem, absolut nicht. Gibt es irgendetwas, was ich für Sie tun könnte?«

»Ich wäre froh, wenn ich Schreibzeug bekäme und wenn ich die Bibliothek benutzen dürfte. Und offenbar kann man hier duschen, aber ich habe leider noch nicht ganz durchschaut, wie das geregelt ist.«

»Papier und Bleistift sind kein Problem. Und die Möglichkeit zum Duschen besteht; ich werde veranlassen, dass die Aufseher ihnen erklären, wann und wo. Die Bibliothek werden Sie aber leider erst benutzen können, wenn Sie in die permanente Abteilung überführt worden sind. Aber wir haben hier auf der Infermeria einen Schrank voller Bücher, die Gefangene mitgebracht und zurückgelassen haben; ich werde dafür sorgen, dass Sie sich dort bedienen können. Und – lassen Sie es mich wissen, sollten sich irgendwelche Schwierigkeiten ergeben.« Damit war unser Gespräch beendet.

Später versicherte mir Leo, dass, soweit er wisse, noch nie einer der anderen Insassen den Direktor zu Gesicht bekommen habe. Mindestens wussten nun alle Aufseher, dass sich der Direktor für mich interessierte, und in den kommenden Tagen streckten sie, wenn ich auf dem Weg zum Hof passierte, tuschelnd die Köpfe zusammen.

Und dann, dann kam der sechste Tag und mein schönstes Geschenk. Susanne hatte sich durch verschiedene Ämter gekämpft, um eine Besuchsbewilligung zu erhalten. Im Gefängnis selbst musste sie durch unzählige Sicherheitskontrollen, bis sie endlich im Besucherraum angekommen war. Doch jetzt, jetzt war sie da! Der Raum war mit acht kleinen Tischen versehen, an denen die

Häftlinge ihre Angehörigen empfangen konnten. Durch ein Fenster beobachtete ein Aufseher das Geschehen mit Argusaugen. Eine leichte Umarmung, so wurde ich vor meinem Eintritt in den Raum instruiert, sei erlaubt, Küssen wegen der Gefahr einer Drogenübergabe jedoch strikte untersagt.

Susanne und ich hatten zwei Stunden. Wir hielten uns die ganze Zeit an den Händen. Redeten über die Zukunft und das Gestern, über unsere Gefühle, unsere Träume und Albträume. Schwiegen. Und lachten. Die Zeit verflog in Windeseile. Als wir uns verabschieden mussten, war unsere Umarmung etwas inniger als erlaubt. Bevor ich in meine Zelle zurückgeführt wurde, untersuchte man mich, um sicherzugehen, dass Susanne mir nichts übergeben hatte. In der Zelle legte ich mich mit einer Mischung aus Zuversicht und Traurigkeit auf mein Bett und ließ unser Treffen nochmals Revue passieren.

Samstag, 26. Oktober 2013 Während ich im Aufenthaltsraum auf Luca wartete, traf ich auf einen älteren Mitgefangenen, der an Krücken ging. Er wollte wissen, woher ich komme.

»Sono svizzero«, sagte ich, »und du?«

»Aus Neapel, das hört man doch. Ich bin Neapolitaner. Nur Neapolitaner, nicht Italiener!«

»Weshalb bist du denn in Bologna, das liegt ja nun nicht grad am Weg?«, kauderwelschte ich in meinem rudimentären Italienisch.

»Der einzige Grund, weshalb ich mir hier im Norden, fast 600 Kilometer von zu Hause, den Arsch abfriere, ist die ärztliche Untersuchung meiner Hüfte. Aber das ist eine andere Geschichte. Weshalb bist *du* hier?«

»Verschwörung zum Steuerbetrug.«

Er starrte mich mit großen Augen fassungslos an.

»Was ist denn das? Bist du Anwalt?«

»Nein, Banker.«

»Oh, dann sind wir ja aus derselben Branche«, lachte er. »Ich bin Bankräuber.«

»Aha.«

»Es gibt keinen großen Unterschied, du stehst entweder auf dieser Seite des Schalters oder auf der anderen.«

»Ja, aber du bist der mit der Knarre!«

»Selbstverständlich! Ich bin ein Profi! Ey, ich habe Verantwortung, ich muss meine Familie, die Frau und meine drei Kinder durchbringen.«

Offensichtlich war er ein später Vater.

»Wie viele Banken hast du denn schon überfallen?«

Er begann die Finger einzeln abzuzählen: »Allora, das waren, lass mich überlegen, Neapel, ja, dann nochmals Neapel, dann war ich in Parma, in Pisa und – ja, so um die sechs oder sieben dürften es schon gewesen sein. Über halb Italien verteilt.«

Nach dem kurzen Schwatz unter »Berufskollegen« wurde ich zu Luca geführt, der in einem für Anwaltsgespräche bestimmten Raum auf mich wartete und mir vor allem mitteilen wollte, dass wir den Termin für die Anhörung in Sachen Hausarrest nach wie vor nicht kommuniziert bekommen hatten. Bevor er ging, sagte er mir immerhin, dass er für mich Boxershorts, Socken, eine Jogginghose und ein T-Shirt abgegeben habe. Das Paket wurde mir allerdings erst am nächsten Tag ausgehändigt. Egal, frische Kleider auf der endlich geduschten Haut – was für ein königliches Gefühl! Ich wusch mein altes T-Shirt aus, zerriss es, drehte die noch nassen Streifen zu Schnürsenkeln und fädelte sie umständlich ein. Wie ich so dasaß, in sauberen Kleidern und mit gebundenen Schuhen, fühlte ich, wie ich langsam wieder ich selbst wurde.

Stunden später bekam ich dann auch tatsächlich Papier und Kugelschreiber und durfte mir obendrein ein Buch ausleihen. Ich wählte einen Roman über den Vietnamkrieg aus, dessen Inhalt ich ebenso schnell wieder vergessen sollte wie seinen Titel.

Die nächsten Tage, die ich noch auf der Infermeria auf meine medizinischen Testresultate warten musste, tröpfelten im Zeitlupentempo dahin. Frühstück, Damespielen, Lesen, Schreiben, Hofgang, Mittagessen, Damespielen, Lesen, Schreiben, Hofgang, Abendessen, Fernsehen, Lichterlöschen, Schlafen.

Dann wurde Florim, der wegen eines Autobatteriediebstahls in der Galera war, in die permanente Abteilung verschoben. Leo und ich bekamen einen neuen Kumpan. Er hieß Marco und wurde von der permanenten Abteilung zurück in die Infermeria strafversetzt. Dies, weil er während der Übertragung eines Fußballspiels eine Schlägerei mit Mitgefangenen angezettelt hatte. Das war nicht gut. Weder für ihn noch für uns. Denn in der permanenten Abteilung hatte er offenbar Zugang zu Drogen gehabt und geriet nun auf einen »cold turkey«. Ich hatte schon oft vom kalten Entzug gehört. Mitverfolgt hatte ich allerdings noch keinen. Das sollte sich in dieser Nacht ändern.

Marco stolperte nonstop in unserer kleinen Zelle herum. Sein Gejammer, das laute Gestöhne, der säuerliche Gestank seiner Kotze und seine von peinlich lauten Geräuschen begleiteten Toilettengänge waren unerträglich. An Schlaf war nicht zu denken. Leo und ich konnten auch nicht helfen. Im Gegenteil. Leo klagte, ihm sei schon selber ganz schlecht, und mir erging es nicht viel besser. Am Morgen jammerte Marco zwischen zwei Toilettengängen und mit schmerzverzerrtem Gesicht, dass er sich als Drogenkurier wegen eines undichten Parisers einst die Gedärme verätzt habe. Und seither sei er extrem anfällig. Außer Milch und Bouillon könne er nichts mehr zu sich nehmen. Die Aufseher interessierten sich nicht die Bohne für seinen Zustand.

Gefängniswärter ist kein Schokoladenjob. Die Beamten tragen dunkelblaue Uniformen, während die Häftlinge sich individuell kleiden dürfen. Gefängniswärter rauchen dieselben selbst gedrehten Zigaretten wie Knastis, und sie leben in ähnlichen Zellen wie sie, denn zumindest die jüngeren, unverheirateten unter den Aufsehern wohnen aus Kostengründen in »Personalzimmern« auf dem Gefängnisgelände. Ein Job im Gefängnis ist denn auch bestimmt nicht die erste Wahl für Aspiranten im Polizeibereich. Die Arbeit bei den Carabinieri oder bei der Guardia di Finanza gilt als abwechslungsreicher und prestigeträchtiger. Die dienstjahrbedingten Beförderungen lassen sich zwar mit der Genauigkeit eines Schweizer Uhrwerks präzise voraussagen, aber von den zusätzlichen roten Winkeln auf den Schultern der Uniformen wird keiner reich – der italienische Staat bezahlt die Gefängniswärter lausig. Durch die überfüllten Strafanstalten und wegen der unglaublichen Ineffizienz des Systems absolvieren sie, die wie ihre Klienten meist aus einfachen Verhältnissen stammen, endlose Überstunden. Bloß werden diese, wenn überhaupt, nur mit großer Verzögerung vergütet. Einige der Aufseher beklagten sich denn auch offen bei uns über ihr aufgrund der Arbeitsüberlastung hoffnungslos zerrüttetes Privatleben.

Der einzige große Unterschied zwischen Wärtern und Insassen, so mein Verdikt nach zwei Wochen Infermeria, besteht darin, dass die Gefangenen befristet im Gefängnis hocken – die Aufseher hingegen bis zu ihrer Pensionierung!

Am vierzehnten Tag – am Freitag, dem 1. November – war es dann so weit. Das lange Warten auf den schriftlichen Befund, dass ich, was mich alles andere als verwunderte, weder an HIV noch an

Tuberkulose, Hepatitis oder an einer anderen hoch ansteckenden Krankheit litt, hatte ein Ende. Meine Tests waren alle negativ, und so wurde ich in die permanente Sektion verlegt. Leo verabschiedete sich mit einer Umarmung und zwei Küssen von mir. Und der strafversetzte Marco, dem es nach wie vor alles andere als gut ging, schwärmte: »Mann, ehrlich, freu dich drauf! In der Permanenten ist es fast wie zu Hause. Da kannst du in deiner Zelle auf Bunsenbrennern kochen und wie George Clooney Espresso schlürfen. Die Zellen sind viel schöner als hier, wir haben sie selber neu gestrichen und verschönert und Reckstangen installiert fürs Fitnesstraining, und Möbel für die Kochutensilien gibts auch. Du bist ein Glückspilz!«

Tönte ja vielversprechend!

In Sachen »Hausarrest mit GPS-Fessel« sollte ich zwei Tage später endlich doch noch erfahren, dass der Termin auf den 14. November 2013, einen Tag nach meinem Geburtstag, festgesetzt worden war.

ÜBERTRITT IN DIE
PERMANENTE ABTEILUNG

Wie hatte der in die Infermeria strafversetzte Marco beim Abschied doch gesagt? Ich sei ein Glückspilz, auf die permanente Abteilung zu kommen. Nun, meine Gefühle waren gemischt, wusste ich inzwischen doch, dass die Verwaltung in der permanenten Abteilung nur die Vergewaltiger und die Araber separierte und der ganze Rest der Untersuchungshäftlinge, also auch die Mörder, erst nach einer gerichtlichen Verurteilung in den Langzeit-Strafvollzug kamen. Was ich von meinen Mitgefangenen auch gelernt hatte: Der italienische Strafprozess hat seine ganz eigene Ordnung. Im Schneckentempo gehts bis zur Verhandlung, was eine bis zu achtzehnmonatige Untersuchungshaft bedeuten konnte; es folgt ein kurzer Prozess mit immens hohem Strafmaß und schließlich ein katholisch inspirierter Schulderlass in der Berufung. Ein erstinstanzliches Urteil von acht Jahren reduzierten die Berufungsrichter in der Regel auf fünf bis sechs Jahre. Bei guter Führung entfielen nochmals 25 Prozent der ausgesprochenen Strafe. Das heißt, acht Jahre reduzierten sich auf vier, manchmal gar drei Jahre. Davon konnte rund die Hälfte im Hausarrest abgesessen werden. Was im italienischen Strafvollzug weniger christlich ist: Die Gefängnisse sind heillos überfüllt. Als ich einsaß, kamen auf 65 000 Inhaftierte 47 000 Zellenplätze. Die Differenz ist schnell ausgerechnet: 18 000 fehlende Haftplätze! Hinzu kommt, dass es an vielem, vor allem aber an

Personal mangelt. Wegen dieser fortlaufenden Missstände im Gefängniswesen wird Italien von der EU immer wieder gerügt.

Kein Wunder, überlegt sich die italienische Politik für ihre Gefangenen immer wieder Amnestien. Als eine solche während meiner Zeit in der Galera in den Nachrichten angekündigt wurde, ging erst ein Raunen, dann ein riesiger Applaus durch die Gänge. Die Hoffnung stirbt zuletzt.

Vor Zelle 14, der hintersten auf dem Korridor, gleich rechts neben der Gemeinschaftsdusche, machten die beiden Aufseher, die mich »begleiteten«, halt. Nachdem sie mich in die Zelle geschoben und die Gittertür hinter mir verschlossen hatten, stand ich Francesco, einem professionellen Drogendealer, und seinem Halbbruder Filippo gegenüber. Die beiden begrüßten mich nett und – mit Namen. Offensichtlich hatte man ihnen bereits gesagt, dass der Schweizer, dessen Gesicht zur besten Sendezeit immer wieder über die Mattscheibe flimmerte, ihrer Zelle zugeteilt werden würde.

Francesco war Anfang dreißig und etwas über eins siebzig groß. Er hatte stattliche Muskeln, kurz geschorene braune Haare und eine Lücke im Gebiss; der rechte Schneidezahn fehlte ihm. Seine Augen zuckten nervös.

Filippo, Anfang zwanzig, war etwas größer als sein Halbbruder. Sein Haupt war kahl geschoren, und er hatte schöne, graue Augen und einen leichten Bauchansatz.

Der Ältere hatte ganz offensichtlich das Sagen hier. Er wies mir mit einem Fingerzeig die untere Matratze im Etagenbett zu. Mit Grund: Vom Bett im »Untergeschoss«, das wusste ich ja bereits von der Infermeria her, hatte man keinen direkten Blick auf den Fernseher über der Zellentür. Zum Fernsehen musste ich also immer die beiden Hocker neben mein Bett stellen und die Schaumgummimatratze darüberlegen.

»Filippo, hilf ihm, sein Bett richtig zu beziehen!«, befahl nun Francesco und wandte sich mir zu: »Du kannst fürs Erste Bettbezüge von mir ausleihen. Die wurden von meiner Frau gewaschen. Richtig mit der Maschine und so. Diejenigen vom Gefängnis kannst du rauchen!«

Ich bedankte mich.

Filippo spannte das Laken und band es mit einem Knoten auf der Unterseite der Matratze fest.

»Es ist zu lang.«

»Dann schieb gefälligst einen Papierknäuel in den Knoten und spanne nach, porca miseria!«

Ein schmales Knastbett mit einem Fixleintuch von 200 mal 200 Zentimetern optimal zu beziehen, ist gar nicht so einfach.

»Raoul, ich leihe dir eine meiner weichen Decken, bis du dir von draußen eine eigene organisieren kannst. Die miefende Gefängnisdecke, die sie dir gegeben haben, muss weg, die verstaubt uns bloß unser gemütliches Appartamento!«

Für einen Verbrecher kam er überraschend freundlich rüber, der Francesco. Das mit der Gemütlichkeit sah ich allerdings etwas anders als er. Unsere Dreierzelle war für mich ziemlich exakt dieselbe wie auf der Infermeria. 4,5 auf 2,5 Meter klein, mit einem zweistöckigen Etagenbett, einer Einzelpritsche, drei Wandschränken, einem Tischchen mit zwei Hockern. Eine mit einer dünnen Sperrholztür abgetrennte Toilette. Ein Lavabo mit fließend kaltem Wasser. Ein vergittertes Fenster mit Sicht auf einen kargen Innenhof, das zusätzlich mit einem feinmaschigen Netz aus Stahldraht gesichert wurde. Und über der Zellentür – hinter einer Plexiglasscheibe – befand sich das Herzstück, der Fernseher. Zwischen den Betten und all den Möbeln blieb kaum Luft – die besten Voraussetzungen, um klaustrophobisch zu werden. Ich weiß, ich wiederhole mich.

Einen Unterschied zur Infermeria sah ich dann aber doch: Auf dem Tischchen standen, neben einem großen, verbeulten, eisernen Kochtopf und einer dieser typischen italienischen Mokkakannen aus Aluminium, zwei kleine Campingkocher. Offenbar konnten die Häftlinge hier tatsächlich selber kochen. Ein weiterer großer Unterschied zur Aufnahmestation war die sogenannte Piazza. Zwischen 16 und 17.30 Uhr blieben die Zellentüren offen, und so konnten sich die Häftlinge auf dem sechzig Meter langen Korridor frei bewegen, in typisch italienischer Kleinstadtmanier auf und ab schlendern, mit den »Kollegen« einen Schwatz halten oder sich in ihren Zellen gegenseitig besuchen.

Die beiden Hofgänge fanden auch hier von 9 bis 11.25 und von 13.30 bis 15.25 Uhr statt.

Bei meiner ersten Piazza war schnell klar, dass mich nicht nur Francesco und Filippo kannten. Ganz offensichtlich wussten auch alle anderen Gefangenen unserer Sektion, wer ich bin und warum ich hier war: »Cazzo! Der Svizzero hat eine Bank geplündert.«

»Cazzo« – jeder zweite Satz begann mit diesem Wort. Und es gab noch ein anderes, das hier in keinem Sprachschatz fehlte, »minchia«. Inzwischen wusste ich, dass beides dasselbe bedeutet, nämlich »Schwanz«. »Minchia« wies auf einen Süditaliener hin, »cazzo« auf einen Norditaliener.

Als naiver Frischling folgte ich bereits während meiner zweiten Piazza einem nicht unsympathischen, mit Muskeln bepackten Albaner, der sich mir als Tarek vorgestellt hatte, in seine Zelle. Sie war mit der 20 nummeriert. Sein ebenfalls albanischer Mitgefangener, Pelja, bot mir Biskuits an und einen auf dem Campingkocher gebrauten Espresso. Schon bald entbrannte eine angeregte Diskussion über den dritten Mann in der Zelle, der gerade beim Duschen war. Auch er ein albanischer Muskelprotz, der mir bereits am vorherigen Tag aufgefallen war und den ich für mich »King Kong« getauft hatte.

»Der hat mindestens drei Hurensöhne umgelegt, vielleicht auch schon vier«, bemerkte nun Tarek, was Pelja unterstrich.

»Stimmt, aber die können ihm nichts nachweisen. Er ist nicht nur ein Auftragskiller, er ist auch extrem schlau!«

Dann, von einer Sekunde auf die andere, wurde es ungemütlich. Tarek packte mich mit der linken Hand am Kragen und drängte mich gegen die Tür der Zellentoilette. Mit dem rechten Unterarm quetschte er meinen Hals an das Sperrholz. Der Druck auf meinen Kehlkopf ließ mich würgen und husten. Blitzschnell zückte er eine unter dem Tischchen festgeklemmte Klinge und fuchtelte mit der scharfen Waffe wild entschlossen vor meiner Nasenspitze herum. Mir brach der Angstschweiß aus, mein Herz fing an zu rasen. Jetzt legte er die kalte Klinge an meinen Hals und brüllte mir aus kürzester Entfernung feucht ins Gesicht.

»Wo ist das Geld?!«

Jetzt nahm er ein wenig Druck von meinem Hals.

»Ich – habe kein Geld. Ich bin nicht als Bankräuber, sondern als Steuerberater angeklagt.«

»Svizzero, hältst du uns für völlig verblödet oder was? Wo ist die Kohle?«

Nun verstärkte er den Druck auf meinen Kehlkopf wieder.

»Ich – habe – kein – Geld – geklaut!«, presste ich flüsternd hervor.

»Svizzero, wo sind die verdammten 200 Millionen?«

Ich japste nach Luft.

»Ich habe kein Geld! Die 200 Millionen sind Steuerschulden amerikanischer Bankkunden!«

»Cazzo, glaub ja nicht, dass wir blöd sind, du Arschloch! Ich werde dir jetzt mal...«

Zu meinem großen Glück kehrte in diesem Moment King Kong

in die Zelle zurück. Frisch geduscht, munter pfeifend, mit dem Handtuch um die Hüfte und Flipflops an den Füßen.

»Was ist denn hier los? Lass den Schweizer sofort gehen, der ist Chefsache! Wenn sich jemand um den kümmert, dann bin ich das. Ist das klar?!«

Tarek ließ murrend von mir ab, und ich nutzte die Gelegenheit, um mich in meine Zelle zu verziehen. Mir war die Lust auf Piazza gründlich vergangen.

In meiner Zelle angekommen, war ich froh, dass Francesco und Filippo offenbar unterwegs waren. Ich setzte mich aufs Bett, legte meinen Kopf in die Hände, starrte auf den Boden.

Und genauso saß ich noch da, als eine halbe Stunde später Pelja aufkreuzte. Er hatte eine schlaksige, sehr hagere Statur. Seine blonden Haare waren ebenso schütter wie fettig, und sein Gesicht trug den Ausdruck eines unsicheren Bubis. Er lehnte sich mit dem Rücken an den Türrahmen; ich erhob mich, lehnte mich an unser Etagenbett. So standen wir uns, einander anstarrend, gegenüber, bis er seinen Blick auf seine abgekauten Fingernägel richtete. Als die Luft vor unserer Zelle rein war, machte er drei Schritte auf mich zu, nahm mich blitzschnell in den Würgegriff, grabschte meinen Bic-Kugelschreiber vom Tisch und zischte mir bedrohlich ins Ohr: »Wo ist das Geld, Svizzero? Sags mir, oder ich ramme dir den hier in den Rücken!«

Dabei presste er mir den Schreiber schmerzhaft in die Nieren.

»Ich habs doch schon deinem Freund Tarek gesagt, ich habe kein Geld gestohlen. Bei mir gibts nichts zu holen. Heute nicht und morgen auch nicht!«

»Verarsch mich nicht, Svizzero! Wo ist die Kohle?«

In diesem Moment erschien Francesco in der Tür, was Pelja dazu veranlasste, mich los- und den Kugelschreiber fallen zu lassen und fluchtartig das Weite zu suchen.

»Hat er dir gedroht?«, wollte Francesco nun wissen, und ich erzählte ihm, was mir in den letzten rund sechzig Minuten alles widerfahren war. Dann klärte mich Francesco auf. Darüber, dass ich die Gefährlichkeit der Albanerclique nicht unterschätzen dürfe, sie aber auch nicht überschätzen solle.

»King Kong« – Francesco hatte den Übernamen sofort übernommen – »ist die Nummer eins der Albanerclique, und es stimmt, was Tarek und Pelja dir über ihn erzählt haben. Er ist ein Gelegenheits-Auftragskiller, handelt aber vor allem mit Kokain.«

Zugegeben, ich hatte einige Mühe, Francescos italienische Worte und Gesten richtig zu interpretieren, aber dank seinen geduldigen Wiederholungen verstand ich ihn schließlich.

»Tarek ist die Nummer zwei der Clique und von Beruf eigentlich Akkordmaurer; seine Brötchen verdient er heute als Zuhälter und Dealer. Er sitzt ein, weil er einen seiner Konkurrenten im Milieu angeschossen hat. Und Pelja, Pelja ist nichts als ein feiger Mitläufer, bluffender Kleinverbrecher und Hypochonder. Ein Weichei. Vor ihm musst du definitiv keine Angst haben.«

Hätte ich damals schon gewusst, dass Pelja mir eines Tages einen fünfzehnminütigen Vortrag darüber halten würde, wie er die Hornhaut an seinen ausgetrockneten Fersen behandelt, hätte ich Francesco da schon beipflichten können.

Francesco erklärte mir dann noch, dass Tareks Klinge ein Eigenfabrikat war, dass auch er eine solche besitze – allerdings nicht zum Drohen, sondern zum Kochen –, und wie man sie herstellt: Eine leere Campinggaskartusche wird in ihre Einzelteile zerlegt, das gewonnene Flachblech zu einer Klinge gefaltet, die schließlich auf dem Betonboden scharf geschliffen wird.

Auf einer späteren Fahrt ins Gericht erzählte ich den Vorfall mit dem Messer und dem Kugelschreiber dem mich begleitenden Aufseher, worauf dieser erwiderte: »Du musst uns solche Vorfälle unbedingt offiziell melden, dann versetzen wir diese Typen sofort in die Infermeria zurück. Da wird ihnen die Lust auf solche Mätzchen schnell vergehen.«

Ich beschloss, vorerst nichts zu unternehmen. Wenn man weiß, dass rund ein Drittel der Insassen aus Albanien stammen, tut man gut daran, aufs Maul zu sitzen.

Es dauerte über eine Woche, bis ich all meinen Mitgefangenen den für sie kaum nachvollziehbaren – unbewaffneten! – Tatbestand der »Verschwörung zum Steuerbetrug« begreiflich machen konnte. In einem sprachlichen Potpourri aus Italienisch, Französisch, Englisch und Spanisch erklärte ich wieder und wieder, dass ich kein Geld gestohlen hatte. Einzig an Pelja perlte mein Nachhilfeunterricht im Fach »Internationales Steuerrecht« ab wie Wassertropfen an einer Regenjacke. Derart beratungsresistent, bedrängte er mich bei jedem Hofgang, bei jeder Piazza aufs Neue: »Svizzero, wo ist das Geld?!«

Was sollte ich tun? Ich schaute ihn jeweils nur mitleidig an, hob beide Schultern und schüttelte den Kopf. Was die immer gleiche Reaktion hervorrief: »Nimm dich in Acht, Svizzero, ich beobachte dich. Eines Tages kriege ich deine Kohle!«

Die Lösung dieses mit der Zeit doch sehr ermüdenden Rituals ergab sich in Form einer One-Million-Dollar-Spielgeldnote, die ich von unserem amerikanischen Freund Ed zugeschickt bekommen hatte. Auf der beiliegenden Karte stand: »Ich habe gelesen, wie viele Milliarden du angeblich empfohlen hast, steuerfrei zu investieren, da dachte ich, ich müsste dir einmal eine große Banknote senden!« Eds Geschenk empfand ich als überaus kindischen, geschmacklosen Scherz, den ich nur schwer verdaute. Jetzt aber konnte ich das Spielgeld Pelja unter die Nase halten, als er mich das nächste Mal bedrängte: »Hier hast du mein Geld – nimm es und lass mich gefälligst in Ruhe!«

Völlig verdutzt griff er nach dem Schein, betrachtete ihn eingehend, lächelte mich verwirrt an, steckte ihn dann ein und – verschwand. Offenbar hatte er meinen Fingerzeig verstanden und ihn mir – was viel wichtiger war – nicht übel genommen. Von diesem Moment an waren wir »Kollegen«, und ich grüßte ihn, wenn wir uns begegneten, mit einem ironischen »Wie gehts dir, Milionario?«.

Dieses Problem hatte ich also erfolgreich gelöst, es sollten aber andere auf mich warten – mein Leben war zu einem Albtraum geworden, zu einem Tauchgang im Haifischbecken. Es gab keinen einzigen Tag, an dem ich mir nicht gewünscht hätte, mich in Luft auflösen zu können. Weg von allem. Fort. Dass ich inzwischen wusste, dass jeder zehnte meiner Mitgefangenen ein Mörder war, machte die Sache noch beängstigender. Meine Überlebensstrategie war die eines Pilotfisches. Ich schwamm – so unauffällig wie möglich – im Schatten der Haie mit.

Was mir nicht immer gleich gut gelang. So duschte ich in der Gemeinschaftsdusche als ehemaliger Handballspieler nackt. Und wurde sofort zurechtgewiesen. Hier hatte man offensichtlich in Unterhosen unter die Brause zu stehen. Wahrscheinlich waren dabei religiöse Aspekte oder das Vermeiden von sexuellen Übergriffen ausschlaggebend. Zumindest stellte die Vorschrift sicher, dass alle Gefangenen immer saubere Unterhosen trugen.

Als ich einmal – in Unterhosen – auf eine freie Dusche wartete, sprach mich King Kong an, auch er trug nur seine Unterhose. Sein Körperkonzept entsprach definitiv nicht dem meinen. Seine massigen Schultermuskeln schienen direkt unter den Ohren angewachsen. Seinen gestählten Bauch zierte eine tiefe Narbe, die wie ein schlecht verheilter Messerstich aussah.

»Svizzero, woher genau kommst du?«

»Ich komme aus Basel, wohne nun aber in Zürich.«

»Dann kennst du sicher Dietikon. Dort wohnt meine Familie. In Dietikon bei Zürich. Ich habe selber zwei Jahre in der Schweiz gelebt, spreche aber nur wenig Deutsch. Die Schweiz gefällt mir sehr gut. Der Knast in Zürich war einfach traumhaft. Dauernd besuchte mich meine Familie. Mein Hauptproblem war die Schweizer Polizei. Die Jungs sind einfach viel zu gut organisiert. Ich musste mir ein weniger gefährliches Jagdrevier suchen und habe meine Geschäfte nach Italien verlegt.«

»Und weswegen haben sie dich verhaftet?«

»Diesmal wegen Kokain. Soll ich dir welches beschaffen?«

»Ich bin doch zu alt für Kokain.«

»Für Kokain ist man nie zu alt. Mein Großvater ist 72 und zieht sich immer noch gern eine Nase voll rein. Möchtest du lieber etwas Heroin?«

»Nichts für ungut, lieber nicht! Wozu ich nicht Nein sagen würde, wäre ein gutes Glas Rotwein.«

Trotz Hochsicherheitsvorkehrungen schmuggelten die Insassen während des Hofgangs Spielkarten, Drogen und allerlei Kleinmaterial von einer Sektion in die andere. Wie? Über die Mauer, die die verschiedenen Höfe voneinander trennte. Einer wickelte das, was in seiner Sektion vorhanden und in der anderen benötigt wurde, zusammen mit einem Stein in ein Tuch, band das kleine Paket an eine Schnur und schleuderte es wie beim Hammerwerfen über die fünf Meter hohe Trennmauer. Immer wieder kam es vor, dass die Sendung in den Spikes ganz oben hängen blieb, worauf sich im Nu eine Pyramide aus Häftlingen bildete. Zuoberst stand immer Salvatore, der Leichteste und Wendigste von allen. In halsbrecherischer Höhe balancierte er auf der Pyramidenspitze und befreite das verhedderte Paket unter dem Applaus und Gegröle seiner Mitgefangenen. Solche Momente waren wichtig – sie stärkten das Gemeinschaftsgefühl, was sicher dazu beitrug, dass die Stimmung unter den verschiedenen Gruppierungen zwar immer angespannt, aber nie explosiv war. Rückblickend denke ich aber, ich hatte schlichtweg Glück, dass ich nie in eine Schlägerei verwickelt wurde.

Bilder, die ich nie vergessen werde, gab es auch so genug. Da war zum Beispiel Graziano. Ein Neuankömmling, der (noch) zu keiner Gruppierung gehörte und bei seinem Eintritt das albanische Empfangskomitee kennen lernte. Das »Willkommensritual« geschah diesmal nicht in der Anonymität einer Zelle, sondern während der Piazza im Korridor und ohne Messer. Tarek packte Graziano von hinten, nahm ihn in den Polizeigriff und schrie ihm wüste Drohungen ins Ohr, während Pelja sich vor Graziano stellte, ausholte und ihn mit voller Wucht in den Bauch boxte. Der beinharte Punch hinterließ keine physischen Spuren, aber die Hackordnung war klargestellt. Und während Graziano noch nach Luft rang, rundeten die Albaner das Ganze mit lautem Gelächter ab und höhnten: »Willkommen in der Galera! Das war nur ein kleiner Scherz. D'accordo?«

Graziano, ein 52-jähriger Italiener mit Spitzbauch, Dreitagebart und Silberlocken, war dem politischen Kabarettisten Beppe Grillo wie aus dem Gesicht geschnitten und konnte Grimassen schneiden wie der Schauspieler Roberto Benigni. Er sprach fließend Englisch, und bei einem unserer späteren Gespräche wollte ich von ihm wissen, wo er das gelernt hatte.

»Im Gymnasium. Aber, sag, was machst du hier?«

»Ich bin angeklagt wegen angeblicher Verschwörung zum US-Steuerbetrug.«

»Ah, also nichts Richtiges.«

»Das ist wohl Ansichtssache. Sag, warum haben sie dich eingebuchtet, Graziano?«

»Cazzo, ich habe eine Bank überfallen. Allerdings bloß mit einer Spielzeugpistole. Ich wusste schon, dass ich flink sein und mich beeilen musste, und war nach zwei Minuten auch schon wieder draußen. Aber ob dus glaubst oder nicht, da standen sie schon, die Bullen. In voller Kampfmontur. Bis an die Zähne bewaffnet. Einer brüllte: ›Hey, du da! Stehen bleiben!‹ Aber ich stellte mich dumm, zeigte mit dem Finger auf mich und schnitt eine unschuldige Grimasse.«

»Und dann?«

»Dann musste ich meine Plastiktüte öffnen – und die war voll mit Fünfzigern! Ich war selber total überrascht. Boah, so viel Geld!«

»Dann steckten sie dich in die Infermeria?«

»Cazzo, die Infermeria war Scheiße, die ist immer Scheiße. Ich musste drei volle Tage in diesem Loch bleiben, bis ich der Richterin vorgeführt wurde. Und die machte dann kurzen Prozess, hat mir drei Jahre, sieben Monate und achtundzwanzig Tage aufgebrummt. Für einen Bankraub mit S-p-i-e-l-z-e-u-g-p-i-s-t-o-l-e, die hat sie doch nicht mehr alle! Exakt dieselbe Puttana hatte mich übrigens bereits 2007 eingelocht.«

»Dann ist das nicht das erste Mal, dass du verhaftet wurdest?«

»Cazzo, willst du mich verarschen? Ich bin eine Legende! Es gibt in Bologna keine Bankfiliale, ich wiederhole: keine, die ich nicht schon ausgeraubt hätte. Ich kann heute nicht einmal mehr normal Geld holen. Die Kassierer reißen sofort die Hände hoch und fragen mich, wo ich meine Pistole versteckt halte.«

Ich lachte.

»Du lachst, aber ehrlich, das ist nicht zum Lachen, weißt du, ich dürfte gar nicht hier hocken. Ich bin nämlich schizophren und sollte viel eher in der Klapsmühle statt in der Galera sein.«

Ich schaute ihn fragend an.

»Glaub mir nur, die geben mir wegen meiner Geisteskrankheit

sogar Invalidenrente. Und sperren mich in den Knast! Unglaublich, oder?«

In meiner insgesamt achtwöchigen Haft hörte ich unzählige haarsträubende Geschichten. Aus erster Hand. Meistens allerdings aus zweiter. Geschichten von Ein- und Ausbrüchen, gestohlenen und verspielten Millionen, von wüsten Schießereien und von erfolgreichen, hauptsächlich aber weniger erfolgreichen Banküberfällen. Vielleicht war die eine oder andere Story nur mehr oder weniger wahr, vielleicht wurde sie im Verlauf der Jahre aufgepeppt und ausgeschmückt, wie auch immer, sie werden mir in Erinnerung bleiben. Und wie sagen die Italiener doch so schön: »Se non è vero, è ben trovato!« – »Wenn es nicht wahr ist, so ist es doch gut erfunden!«

Die meisten meiner Mitgefangenen waren »Karrierekriminelle« und somit Stammgäste im italienischen Strafvollzug. Wie sollte es auch anders sein? Italien hat mit seiner hohen Arbeitslosenquote bestimmt nicht viele Jobs für Vorbestrafte, die auf Bewährung sind. Und bei einer Perspektive auf einen Job für 1500 Euro pro Monat ist die Verlockung dann halt oft doch zu groß, in die alten, lukrativeren Fahrwasser zurückzufallen. Das Geld im Drogenhandel und in der Prostitution fließt viel zu leicht. Erschwerend kommt hinzu, dass die meisten der Insassen, denen ich begegnete, milde ausgedrückt, »bildungsfern« waren. Selbst der ehemalige Busfahrer, der vor seiner Verhaftung wegen Stalkens seiner Exfrau als einer von wenigen einer normalen Arbeit nachgegangen war, war nicht in der Lage, eine einfache handschriftliche Entschuldigung an den Richter zu verfassen.

Sonntag, 3. November 2013 Um 22 Uhr 05 kam einer der Aufseher zu unserer Zelle und reichte mir durch die blauen Gitterstäbe der Tür eine Aufforderung zu einem Termin beim Berufungsgericht.

Das Gericht hatte mir den für die weitere Beratschlagung in Sachen »Hausarrest mit GPS-Fußfessel« festgesetzten Termin endlich kommuniziert: 14. November. Der Bescheid wühlte mich dermaßen auf, dass ich die halbe Nacht wach im Bett lag und mich von einer Seite auf die andere drehte. Interessanterweise sollte ich solche Gerichtsbeschlüsse auch in Zukunft immer kurz vor dem Einschlafen erhalten, was mir jedes Mal den Schlaf raubte.

Am nächsten Morgen befahl Francesco während der Piazza den »Chinaman«, einen Friseur aus Shanghai, in unsere Zelle. Der Chinese trimmte ihm den Millimeterschnitt, rasierte seinen Nacken aus und zupfte ihm die Augenbrauen stromlinienförmig. Warum dieser Aufwand in einem Männerknast? Ganz einfach: Morgen war Besuchstag, und Francesco wollte seiner Frau im besten Licht gegenübersitzen.

Dienstag, 5. November 2013 Besuchstag! Francesco cremte sorgfältig seine Tätowierungen ein, zupfte die Fusseln von seinem glänzenden Polyester-Trainingsanzug und setzte eine Cartier-Brille aus massivem Gold auf.

»Francesco, ich wusste gar nicht, dass du eine Brille trägst.«

»Ich brauche sie eigentlich gar nicht, die hat nur Fenstergläser drin. Sieht aber cool aus, oder?«

Dann wurden wir abgeholt und in den Besucherraum geführt, wo ich bereits von Susanne erwartet wurde. Das Glücksgefühl, als ich sie sah, ist nicht zu beschreiben. Sie brachte die Sonne mit. Aber auch eine neue, karierte Wolldecke, die sich fast so weich anfühlte wie Francescos Kaschmirdecke, und – in Form einer Swatch – ein Mittel gegen mein verloren gegangenes Zeitgefühl. Plastikuhren waren in der Galera erlaubt. Susanne berichtete mir von der medialen Berichterstattung in der Schweiz. Die »Weltwoche«, erzählte sie, sei das einzige Medium, das eine Lanze für mich gebrochen habe. Die »Neue Zürcher Zeitung« verhalte sich wie üblich vorsichtig neutral, während der »Tages-Anzeiger«, der »Blick« und auch das Schweizer Fernsehen mich mehr oder weniger bereits vorverurteilt hätten. Danach widmeten wir uns einem erfreulicheren Gesprächsstoff. Susanne erzählte mir von all unseren Freunden, die sich liebevoll bei ihr über mein Wohlergehen erkundigt hatten. Ich war gerührt.

Die Besuchstage waren für uns Insassen nicht nur hinsichtlich unseres Gemütszustandes, sondern auch kulinarisch ein Highlight. Den Angehörigen war es nämlich erlaubt, Nahrungsmittel mit ins Gefängnis zu bringen, was die Kocherei in der Zelle ja erst ermöglichte. Kochen zu können, war ein großes Glück, denn die Mahlzeiten, die in der Gefängnisküche zubereitet wurden, kamen jeweils höchstens lauwarm in unserer Zelle an, enthielten zwar sicher viele Vitamine, Proteine und Kohlenhydrate, hatten aber null Geschmack. Allein schon der Blick auf die lieblos hingeknallten, matschigen Karotten konnte mir den Appetit verderben. Als einst für die gesunde Ernährung meiner Soldaten zuständiger Fourier der Schweizer Armee wusste ich sehr genau, wie viel eine ausgebildete, engagierte Küchenmannschaft mit Berufsstolz und einer Prise Herzblut erreichen konnte. Wenn sie wollte.

Die Möglichkeit, selber zu kochen, tat uns aber auch in anderer Hinsicht gut. Erstens hatten wir in den langen Stunden des Eingesperrtseins etwas zu tun, zweitens hob das eigenhändig zubereitete Essen mit meist exzellenten Zutaten unsere Moral.

Nach diesem ersten Besuchstag, den ich auf der permanenten Abteilung erlebt hatte, lief mir beim Anblick all der Köstlichkeiten, die Francescos Ehefrau mitgebracht hatte, das Wasser im Mund zusammen: Parmaschinken, Salami piccante, Bresaola, Parmesan und vieles mehr. Was für ein Festessen! Francesco kochte ganz selbstverständlich auch für mich mit und buk zum Dessert eine legendäre Torta al Cioccolato. Routiniert versiegelte er Kochtopf und Deckel mit dem Gummiband einer alten Unterhose, setzte die bizarre Konstruktion auf unseren Campingkocher, und schon hatten wir einen semiprofessionellen Backofen. Vierzig Minuten später schnitt Francesco den Kuchen auf halber Höhe mit Zahnseide entzwei, füllte reichlich Schokoladencreme, die er aus einem Fertigbeutel angerührt hatte, zwischen die beiden Hälften und bestrich ihn zur Krönung nicht zu knapp mit Nutella. Fertig war die Torte. Und sie war wirklich gut.

Zum allabendlichen Kamillentee bot mir Francesco dann eine Zigarette an, was ich dankend ablehnte.

»Du bist Nichtraucher?«, fragte er mit großen Augen. Ich nickte.

»Aber Joints rauchst du?«, wollte nun Filippo wissen.

»Nein, wenn ich rauche, dann höchstens eine Zigarre.«

Die beiden lachten, und Francesco sagte: »Damit können wir nicht dienen. Und dass das klar ist, frag nie, woher wir den Stoff haben!«

Dann klebten sie drei Rizla-Zigarettenpapierchen zusammen und drehten einen stattlichen Joint, den ich an mir vorbeiziehen ließ. Im Nullkommanichts saß ich in einem veritablen Fumoir. Da die Brüder die beiden vorhergehenden Abende nicht gequalmt hatten, sondern erst heute, nach dem Besuchstag, war mir schnell klar, woher der Stoff gekommen sein musste. Und so sehr das selbst gekochte Essen ein Aufsteller gewesen war, der Zigaretten- und Haschischrauch in unserer Zelle war nun ein richtiger Ablöscher.

Den nächsten Tag begannen Francesco und Filippo so, wie sie den letzten beendet hatten – qualmend. Ein italienisches Frühstück bestand für sie ganz offensichtlich aus einem Espresso und einer Zigarette, und auch den Tag durch sollte es so weitergehen. Zigarette an Zigarette und am Abend ein paar Joints. Schon verrückt, da werden weltweit Rauchverbote in öffentlichen Räumen ausgesprochen, und hier, in einer engen Dreierzelle, wurde gepafft, als gäbe es kein Morgen. Als cleverer Schachzug erwies sich indes, die beiden wie die Bürstenbinder qualmen zu lassen, so oft sie wollten, und nicht zu reklamieren. Denn gegen Ende der Woche ging ihnen regelmäßig der Stoff aus, und so konnte ich wenigstens ein rauchfreies Wochenende »genießen«.

Wobei rauchfrei sehr relativ ist, da in der Zelle alles nach Rauch stank. Insbesondere meine frisch gewaschenen Kleider. Waschen konnten wir am einzigen Warmwasserhahn unserer Sektion, der sich in der Gemeinschaftsdusche befand. Zum Trocknen mussten wir die Wäsche aber in unserer Zelle aufhängen, und so kam es, dass die saubere Wäsche schon beim Anziehen stank, als hätte ich die Nacht an einer Fete in einer Hippie-Disco auf Ibiza verbracht.

Die Joints nach dem Schokoladenkuchen ließen Francesco und Filippo redselig werden. Wie sie es geschafft hatten, nicht nur gleichzeitig im Knast zu sitzen, sondern erst noch in derselben Zelle, sollte ich zwar nie erfahren, doch die beiden Brüder erzählten mir an diesem Abend ihre Geschichte: Die zwei kamen aus einer Patchwork-Familie, die unter einem, gelinde gesagt, suboptimalen Stern stand. Francesco hatte seinen sizilianischen Vater nie kennen gelernt. Dieser sei kurz nach seiner Geburt nach Griechenland abgehauen. Als Francesco neun war, heiratete seine – ebenfalls sizilianische – Mutter einen ägyptischen Einwanderer. Francesco wusste vom ersten Moment an, dass er ihn nicht mochte. Als Filippo zur Welt kam, war sein älterer Bruder zehn. Drei Jahre später verstarb die Mutter, worauf der Ägypter eine Araberin heiratete, Filippo bei sich behielt und Francesco zu den Großeltern mütterlicherseits brachte. Mit siebzehn startete Francesco seine kriminelle Laufbahn, indem er in Lugano billiges Schweizer Gras kaufte, das er dann im Rucksack über abgelegene Schmugglerpfade nach Italien transportierte.

»Das stundenlange Wandern ließ mich fit werden, und in der glühenden Sommersonne wurde ich richtig schön braun. Und das Beste: Pro Monat machte ich mit dem Verdealen des Stoffes im Schnitt 20 000 Euro«, meinte er dazu mit einem breiten Grinsen.

Er war achtzehn, als er bei seinen Großeltern auszog. Einige Jahre später heiratete er Jessica, die er bereits mit vierzehn kennen gelernt hatte, und wurde Vater. Seine Tochter, Sonia, ist sein Augenstern, und er ist – im Rahmen seiner Fähigkeiten – ganz offensichtlich ein fürsorglicher Vater. Seine beschränkten Schreibkenntnisse kompensierte er fleißig mit farbenfrohen Zeichnungen, die er seiner »bambina« aus dem Knast schickte. Er erzählte mir, dass er inzwischen ein Stammgast an der Via del Gomito 2 geworden sei, was seinen Schwiegervater gegen ihn aufbrachte. Wen wunderts?

Filippo, der den dunklen Teint und, wie er stolz sagte, die grauen Augen seines Vaters geerbt hatte, konnte außer der Grundschule keinerlei Ausbildung vorweisen. Er hatte die meiste Zeit seit seinem siebzehnten Geburtstag in Jugendhaft verbracht und lebte mit seiner Freundin, die wegen eines gemeinsamen Einbruchs ebenfalls in rechtlichen Schwierigkeiten steckte, in einer Art »Bonnie und Clyde«-Beziehung. Filippo hatte – das merkte ich schnell – keinerlei Vorstellung, was er mit seinem Leben anfangen sollte, war wesentlich weniger schlau als sein Halbbruder und diesem in vielem unterlegen.

Inzwischen war auch definitiv klar, was sich schon an meinem ersten Abend abgezeichnet hatte: Francesco war der Chef der beiden. Francesco befahl, Filippo führte aus. Francesco kochte, Filippo machte den Abwasch. Francesco wollte eine saubere Zelle, Filippo putzte. Das musste ich den beiden zugutehalten, sie waren beide sehr auf Sauberkeit bedacht und ordnungsliebend. Bei uns lag nie eine stinkende Socke herum, und wenn Francesco irgendwo Staub oder Dreck auch nur witterte, wurde geputzt. Von Filippo.

Er war die Gutmütigkeit in Person. Von Zeit zu Zeit versuchte er zwar einen zögerlichen Aufstand. Erfolglos. Francesco wies ihn schnell wieder in die Schranken. So endete denn auch dieser Abend, wie viele andere, die noch folgen sollten, in einer Maßregelung. Filippo hatte sich, vom Joint hungrig geworden, das restliche Stück Kuchen genommen und sich damit auf sein Bett über mir gesetzt.

»Filippo, hock dich an den Tisch. Ich dulde nicht, dass du oben auf dem Bett frisst. Capisci?«

»Dauernd befiehlst du mich herum. Warum immer nur mich? Kommandier doch mal den Svizzero rum!«

»Lass das Motzen! Es wird am Tisch gegessen, nirgends sonst! Du kommst jetzt blitzartig runter, sonst setzts was!«

»Ich komm ja schon, aber du brauchst mich nicht zu bevormunden.«

»Jetzt hör mal zu, Filippo, solange du deine Füße unter meinen Tisch streckst, machst du gefälligst, was ich dir sage. Capisci?!«

Die sizilianischen Tischgepflogenheiten schienen sich in nichts von den schweizerischen zu unterscheiden.

Dass Francesco das Alphatier in unserer Zelle markierte, stellte ich nie infrage. Im Gegenteil, ich baute meine Rolle als Pilotfisch noch aus – und bald schon beglich ich unsere Rechnungen.

Wir konnten wöchentlich eine Bestellung – »spesa«, Einkauf, genannt – aufgeben, um alles, was wir zum Kochen brauchten, zu besorgen. Olivenöl, Balsamico, Lachs und viele andere Lebensmittel sowie Plastikbesteck, Hygieneartikel wie Seife, Shampoo, Toilettenpapier und Rauchwaren. Da Francesco und Filippo ständig knapp bei Kasse waren, entwickelten wir in unserer Zelle eine stille Vereinbarung. Wir teilten uns alle Delikatessen, die die beiden von ihren Verwandten bekamen, und ich zahlte im Gegenzug sämtliche Einkäufe außer dem Tabak und dem Rizla-Zigarettenpapier. Entsprechend ließ unsere Einkaufsliste ab sofort keine Wünsche mehr offen. Keine! Wir bestellten, was das Herz begehrte, genossen die abendlichen Gourmetkochstunden, und ich lernte unter anderem, einen Sugo bolognese nach dem Geheimrezept von Francescos Nonna zuzubereiten. Das Wichtigste dabei: Er muss über Stunden leicht blubbernd vor sich hinköcheln. Zeit dazu hatten wir ja allemal.

Mir fehlte jemand, mit dem ich mich auf einem guten Niveau austauschen konnte. Jemand, der Englisch oder Deutsch sprach. Einer, der zuhören, aber auch einen vernünftigen Satz von sich geben konnte. Mir fehlte die geistige Nahrung. In der Gefängnisbibliothek, zu der wir einmal pro Woche, am Dienstag um 16 Uhr 30, Zutritt hatten, konnte man sich immer nur ein Buch – ein einziges für sieben Tage! – aussuchen. Eine künstliche Rationierung, die nichts anderes als Schikane war, denn von den 78 Insassen in unserer Sektion fanden selbst bei hohem Andrang höchstens vier Häftlinge den Weg in die Bibliothek.

Dabei gab es wahrlich genug Bücher. Die italienische Abteilung bot eine breite Auswahl von Fiction über historische Romane bis hin zu allerlei Magazinen. Die Abteilung für fremdsprachige Bücher bestand vorwiegend aus »Donationen« von Häftlingen, die ihren Lesestoff beim Verlassen der Untersuchungshaft liegen gelassen hatten. Russen schienen belesener zu sein als Rumänen. Engländer und Deutsche bevorzugten Krimis und Kriegsgeschichten. Cédric, ein Senegalese, erfasste jeweils handschriftlich und in Zeitlupentempo unsere Namen und schrieb den Titel des ausgeliehenen Buches auf einer Karte nieder.

Literarisch fanden sich in der Bibliothek keine Trouvaillen, dafür lernte ich dort einen gut aussehenden Venezolaner um die dreißig kennen, mit dem ich mich angeregt auf Englisch unterhalten konnte. Er war sehr belesen, ganz offenbar intelligent und ein anscheinend völlig normaler Typ, der mir in einer Bar in Zürich überhaupt nicht aufgefallen wäre. Wie er mir schilderte, hatte er während zweier Jahre in Italien gearbeitet, bis er dort verhaftet worden sei. Ein Mitgefangener klärte mich später einmal über ihn auf: »Der Venezolaner hat seine Ehefrau ermordet, sie anschließend zu Gulasch zerhackt und sich danach seine Fingerkuppen abgebrannt. Cazzo, der Kerl hat keine Fingerabdrücke mehr!«

Für mich war es unbegreiflich, dass sich die Mörder im Knast völlig normal verhielten und überhaupt nicht auffielen. Dieses Phänomen besprach ich später mit meinem Anwalt Luca. Er meinte, das sei doch überhaupt nicht erstaunlich, ich solle bedenken, dass die meisten Mörder in ihrem Leben ja bloß einmal ausrasten. Und dann auch nur für fünf Minuten. Mit Statistiken, das weiß ich als Banker, ist es immer so eine Sache, und die Befürchtung, dass einige meiner Knastkumpel in ihrem Leben wohl schon öfter fünf- oder auch mehrminütige Aussetzer gehabt hatten, wurde ich nie los.

Auch Thomas war so ein Fall: ein deutsch-italienischer Doppelbürger, den ich ebenfalls in der Gefängnisbibliothek kennen lernte und der mir später netterweise half, meinen Antrag für einen sonntäglichen Kirchenbesuch in Italienisch zu verfassen. Thomas saß ein, weil er, wie er mir selbst erzählte, eine Unterredung mit dem Exmann seiner damaligen Ehefrau gehabt hatte, da dieser sie wiederholt belästigte.

Seine erste Version lautete: »Ich habe ihn etwas ungeschickt geschubst, worauf er gestrauchelt und sehr unglücklich gefallen ist. Auf den Hinterkopf.«

»Mit was für Folgen?«

»Nun, er starb.«

In einer zweiten Version, die er mir eine Woche später erzählte, war die Unterredung zu einem Denkzettel geworden, den er jenem Typ verpassen wollte. »Dabei ist es zu einem kleinen Handgemenge gekommen, und ich habe in der Hektik nach einer zufällig herumliegenden Eisenstange gegriffen und sie dem Ex über seinen kahlen Schädel gezogen.«

Zwei Wochen später wurde aus der zufällig herumliegenden Eisenstange ein vorsätzlich mitgebrachter Baseballschläger. Und wieder eine Woche später erfuhr ich, dass Thomas' Ehefrau die Auftraggeberin des Tötungsdelikts gewesen sein soll und nun in der Frauensektion der Galera einsaß. Und dass der Exmann seiner Frau bereits Thomas' zweiter Aussetzer gewesen war, da er mit achtzehn bei einem Einbruch den wach gewordenen Hausbesitzer erstochen hatte.

Das war ein Muster, das sich durch meine ganze achtwöchige Haftzeit ziehen sollte: Die Geschichten der einzelnen Gefangenen, die ich näher kennen lernte, waren anfänglich oft sehr vage, schwammig und dehnbar wie Gummibänder. Erst im Verlauf der Zeit fügten sich die verschiedenen Teile zu einer möglichen Wahrheit zusammen. Aber ganz sicher konnte ich mir nie sein.

Ein weiterer Mithäftling, mit dem ich mich auf Deutsch unterhalten konnte, war Darius. Ein Rumäne, 46 Jahre alt. Er hatte während der vier Jahre, die er in einem deutschen Gefängnis eingesessen hatte, fließend Deutsch gelernt, war eher klein und von einer gelinde gesagt etwas außer Form geratenen Postur. Beim Fußballspiel verblüffte er uns jedoch alle mit seiner spritzigen Leichtfüßigkeit und einer geschmeidigen Geschicklichkeit. Als intelligenter Kopf einer professionellen rumänischen Einbrecherbande, die sich unter anderem auf Juweliergeschäfte spezialisiert hatte, kannte er sich auch in der Schweiz aus. Er wurde zu meinem häufigsten Gesprächspartner während der Hofgänge und Piazzas.

»Weißt du, Svizzero, ich besitze in Rumänien im Zentrum meiner Heimatstadt ein Restaurant mit einer Bar. Und wenn ich raus bin, werde ich meine kriminelle Karriere beenden, meine beiden Kinder aufwachsen sehen und meinen Betrieb endlich, endlich zum Blühen bringen.«

»Kein schlechter Vorsatz!«

»Aber einfach wird es nicht. Die meisten Gäste sind Freunde, die auf dem Weg zur Arbeit vorbeischauen und nichts bezahlen. Meine Frau hat mir schon mehrfach gesagt, ich sei ein Idiot, der nur ausgenutzt werde.«

»Frauen haben meistens recht!«

»Sie hat immer recht. Aber schau, Rumänien ist ein armes Land. Am Morgen trinken die Leute ihren Kaffee am liebsten zu Hause oder im Geschäft, über Mittag essen sie ein Sandwich. Sie gehen höchstens abends auf ein Bier auswärts.«

»Mach es doch wie Starbucks, führ Treuekarten ein und gib jeden fünften Kaffee gratis raus. Und über Mittag bietest du einfache, günstige Mahlzeiten an, Gulaschsuppe oder Eintöpfe. Das kannst du am Vorabend vorkochen lassen; so könnt ihr, du oder deine Frau, das Essen am Mittag aufwärmen, und du brauchst den Koch nur abends zu bezahlen.«

»Leuchtet ein. Daran habe ich nie gedacht.«

»Du musst einen Businessplan machen!«

»Könntest du mir denn beim Ausarbeiten eines solchen Plans helfen? – Wobei, der bringt wohl auch nicht viel. Weißt du, obwohl ich vieles vom Restaurantmobiliar bei Einbrüchen in Italien einsammeln konnte und mich auch der Parmaschinken und das Peroni-Bier meistens nichts kosten«, er schmunzelte, »komme ich auf keinen grünen Zweig. Ich glaube, es liegt an meinem Personal. Ehrlich, manchmal habe ich das Gefühl, ich werde von ihm beklaut! Heutzutage kann man keinem mehr trauen!«

»Vertrauen ist gut – Kontrolle ist besser«, meinte ich und lächelte zurück.

»Stimmt. Aber weißt du, wenn ich ganz ehrlich bin, muss ich zugeben, dass ich im Innersten gar kein braver Restaurantbetreiber werden will.«

»Also wirst du weiterhin Juweliergeschäfte ausrauben?«

»Ich brauche das. Du kannst dir den Adrenalinkick nicht vorstellen, den du kriegst, wenn du gerade an einem Job bist – vor allem wenn etwas schiefläuft und du vor der Polizei abhauen musst.«

»Also ist es ein Spiel – ein Spiel mit dem Feuer?«

»Ja. Hey, ich bin bei einem Einbruch in Turin mal über drei Balkone abgehauen und nach einer langen Flucht zu Fuß atemlos in einer Kaffeebar gelandet. Meine Hände zitterten so stark, dass ich die Espressotasse nur mit beiden Händen halten konnte.«

»Und das war ein gutes Gefühl?«

»Gut? Das war geil!«

Und dann gab mir Darius eine theoretische Einführung in die Welt der Profis.

»In unserem Beruf sind Planung, Teamarbeit und Risikominimierung der Schlüssel zum Erfolg. Nach dem Deal ist vor dem Deal. Nach einem Einbruch verlassen wir entweder sofort das Land oder ziehen uns auf unsere Operationsbasis zurück. Meistens eine kleine Wohnung, mindestens hundert Kilometer vom Einbruchort, den wir vorher ausgekundschaftet haben, entfernt. Alles andere ist viel zu riskant.«

»Du arbeitest mit einem Team?«

»In einem Team von vier Spezialisten! Wobei wir unseren Computer-Mann nur dann beiziehen, wenn wir ein Projekt haben, bei dem Kreditkarten, Speicherchips und dergleichen ins Spiel kommen. Oder wenn wir Magnetfeld-Spezialgeräte zum Lahmlegen einer Alarmanlage einsetzen müssen. Meist machen wir es kurz und schmerzlos. Mit einer Spitzhacke rein ins Schaufenster, ein Griff – und schon sind wir Tausende von Euros reicher. Ich bin der Auskundschafter, Alarm- und Panzerglas-Spezialist. Der zweite Mann organisiert die Mauerdurchbrüche und ist der Abräumer, und der dritte steht Schmiere und ist der Beutefahrer. Ihm übergeben wir die Ware immer sofort – so bleibt das Fluchtauto sauber. Er fährt mit unserem zweiten Fahrzeug an einen unauffälligen Ort und versteckt alles.«

»Unauffälliger Ort?«

»Die Autobahn!«

Ich zog die Augenbrauen zusammen und winkte mit dem Zeigefinger ab.

»Du glaubst mir nicht? Stimmt aber. Er fährt auf den Pannenstreifen, tut so, als wäre das Rad kaputt, und legt unsere Beute hinter der Leitplanke ins tiefe Gras. Zwei Tage später holen wir das Zeug dann ab. Diese Vorgehensweise hat sich von A bis Z bewährt. Wir wurden nur erwischt, weil ich Depp beim Auskundschaften am Zielort noch schnell Bargeld aus einem Bankautomaten bezogen hatte. Die Polizei überwachte mich, entdeckte die Transaktion und konnte rechtzeitig in Stellung gehen. Ein absoluter Anfängerfehler, ich könnte mich ohrfeigen. Aber wenn man bedenkt, dass ich meine Karriere bereits mit neunzehn begonnen habe und bis heute nur rund sechs Jahre im Knast saß, ist das verzeihlich!«

»Sechs Jahre sind immerhin sechs Jahre!«

»Überblickbar. Und der Tatsache zu verdanken, dass wir nur Brüche machen, bei denen wir nicht bewaffnet sind. Nie. Dadurch fallen wir in die Strafkategorie ›einfacher Diebstahl‹ und kommen jeweils schnell wieder raus.«

»Du wirst also weitermachen?«

»Garantiert! Allerdings haben wir uns in letzter Zeit auf Lagerhäuser spezialisiert. Die sind schlecht bewacht und befinden sich an Orten, die weit weniger frequentiert werden als Juweliergeschäfte. Massiv weniger Risiko!«

»Und das lohnt sich?«

»Ey, ich sags dir, Svizzero, das ist ein Bombengeschäft – wir beladen mit dem Hubstapler zwei Laster mit Champagner, Schuhen, Parfum oder Süßigkeiten und sind nach zwanzig Minuten mit Ware von gegen 200 000 Euro wieder weg. 200 000 Euro in zwanzig Minuten – das macht nicht einmal ein Bankdirektor!«

»200 000 mit Süßigkeiten? Die sind doch nicht so viel wert!«

»Da täuschst du dich aber gewaltig. Eine Palette voll von Ricola beispielsweise ist gut und gern 30 000 Euro wert. Lindor-Kugeln noch mehr.«

»Aber zuerst müsst ihr das alles ja verkaufen können! Das wird, stelle ich mir vor, ungleich schwerer sein, als Diamanten an die Frau zu bringen«, witzelte ich.

»Wenn du wüsstest! Es gibt genügend Großhändler, die gern preiswerte Ware beziehen. Oft brechen wir sogar auf deren Bestellung inklusive Zielangabe ein. Aber dazu sage ich jetzt nichts mehr.«

Wochen später merkte ich, dass es mit Darius' Psyche den Bach runterging, und so fragte ich ihn während eines Hofganges: »Hast du schon einmal daran gedacht auszubrechen?«

»Weißt du, wie gern ich das tun würde? Und ich habe es ja auch schon einige Male geschafft – aber das waren andere Gefängnisse als dieses hier. Die Galera ist schwierig zu knacken. Das Gebäude ist kreuzförmig angelegt und von einem Mauerkranz umgeben. Es sollte theoretisch zwar möglich sein, dass ich mich durch das Gitterfenster abseile, aber ich käme dann in einen der Höfe und müsste von dort aus über die fünf Meter hohe Hofmauer klettern. Das gelingt nur Superman! Die Dusche ist der einzige Ort, von dem aus ich nach einer Abseilaktion außerhalb der Hofmauern landen würde. Doch selbst dann gilt es immer noch, die etwa sieben Meter hohe Außenmauer mit all ihren Scheinwerfern, Kameras, Sensoren und den Wachtürmen zu überwinden. Ohne eine Crew von außen kommt man hier nicht raus.«

»Wie stehen deine Chancen, auf dem Weg ins Gericht aus einem der Gefängnisbusse zu entkommen?«

»Vergiss es. Die sind gut bewacht und passieren zwei Sicherheitsschleusen. Das funktioniert ebenfalls nur mit der Unterstützung einer externen Mannschaft. Und nur unter Anwendung von Gewalt. Und das ist definitiv nicht mein Ding!«

»Welche Möglichkeiten siehst du sonst noch?«

»Da die Innenhöfe nach oben offen sind, also keine Netze gespannt sind, könnte eine Flucht auch mit einem Helikopter gelingen. Die Aufseher dürften ihn wegen der Explosionsgefahr und der Gefährdung der anderen Häftlinge nicht abschießen. Aber das ist auch keine gute Idee.«

»Weil du nicht der Einzige wärst, der sich an die Kufen hängen würde?«

»Richtig. Ich müsste mir einen Schlechtwettertag aussuchen, an dem sich wenige Leute im Hof aufhalten. Und du müsstest Schmiere stehen.«

Wir lachten, dann erzählte ich ihm, wie ich mal King Kong und Tarek belauscht hatte, die darüber redeten, wie es klappen könnte: »›Bestechung der Wachen oder eine Flucht als Wache verkleidet‹, meinten die.«

»Negativ, das funktioniert nie!«, war Darius überzeugt. »Die Galera ist ein Hochsicherheitsgefängnis, es gibt hier viel zu viele bewachte Sicherheitsschleusen, und die Beamten kennen sich untereinander alle bestens.«

»Wir werden also nicht ausbrechen«, schlussfolgerte ich schmunzelnd.

»Werden wir nicht!«, bekräftigte er. »Du sowieso nicht, und ich würde es nur dann wagen, wenn mir die Italiener mehr als vier Jahre aufbrummten. Aber ich hoffe mal auf katholischen Schulderlass und höchstens ein bis zwei Jahre.«

Einmal trug Darius ein T-Shirt mit dem Schriftzug des Filmes »Scarface«, und so fragte ich ihn, ob er ein Fan von Al Pacino sei.

»Wie kommst du denn da drauf?«

Ich zeigte auf seine Brust.

»Ach so, ja, klar.«

»Großartiger Schauspieler, nicht?«

»Ja, mir gefallen vor allem seine ›Godfather‹-Filme. Den ›Paten‹ habe ich mindestens schon hundertmal gesehen.«

In diesem Moment ging mir ein Licht auf: Darius und seinesgleichen träumten nicht von einem Lottogewinn, einem Reiheneinfamilienhaus mit Garten oder einer beruflichen Karriere – sie träumten schlicht und ergreifend vom perfekten Verbrechen!

Und ich, ich träumte von Hausarrest mit Fußfessel.

Wirkliche Freundschaften entstehen im Gefängnis trotz der Schicksalsgemeinschaft nicht. Und wer entlassen ist, ist »aus den Augen, aus dem Sinn«. Die Gefangenen unterhielten jedoch wenigstens ein kameradschaftliches Verhältnis untereinander. Und wenn ich jetzt zurückblicke, kann ich doch sagen, dass Darius mir sogar mehr als ein Kamerad war – mich mit ihm unterhalten zu können, hat mir über manches Tief hinweggeholfen.

Mittwoch, 13. November 2013 Mein Geburtstag! Der 54ste. Der Tag fing übel an. Um sechs Uhr früh weckte mich das grelle Licht einer Taschenlampe. Der Aufseher eröffnete mir, dass der Gerichtstermin in Sachen Hausarrest bereits heute stattfinden würde. Im Grunde keine schlechte Nachricht. Um acht hatte ich die Austrittskontrolle mit Fingerabdruck passiert und wartete in der Wartezelle am Ausgang auf die Fahrt zum Gericht. Als ich eine Stunde später immer noch dort saß, stellte ein anderer Aufseher fest, dass der Gerichtstermin doch erst morgen auf dem Programm stand, und führte mich in die Zelle zurück. Dort schien das schiere Chaos ausgebrochen zu sein. Die Kleider waren über den ganzen Boden verstreut worden, die Möbel umgeworfen und die Matratzen von den Betten gezerrt. Francesco und Filippo waren noch auf dem Hofgang. Als sie zurückkamen, klärte mich Francesco auf, dass wir dies wohl unter routinemäßiger Zellendurchsuchung abbuchen müssten, womit Filippo aber gar nicht einverstanden war. Er war sich sicher: »Das war ganz einfach ein sehr spezielles Geburtstagsgeschenk.« Und dann, dann sangen mir meine beiden Brüder »Tanti auguri«.

Am Nachmittag erhielt ich von Susanne ein Telegramm. Es habe, so erzählte sie mir bei ihrem späteren Besuch lachend, 78 Franken und 35 Rappen gekostet. Für mich waren die zwei Zeilen Gold wert. Susanne schenkte mir genau die Worte, die ich an diesem Tag so dringend brauchte, um nicht langsam, aber sicher durchzudrehen: »Ich liebe Dich mehr als alles andere und bin unglaublich stolz auf Dich. Lass Dich nicht unterkriegen, wir werden es schaffen! Susanne & Madhu«

Mit dem Telegramm in Händen legte ich mich aufs Bett, ließ Piazza und Hofgang ausfallen, starrte ins Leere, träumte von unserer Zukunft. Schlief ein. Am Abend gabs Pizza und Geburtstagskuchen. Für den Kuchen zeichnete Francesco verantwortlich, für die wirklich gute Pizza Filippo. Mein Kompliment tat dem Kleinen gut.

Wie jeden Abend machten wir auch an diesem – Geburtstag hin oder her – eine demokratische Abstimmung über den Film, den wir im Fernsehen schauen wollten. Basisdemokratische Entscheide führen bekanntlich nur selten zu künstlerisch wertvollen Resultaten.

Francesco und Filippo überstimmten mich wie üblich zwei zu eins. Die Zombies in »The Return of the Living Dead – Teil IV« siegten über Stanley Kubricks »A Clockwork Orange«. Meine Anmerkung, dass Kubrick im TV-Programm vier Kritikersterne erhalten habe und der Horrorfilm keinen einzigen, änderte nichts am Resultat. Francesco überzeugte den kurz zögernden Filippo mit einem schlagenden Argument: »Glaub mir, ›Clockwork‹ ist viel zu brutal.« In den folgenden 82 Minuten schwappten die Leichenteile und das Blut förmlich aus dem Gehäuse unseres Fernsehers.

Donnerstag, 14. November 2013 Mein zweiter, diesmal termingerechter Anlauf am Berufungsgericht Bologna, um Hausarrest zu erlangen. Nachdem die Funktionstests für die GPS-Fußfessel erfolgreich verlaufen waren, schätzte Luca meine Erfolgsaussichten auf »sicher neunzig Prozent« ein. Doch wie es eben so laufen kann in der Welt der Statistik: Neunzig Prozent sind nicht ganz hundert Prozent. Es verbleibt eine zehnprozentige Wahrscheinlichkeit, die Arschkarte zu ziehen.

Meine Probleme fingen bereits damit an, dass mir Luca und seine Assistenten die gerichtliche Stellungnahme erst jetzt vorlegten. Ich hatte sie vorher nie gesehen und musste sie schon im Gericht sitzend durchlesen und unterzeichnen. Nachdem ich sie überflogen hatte, flüsterte ich: »Da fehlt ja noch, dass mein Fall vom Finanzmarkt-Regulator untersucht und die Anklage als unbegründet eingestuft wurde.«

»Das ist kein Problem. Ergänze das einfach noch von Hand und in Englisch«, antwortete Luca.

Überraschenderweise schickte das italienische Justizdepartement keinen Geringeren als den lokalen Generalstaatsanwalt ins

Gefecht und nicht mehr die zweitklassige Staatsanwältin, die ich von meiner ersten Anhörung her kannte. Anscheinend sollten die Interessen des italienischen und – so machte es den Anschein – vor allem die des amerikanischen Staates auf höchster Ebene wahrgenommen werden.

Die Gerichtspräsidentin – sie und ihre beiden Kollegen trugen dieses Mal barocke Perücken und Roben – eröffnete die Verhandlung und erteilte das Wort anschließend dem Generalstaatsanwalt.

»Wertes Gericht, wie ich in meiner eingereichten Begründung und den beigefügten Dokumenten der amerikanischen Justiz bereits darlegte, besteht bei Signor Weil ein höchstes Fluchtrisiko. Er ist bereits seit 2008 vor der amerikanischen Justiz flüchtig und könnte in einem Auto in nur drei Stunden in die Schweiz entkommen, wo eine Verschwörung kein Verbrechen ist, und als Schweizer Staatsbürger muss er nicht ausgeliefert werden. Die Deliktsumme ist mit 200 Millionen Dollar schlichtweg überwältigend. Wie wir wissen, verfügt Signor Weil über genügend Geld, um in der Schweiz ein sehr komfortables Leben führen zu können. Wir verlangen deshalb die Ablehnung des Hausarrestes und die Weiterführung der traditionellen Gefängnisverwahrung.«

»Herr Verteidiger, nehmen Sie bitte Stellung«, übergab die Richterin jetzt Luca das Wort.

»Wertes Gericht, Herr Weil war 2008 zur Zeit der Anklage in Zürich. Wie das von uns eingereichte Dokument seines amerikanischen Anwalts, Aaron Marcu, beweist, wurde er weder jemals offiziell zu einer Befragung noch zu einem Gerichtstermin in die Vereinigten Staaten von Amerika eingeladen. Herr Weil war am 19. Oktober 2013 urlaubshalber in Bologna und wurde vom Haftbefehl von Interpol komplett überrascht. Er lebt seit dreizehn Jahren in der gleichen Mietwohnung in Zürich und ist keineswegs jemals geflohen.«

Die Antwort vom Generalstaatsanwalt kam postwendend: »Sehr geehrte Gerichtspräsidentin, ich hatte keinerlei Möglichkeit, das von der Verteidigung erwähnte Dokument vorgängig zu studieren. Ich bitte Sie daher, es nicht als Beweismittel zur Verhandlung zuzulassen, da die fünftägige Einreichungsfrist offensichtlich nicht eingehalten wurde.«

Nun ergriff Luca wieder das Wort: »Sehr geehrte Gerichtspräsidentin, unsere Stellungnahme bezieht sich auf das Dokument des Generalstaatsanwaltes, das ebenfalls erst vor drei Tagen, also am 11. November 2013, und ebenfalls ohne die Fristeinhaltung eingereicht wurde. Die Verteidigung bittet das Gericht deshalb, das Dokument des Generalstaatsanwaltes als Beweismittel nicht zuzulassen.«

Sie redeten und redeten, und ich saß auf der Anklagebank und fragte mich einmal mehr, in welchen falschen Film ich da hineingeraten war.

Die Übersetzerin verlas nun meine unterzeichnete Stellungnahme. Nur mit viel Glück würden es meine handschriftlichen englischen Ergänzungen überhaupt ins Gerichtsprotokoll schaffen, da hier niemand Englischkenntnisse vorzuweisen schien. Ich fühlte Übelkeit in mir hochsteigen.

»Das Gericht beschließt, beide Dokumente als Beweismittel nicht zuzulassen. Die Urteilsverkündung wird in den nächsten Tagen schriftlich erfolgen. Die Verhandlung ist geschlossen.«

Im Gerichtskorridor wartete bereits die Korrespondentin der Nachrichtenagentur Reuters. Luca wimmelte sie ab, und wir zogen uns in eine stille Ecke zurück. Dort eröffnete mir Luca, er stufe die Verhandlung als Patt ein und schätze die Erfolgsaussichten auf Hausarrest neu nur noch auf fünfzig Prozent.

Nun muss man wissen, dass ich nicht leicht aus der Ruhe zu bringen bin und dass es schon einiges braucht, bis mir der Hut hochgeht. Dieser Punkt war jetzt aber erreicht. Ich kochte vor Wut und las ihm und seinen Assistenten, die um uns herumstanden, gehörig die Leviten: »Damit das klar ist, ich akzeptiere künftig nicht mehr, dass ich meine Stellungnahme erst im Gerichtssaal zu sehen bekomme und diese ohne Prüfung unterschreiben muss. Von nun an wird alles minutiös vorbereitet. Improvisiert wird nur dann – ich betone: *nur* dann –, wenn es sich nicht vermeiden lässt!«

In diesem Moment sah ich, wie die Richterin aus dem Saal kam und entschlossenen Schrittes, Blick gesenkt, an uns vorbei Richtung Ausgang stapfte, und ahnte, dass mein Antrag auf Hausarrest erneut abgelehnt werden würde. Trotzdem wollte ich die Hoffnung nicht aufgeben. Mein großes Ziel war es, in einem Monat und zehn Tagen mit Susanne zusammen Weihnachten zu feiern. Ich motivierte mich, positiv zu denken und alle meine Zweifel zur Seite zu schieben.

Als ich, zurück in der Galera, unsere Zelle betrat, stockte ich: Erneut war das große Chaos ausgebrochen. Zumindest auf den ersten Blick. Auf den zweiten wurde mir klar, dass es diesmal um Ordnung ging. Filippo hatte von Francesco den Auftrag gefasst, die Zelle zu putzen, und nun wütete er mit Javelwasser und Desinfektionsspray und ließ dabei nicht die kleinste Ritze aus. Ich glaube, wir hätten auf dem Fußboden essen können, so sauber war alles. Die ganze Szenerie erinnerte mich an die romantische Komödie »My Big Fat Greek Wedding«, was ich den beiden Brüdern auch sagte. Nur hatten sie den Film nicht gesehen. Logisch, zu wenig Blut und Leichenteile.

Abends um 19 Uhr herrschte in der ganzen Sektion ein großer Aufruhr. King Kong wurde »wegen mangelnder Beweislage und Nicht-Weiterverfolgung der Anklage nach Ablauf von sechs Monaten« überraschend entlassen und erhielt die übliche, lautstarke

Abschiedsparade. Von Pfiffen und Hurra-Geschrei begleitet, schlugen die Insassen mit ohrenbetäubendem, rhythmischem Knallen die stählernen Klappen ihrer Zellentüren auf und zu. King Kong, der an ihnen vorbeizog, warf nach allen Seiten Handküsse in die Luft. An jedem anderen Tag hätte ich es ihm von Herzen gegönnt, aber heute? Er wurde entlassen, und meine Hoffnungen auf Hausarrest hatten sich noch nicht bestätigt, im Gegenteil. Ich war mir inzwischen sicher, dass mein Antrag erneut abgelehnt worden war. Weshalb sollte eine italienische Richterin ihre Reputation für einen Schweizer Banker aufs Spiel setzen? Außer Gerechtigkeit gab es ja nichts zu gewinnen. Würde ich jedoch fliehen, drohte ihr die Schmach eines Fehlurteils.

Die Bestätigung meiner Überlegungen erhielt ich dreieinhalb Stunden später – um 22 Uhr 35 – in schriftlicher Form überreicht: »Richiesta di arresti domiciliari respinta!« Antrag auf Hausarrest abgelehnt.

Diese paar wenigen Worte öffneten den Boden unter meinen Füßen. Mein absoluter Tiefpunkt in der Galera war erreicht. Ich wälzte mich die ganze Nacht schlaflos im Bett. Wäre ich allein gewesen, ich hätte geweint. Wäre ich allein gewesen, ich hätte die frisch geputzte Zelle auseinandergenommen. Wäre ich allein gewesen …

Die nächsten Tage fühlte ich mich verlassen. Und vergessen. Und verraten. Dann wiederum empfand ich nichts als eine unendliche Leere, die ich am besten mit Nicht-Sein umschreiben kann. Die Zeit schien eingefroren. Nur das Fernsehen erinnerte mich daran, dass das Leben draußen weiterging und ich hier drinnen im Leerlauf an Ort und Stelle trat. Allein zurückgelassen auf dem Mars.

Wer am Boden liegt, ist ein leichtes Opfer. Nein, es war kein Albaner, der mir auf den Leib rückte. Es war ein Italiener. Luigi. Ein bulliger, untersetzter Mittvierziger. Ein schlitzohriger, unberechenbarer Zuhälter, dem ich, obwohl er auf den ersten Blick sehr umgänglich schien, bisher wohlweislich aus dem Weg gegangen war. Er hatte die Postur eines Fremdenlegionärs und Unterarme wie Prosciutto-Keulen. Er hatte keinen Hals. Ich traf in der Gemeinschaftsdusche auf ihn und roch ihn sofort, den Ärger. Wir waren allein. Was nun? Sollte ich den Raum verlassen und damit riskieren, von diesem Moment an als Feigling dazustehen? Vermeintlich seelenruhig – aber mit einem Puls von weit über hundert – deponierte ich mein Duschgel in der Duschkabine, drehte mich um und hängte meinen Bademantel an einen der Plastikhaken an der Wand. Als ich mich wieder der Dusche zuwandte, stellte ich fest, dass Luigi mein Duschgel blitzschnell in eine Kabine mit defektem Duschkopf verlegt hatte. Mit einem überlegenen Lächeln starrte er mich jetzt an. Ich erwiderte seinen Blick. Die Provokation, mit der er mich nun von oben bis unten musterte, ließ mir den kalten Schweiß ausbrechen. Instinktiv versuchte ich, die Situation ins Komische zu drehen.

Ich lächelte ihn freundlich an und sagte: »Das ging aber wie der Blitz!«

Er grinste mich breit an.

»Du bist aber nicht nur flink, sondern auch durchtrainiert wie ein Dreißigjähriger. Sag, wie alt bist du eigentlich, Luigi?«

»Fünfundvierzig.«

»Wirklich? Das kann ja gar nicht sein.«

»Willst du etwa behaupten, ich lüge?«

»Ich weiß, dass du nicht lügst, aber ich bin erstaunt. Schau mich an. Ich bin nur zehn Jahre älter als du, sehe aber doppelt so alt aus wie du. Wie schaffst du das nur?«

»Das möchtest du wissen, eh? Tja, ich achte halt auf ausreichend Schlaf und habe in meinem ganzen Leben noch keine Minute gearbeitet.«

»Keine Minute?!«

»Lass mich überlegen. Ja, doch! Keine einzige Minute. Das Einzige, was physischer Arbeit relativ nahe kommt, ist, wenn ich meine Puttane auf ihre Arbeit einstimme. Das Vögeln und Lecken kann körperlich doch etwas anstrengend sein.« Er verbildlichte seine Worte in universell verständlicher Finger- und Zungenzeichensprache.

Nun ging ich zum Angriff über – auch das geschah instinktiv: »Du sprichst ja Schweizerdeutsch, Luigi!«

Damit hatte ich offenbar in die richtige Schublade gegriffen, und statt mich zu vermöbeln, lachte er jetzt Tränen. Konnte kaum mehr aufhören damit. Ich lachte mit, obwohl mir beim Gedanken an die Frauen, die unter seiner »Obhut« standen, regelrecht schlecht wurde. Schließlich kam er auf mich zu, hob die Hand, und so gaben wir uns, wie Fußballer nach einem Traumtor, »high five«.

Ich war um eine brenzlige Erfahrung reicher und schwor mir, dass ich in Zukunft nur noch in belebte Räume eintreten würde. Schließlich wollte ich nicht als Sardine zum Frühstück verspeist werden, sondern als Pilotfisch überleben.

Diese Episode half mir in keiner Art und Weise, aus meinem Tief herauszufinden. Was mich schließlich rettete, waren zwei Dinge: die Briefe von Susanne, die in schöner Regelmäßigkeit eintrafen, und die Aussicht auf ihren nächsten Besuch.

Nachdem King Kong entlassen worden war, übernahm Tarek die Führung der Albanerclique. Ausgerechnet der Typ mit der größten Klappe und dem kleinsten Hirn. Für mich kein Problem, denn ich hatte inzwischen eine Charmeoffensive auf ihn gestartet. Ich wusste, dass er davon träumte, ein Preisboxer zu werden, und im gefängniseigenen Trainingsraum Gewichte stemmte, als gäbs kein Morgen. Und so tastete ich während eines Hofgangs einmal seinen wirklich imposanten und steinharten Bizeps mit den Worten ab: »Unglaublich! Wie viel hast du am Samstag gestemmt?«

»190 Kilogramm!«

»190 Kilo? Das ist schwer rekordverdächtig.«

Er nickte stolz, und ich nannte ihn fortan nur noch – Champ. Was ihm sehr gefiel. Auf jeden Fall ließ er mich von diesem Moment an in Ruhe.

Kurz nach King Kongs Entlassung wurde ich Zeuge, wie ein Schwarzafrikaner der Zelle 20, wo jetzt nur noch Tarek alias Champ und Pelja saßen, zugeteilt wurde. Armer Kerl, das wird sicher kein Honigschlecken, dachte ich und hörte, wie Champ den Aufseher anbrüllte, der für den Afrikaner die Tür aufsperrte: »Bist du völlig übergeschnappt? Du schickst uns einen Neger in die Zelle? Der wird am Morgen auf allen vieren zu dir kriechen, nachdem wir seinen schwarzen Arsch die ganze Nacht durchgevögelt haben! Du wirst schon sehen!«

Die Drohungen beeindruckten den Aufseher in keiner Art und Weise. Den armen Kerl allerdings schon. Und zwar derart, dass er sich die nächsten drei Tage nicht unter seiner Bettdecke hervortraute.

Und doch: 78 Männer im besten Alter. In einem Knast. Für Monate, ja Jahre auf engstem Raum weggesperrt. Wie gehen die mit ihrer Sexualität um? Wirklich so homoerotisch wie in den Filmen gezeigt? Lädt sich die Atmosphäre sexuell auf? Muss man hinter Gittern Angst haben, dass einem plötzlich etwas zustößt? Zum Beispiel in der Dusche? Jetzt mal ehrlich, wie läuft das mit dem Sex? Die Antwort ist ganz einfach, zumindest was meine Zeit im Untersuchungsgefängnis La Dozza anbelangt: Es lief genauso viel wie in Champs Zelle, nämlich nichts. Klar, Drohungen wurden immer wieder ausgesprochen, ja lauthals herausposaunt. Von sexuellen Übergriffen kam mir in der Galera aber nie etwas zu Ohren. Im Gegenteil, selbst das weibliche Pflegepersonal, das die Medikamente verteilte, oder die wenigen Aufseherinnen wurden respektvoll und ohne jegliche Annäherungsversuche behandelt. Auch von »Antibock« oder dem berüchtigten »Hängolin«, das man der Sage nach im Ersten Weltkrieg den deutschen Soldaten ins Essen pulverte, war nichts zu spüren. Ein Anaphrodisiakum zur Regulierung der Triebe war im unterkühlten, vergitterten Galera-Alltag offenbar nicht nötig. Bestimmt kam aber auch begünstigend hinzu, dass das vorwiegend katholische Umfeld im Süden wesentlich prüder mit der Homosexualität umgeht, als das in Nordeuropa der Fall ist. Schwulsein ist noch immer mit einem Stigma behaftet. Keiner wollte in irgendeiner Form als »finocchio« verdächtigt werden. Die sexuelle Inspiration bezogen die Gefangenen aus den einschlägigen Hochglanzmagazinen, die in unserer Sektion zirkulierten und die der Liebe an und für sich nicht abträglich waren.

Samstag, 16. November 2013 Endlich! Endlich, endlich, endlich! Mein amerikanischer Anwalt, Aaron Marcu, war in Bologna eingetroffen und besuchte mich. Wir machten nicht lange Small Talk.

»Aaron«, sagte ich ihm, »ein Leben im goldenen Schweizer Käfig stellt für mich keine Alternative dar. Selbst wenn wir die Auslieferung abwenden könnten, würde es für mich schwierig, weiterhin in der Schweizer Finanzbranche zu arbeiten. Kommt dazu, dass ich die Ungewissheit der letzten Jahre nicht mehr aushalte. Das Ganze muss jetzt ein Ende finden. Wenn möglich ein gutes, aber das versteht sich ja wohl von selbst.«

»Ich werde alles daransetzen, dass deine Auslieferung so rasch wie möglich in die Wege geleitet wird!«

»Muss das Department of Justice den Italienern für meine Auslieferung Dokumente liefern?«

»Nein, die Anklageschrift von 2008, die wir ja bereits kennen, dürfte ausreichen.«

»Wie lange dauert ein Auslieferungsverfahren?«

»Das variiert.«

»Und wenn ich ausgeliefert worden bin, was dann?«

»Dann hoffen wir, dass sich die Amerikaner auf eine Kaution einlassen und du in einen Hausarrest kommst, was für das Vorbereiten des Prozesses und das Ausfeilen der Finessen deiner Verteidigung von großer Wichtigkeit wäre. Wenn sie dich im Gefängnis behalten würden, wäre der Prozess sehr viel schwieriger aufzugleisen.«

»Und was denkst du: Wie stehen die Erfolgschancen auf eine Kaution und Hausarrest in den Staaten?«

»Fifty-fifty.«

»Das ist ehrlich gesagt ganz und gar nicht das, was ich hören wollte. Wie schätzt du dann meine Chancen ein, den Prozess als freier Mann zu verlassen?«

»Schwierig zu sagen. Die Anklage stützt sich auf Zeugen, die zu ihrem Selbstschutz auf einen Deal mit dem Department of Justice eingegangen sind.«

»Aber die Dokumentenlage ist doch zu unseren Gunsten. Komm, gib mir einen Hoffnungsschimmer.«

»Schon, aber ein solcher Prozess hat immer seine Unwägbarkeiten. Die positive Nachricht ist: Das Department of Justice muss uns sämtliches Beweismaterial vor dem Prozess liefern. Ich werde dann versuchen, basierend auf dem Material einen Deal auszuhandeln.«

»Und wie sähe der aus?«

»Eine Möglichkeit wäre ein beschränktes Schuldeingeständnis deinerseits, dann kämst du bestenfalls mit einer Geldstrafe davon.«

»Wie hoch stehen die Chancen, dass wir diesen Deal bekommen?«

»Zwanzig Prozent.«

»Gibt es andere mögliche Absprachen?«

»Klar, wir haben noch die Möglichkeit eines Deals mit Schuldeingeständnis, einer abzusitzenden Gefängnisstrafe von einem Jahr und einer Geldbuße, dafür stehen die Chancen bei circa dreißig Prozent.«

»Wäre eine bedingte Haftstrafe denkbar?«

»Ja, das wäre durchaus denkbar. Eine Forderung des Department of Justice von zweieinhalb Jahren wie damals bei Barney Buchacker, dem Whistleblower, schätze ich auf vierzig Prozent, die Maximalstrafe von fünf Jahren – minus fünfzehn Prozent bei guter Führung – auf zehn Prozent ein. Selbstverständlich sollten wir bei einer schlechten Offerte aber auf gar keinen Fall auf einen Deal eingehen, sondern den Gerichtsprozess ausfechten.«

»Was ungleich risikoreicher wäre als ein Deal?«

»Ja, denn falls dich die Jury aus irgendeinem verrückten Grund für schuldig erklärt, wird die Empfehlung für das Strafmaß aufgrund des hohen Streitwertes eher ungünstig ausfallen.«

»Eher?«

»Na ja, ein konservativer Richter könnte dann im schlimmsten Fall auf eine in seinem Ermessen liegende Strafmilderung verzichten und dir fünf Jahre aufbrummen.«

»Wie funktioniert eigentlich eine Jury in den USA?«

»Die zwölf Geschworenen müssen in einem Strafprozess zu einem einstimmigen Urteil gelangen. Was in 95 Prozent der Fälle auch gelingt. Wenn nicht, ist es eine Hängepartie, und der Prozess muss wiederholt werden.«

»Was passiert, wenn wir verlieren?«

»Es bestehen verschiedene Berufungsoptionen. Aber damit sollten wir uns erst beschäftigen, wenn es wirklich so weit ist.«

»Keine verlockenden Aussichten. Trotzdem – ich will die Angelegenheit bereinigen. Das ist die einzige Chance, mich zu rehabilitieren. Unter den gegebenen Umständen sehe ich keinen Vorteil, in Italien in Haft zu bleiben. Bitte leite meine Auslieferung ein!«

»Ich werde nach meiner Rückkehr mit dem Department of Justice sofort erste Verhandlungen aufnehmen und versuchen, deine speditive Überführung in die USA und dort deine Freilassung auf Kaution mit GPS-Fußfessel zu erreichen.«

»Freilassung mit Fußfessel, definitiv besser als Knast – verfolge das bitte weiter.«

Aaron nickte, packte seine Siebensachen zusammen und versprach, am Montag nochmals vorbeizukommen. Mit Luca.

Die Sonntage waren im Gefängnis immer die Tage, die mir am meisten zusetzten, obwohl sie sich – eigentlich – in nichts von den anderen Tagen unterschieden. Ich stand wie immer um halb sieben Uhr auf. Zog mich an. Neuerdings vor Kälte schlotternd. Die Außentemperatur war gesunken, was die Aufseher nicht davon abhielt, die Fenster in den Korridoren nach wie vor aufzureißen und stundenlang offen stehen zu lassen. Die Luftqualität wurde dadurch zwar erheblich verbessert, doch fiel die Raumtemperatur unweigerlich noch mehr in den Keller. Aber auch wenn die Fenster geschlossen waren, herrschte ein giftiger Durchzug. Das Gebäude hatte definitiv eine gründliche Renovation nötig. Zum ersten Mal im Leben plagten mich rheumatische Schmerzen, die sich durch ein unangenehmes, reißendes Ziehen in meinen Zehen bemerkbar machten. Etwas, das ich vorher nie gekannt hatte und das zum Glück ebenso schnell wieder verschwand, wie es gekommen war, nachdem ich die Galera verlassen hatte. Der kleine Heizkörper bei der Zellentür lieferte an einigen Tagen stundenweise etwas Wärme, an anderen Tagen blieb er kalt. Wir bestellten zusätzliche Gaskartuschen und begannen, die Zelle mit unseren beiden Campingkochern zu beheizen. Um die Zugluft abzuhalten, dichtete ich die Kopfseite meines Bettes gegen die unverputzte Betonwand mit den auseinandergefalteten Kartonschachteln der Spesa-Lieferungen ab. Die Kälte kroch in jeden Winkel, war allumfassend.

Ich zog mich also mit klammen Fingern leise an, rasierte mich mit eiskaltem Wasser (der einzige Warmwasserhahn auf der Abteilung befand sich, wie schon gesagt, im Duschraum) und las danach, auf dem Hocker sitzend, im Licht der halb geöffneten Toilettentür in einem Buch. Punkt acht Uhr braute ich für Filippo und mich in der Mokkakanne aus Aluminium einen ersten Espresso. Francesco schonte seine Magennerven und begann den Tag mit einem Kamillentee und seiner obligaten Frühstückszigarette. Als Nächstes strich ich mir ein Nutella-Brötchen und trank dazu den lauwarmen Milchkaffee, der uns durch die Gittertür gereicht wurde.

Von 9 bis 11.25 Uhr ging ich in den Hof. Um 12 Uhr wurde das Mittagessen aus der Gefängnisküche gebracht. Danach las ich wieder. Punkt 13 Uhr wurde die Post verteilt. Von 13.30 bis 15.25 Uhr war erneuter Hofgang angesagt. Um 15.30 Uhr wurden die Zellentüren wieder verriegelt und die Gefangenen gezählt. Von 16 bis 17.30 Uhr erfolgte, auch an Sonntagen, die Piazza, und von 17.30 bis 19 Uhr kochten und aßen wir. Von 19 bis 21.10 Uhr führte ich – eingenebelt in dichten Haschischqualm – Tagebuch, schrieb Briefe oder las. Von 21.10 bis 22 Uhr lief nach ausführlicher Programmansage der Gebrüder der Fernseher. Dann erfolgte infolge großzügigen Cannabiskonsums in schöner Regelmäßigkeit der Knockout der beiden Brüder. Sodass ich nach zehn Uhr schauen konnte, was ich wollte. Eine Stunde vor Mitternacht schlief dann auch ich ein, immer mit dem bangen Gefühl, dass man mir noch Post bringen könnte, die ich nicht lesen wollte. Ich versuchte, bis halb sieben durchzuschlafen, was mir manchmal besser, manchmal schlechter gelang. Als sehr störend empfand ich den stündlichen Kontrollgang, bei dem der diensthabende Aufseher mit seiner Taschenlampe die Zellen ableuchtete. Anfänglich hätte ich ihn würgen können. Doch allmählich gewöhnte ich mich auch daran.

Was die Sonntage trotz aller Routine so schwierig für mich machte, war die Erinnerung an die gemütlichen sonntäglichen Nachtessen mit Susanne bei uns zu Hause. An unsere Gespräche, Susannes Lachen und die schöne Flasche Rotwein, die wir uns an diesen Abenden jeweils gönnten, bevor wir uns den »Tatort« im Fernsehen anschauten. An Sonntagen fehlte mir Susanne noch schmerzlicher als sonst. Und mir fehlte Madhu und unser ausgedehnter Spaziergang durch den Wald.

Wobei ich auch sagen muss, dass der geregelte Tagesablauf, jetzt mal abgesehen von den Sonntagen, mit der Befreiung von den Alltagssorgen durchaus etwas Beruhigendes hatte. Ich beschloss, dass mein Leben nach dem Überstehen dieses Albtraums einfacher, stressfreier und sorgloser werden sollte und ich die Probleme anderer nie mehr zu meinen eigenen machen wollte.

Sonntag, 17. November 2013 Nachdem ich mich nun endlich mit Aaron ausgetauscht hatte, konnte ich mich an diesem Sonntag damit ablenken, das Skript für meinen Antrag auf Hausarrest an die US-Behörden vorzubereiten.

Ich schrieb:

1. Raoul Weils Unschuld ist von verschiedenen Regulatoren und Prüfgesellschaften anerkannt.

2. Er ist nie geflüchtet und lebt seit dreizehn Jahren am selben Ort.

3. Raoul Weil hätte bei einer Flucht viel zu verlieren. Er könnte die Schweiz nicht mehr verlassen und wäre von der Finanzbranche ausgeschlossen.

4. Seinem ehemaligen Arbeitskollegen wurde bereits nach einer Nacht im Gefängnis Hausarrest gewährt.

Ich nahm das Papier zu meinem Treffen mit Aaron und Luca mit, die mich am Montag in der Galera besuchten. Luca empfahl mir, mein Schweizer Recht auf Nichtauslieferung aufzugeben. Dadurch würden sich meine Aussichten verbessern, in einem weiteren Berufungsanlauf doch noch Hausarrest in Italien zu erfechten, weil so der Aspekt, dass ich von da aus in die Schweiz fliehen könnte, nicht mehr relevant wäre. Er brauchte nicht lange, um mich zu überreden. Ich hatte genug von Gittertüren, Handschellen, Körperkontrollen, einsamen Nächten, schlechtem Fernsehprogramm und der immerwährenden Angst, irgendwann doch noch einem Mithäftling ins Messer zu laufen. Ich wollte raus! Ich wollte weg! Ich wollte Weihnachten mit Susanne und Madhu verbringen.

Nachdem mit Luca alles geklärt war, eröffnete mir Aaron, dass unsere Hausbank wegen meiner Verhaftung innerhalb der nächsten dreißig Tage unsere Konten auflösen werde. Ich war wie vom Donner gerührt.

»Aaron, du machst Witze, oder?«

Er schüttelte den Kopf, holte Luft und fragte mich: »Du glaubst nicht wirklich, dass ich mit so was spaßen würde, oder? Raoul – sie schließen auch die Konten deiner Eltern und das Konto deiner Schwägerin.«

Ich starrte ihn an, als käme er vom Mond.

»Was bitte hat die Schwester meiner Frau damit zu tun? Sie sollen sie gefälligst in Ruhe lassen!« Ich war fassungslos. Dass meine Schwägerin Käthi geistig behindert ist, machte die Ungehörigkeit noch schlimmer.

Die Kündigung unserer Konten seitens der Bank hatte dann aber vor allem für Susanne und mich schwere Folgen. Für die

Hinterlegung einer Kaution in den USA – sollte es so weit kommen – brauchten wir unbedingt ein Finanzinstitut, um den Transfer der Summe auslösen oder einen Check ausstellen zu können. Susanne würde ja nicht einfach eine größere Summe Bargeld im Handgepäck mit nach Amerika nehmen können, sonst wären wir noch der Geldwäscherei bezichtigt worden. Aufgrund meiner Situation und des entsprechenden Vermerks im Compliance-Suchsystem »World-Check« musste unser Freund und Anwalt Hans dann nahezu hundert verschiedene Institute anfragen, bevor wir eine Bank fanden, die sich trotz unserer Situation bereit erklärte, ein Konto für uns zu eröffnen. Und selbst das war nur mit einem zusätzlichen Steuergutachten möglich geworden.

Wieder in meiner Zelle, kochte für einmal ich. Erstens, weil ich mich ablenken musste, zweitens, weil ich nach inzwischen bald vier Wochen italienischem Knast Pasta in jeglicher Form bis obenhin satthatte. Und drittens, weil ich dringend mein Heimweh bekämpfen musste. Mit einer Käserösti. Francesco und Filippo ließen mich gewähren, sie merkten wohl, dass ich am Anschlag war, schauten dann aber doch extrem skeptisch, als ich die Schweizer Nationalspeise auf die Teller schöpfte. Was kein Wunder war, denn das Gericht war optisch – gelinde gesagt – eine kolossale Katastrophe. Was den Geschmack betraf, war die Rösti allerdings sehr lecker, fand zumindest ich. Francesco und Filippo wollten sich dazu nicht äußern, sie stocherten erst mal lustlos mit ihren Plastikgabeln in ihren Tellern herum. Es brauchte große Überredungskunst, bis die beiden harten Jungs weich wurden und sich einen klitzekleinen Bissen in den Mund schoben. Und, o Wunder: Nach einem großen theatralischen Lamento begannen die beiden, zufrieden zu mampfen. Danach kam der obligate Joint und das obligate TV-Programm, zu dem ich – obligat – nichts zu sagen hatte.

Was mir an diesem Abend aber komplett egal war. Denn ich hatte einen Brief von Susanne bekommen, den ich nun »in aller Ruhe« lesen wollte.

Lieber Raoul
Ich habe bis jetzt einfach noch nicht die Muße gehabt, mich hinzusetzen und meine Gedanken zu Papier zu bringen. Ich habe im Moment einen Terminkalender wie Du zu Deinen strengsten Zeiten, zig Sitzungen und Telefonkonferenzen, hinzu kommen SMS und E-Mails. Das Gute daran ist, ich falle abends todmüde ins Bett und kann dadurch recht gut schlafen.
   Du kannst Dir gar nicht vorstellen, wie viel Unterstützung wir beide kriegen: Aus der ganzen Welt (ja, sogar aus Amerika) kommen aufmunternde SMS, E-Mails und Telefonate. Wer Dich kennt, sei es persönlich oder beruflich, weiß, wer Du bist und weshalb Du in der jetzigen Situation steckst. Und ohne jegliche Ausnahme stehen sie hinter uns.
   Es brennen Kerzen für Dich in Kirchen, in laotischen Tempeln, in buddhistischen Klöstern, bei unseren Freunden zu Hause. Verinnerliche Dir bitte dieses Bild und schöpfe Kraft daraus. Lass nur die positiven Gedanken zu, negative laugen Dich aus. Unser Ziel ist es, aus dieser Angelegenheit, wie auch immer sie ausgeht, ohne Bitterkeit herauszukommen. Bitterkeit ändert nichts und schadet nur uns persönlich. Schauen wir nach vorn, in Richtung einer Lösung! Jeden Tag wenn ich aufstehe, denke ich, heute kommen wir einer solchen einen Schritt näher.
   Für mich ist im Moment die Logistik die größte Herausforderung. Mein Ziel ist es, jeden zweiten Dienstag nach Bologna zu kommen, aber ich bin im Moment so fremdgesteuert, dass dies wohl nicht immer möglich sein wird. Ich habe jetzt auch in die Wege geleitet, dass Deine Eltern als Besucher akzeptiert werden.

Für Madhu hat Deine Abwesenheit einen großen Vorteil: Er kann am Morgen ausschlafen, und das tut er ausgiebig. Ich habe ihm aber schon gesagt, dass er sich nicht daran gewöhnen solle, denn Du seist bald wieder da, und dann heißt es spätestens um halb sieben wieder: Jetzt gehts los, jetzt gehts los.

Du fehlst mir an allen Ecken und Enden, aber ich gebe mir redlich Mühe, Deinen Platz, so gut es geht, auszufüllen. Es gibt aber einen Bereich, wo mir das schwerfällt: beim Bürsten von Madhu. Da bin ich etwa so gut wie Du im Chinesischen. Aber so, wie Du gelernt hast, zwei Bier auf Chinesisch zu bestellen, so werde auch ich lernen, zumindest die schlimmsten Stellen unseres Vierbeiners zu entwirren.

Ich bin stolz, mit Dir verheiratet zu sein. Du bist das Beste, was mir in meinem Leben passiert ist, und dies – with no strings attached – bedingungslos!

In inniger Liebe, die täglich wächst,
Susanne

Jedes ihrer Worte war Balsam auf meine Seele. Ich schrieb ihr noch in derselben Nacht zurück, sagte ihr, wie sehr ich mich auf ihren nächsten Besuch – hoffentlich mit meinen Eltern – freuen würde, wie sehr sie mir fehlte. Auch bat ich sie dringend, mir Thermowäsche, einen dicken Schal, eine Wollmütze, Wollsocken und Wollhandschuhe zu besorgen, wenn sie nicht wolle, dass ich eines Nachts in der Galera erfror.

Eine Woche später hatte Susanne den Brief bekommen, und zwei Wochen später brachte sie bei ihrem Besuch nicht nur warme Kleider mit, sondern tatsächlich auch meine Eltern. Meine 79-jährige Mutter und meinen 82-jährigen Vater. Das war ein ganz spezieller Moment. Und ein riesengroßes Geschenk, denn allein schon die

Organisation der Reise hatte Susanne eine generalstabsmäßige Planung abverlangt. Sie musste alles bedenken. Dass meine Eltern, die seit circa zwei Jahren beide mit gesundheitlichen Schwierigkeiten zu kämpfen hatten, nicht mehr gut zu Fuß waren, mein Vater eine schwache Blase hatte und die Reise für meine Mutter, die nah am Wasser gebaut hat, emotional sehr belastend sein würde. Susanne musste ein Hotel ganz in der Nähe von La Dozza suchen, damit meine Eltern nicht noch früher aufstehen mussten als sowieso schon. Sie musste sicherstellen, dass die beiden für die eine Nacht wirklich nur das Nötigste, dieses aber garantiert einpackten, meiner Mutter den schönen Rock ausreden, da er viel zu dünn war, und meinen Vater davon überzeugen, dass Winterschuhe die beste Wahl waren, auch wenn er dazu eine ganz andere Meinung hatte. Susanne war sich sehr bewusst, dass die Reise für alle drei eine Strapaze werden würde. Aber sie wusste auch, dass es vielleicht die letzte Begegnung zwischen meinen Eltern und mir sein könnte, da ihnen eine Reise in die USA nicht mehr zugemutet werden konnte. Und ich bei einer Verurteilung bis zu fünf Jahre in einem amerikanischen Gefängnis verbringen müsste.

Die ganze Unternehmung war, wie mir Susanne später erzählte, eine traurige Mission, die zuweilen aber auch etwas von einer Slapstick-Komödie an sich hatte. Wenn zwei alte Menschen, deren Weltbild grundlegend positiv ist, eine derart außergewöhnliche, psychisch und physisch belastende Reise antreten müssen, liegt das wohl in der Natur der Sache.

Meine Eltern waren nervös, weil sie nicht wussten, was sie erwartete. Und Susanne war nervös, weil sie sehr genau wusste, was sie erwartete.

Mein Vater wollte erst partout nicht auf Susanne hören und meinte: »Winterschuhe anziehen? Susanne – es geht nach Bologna, und das liegt im Süden!«

Und meine Mutter strich, entgegen Susannes Empfehlungen, sechs große Schinkenbrote. Schließlich dauere die Zugfahrt ja fast sechs Stunden und – »der Schinken läuft heute sowieso grad ab«. Die Sandwiches übergab Susanne beim Umsteigen im Bahnhof Milano Centrale dann einer obdachlosen Frau, allerdings ohne den Schinken, denn diesen hatte meine Mutter, als sie Susannes Absicht bemerkte, vorsorglich entfernt: »Man kann doch keine abgelaufenen Lebensmittel verschenken!«

Zum Glück war es, als die drei endlich im Hotel ankamen, bereits dunkel, so bemerkten meine Eltern gar nicht, dass das Hotel im Niemandsland stand und freie Sicht auf das Gefängnis bot.

Um zwei Uhr nachts klopfte es heftig an Susannes Tür. Ihr blieb schier das Herz stehen. Bologna – Hotelzimmer – Nacht und »Toc! Toc! Toc!« – das war eine Erfahrung, die sie in ihrem Leben nie mehr machen wollte. Draußen stand diesmal aber nicht die Polizei, sondern mein Vater. Im Pyjama. Er meldete einen Wasserschaden in seinem Zimmer, den Susanne doch bitte bei der Rezeption melden solle.

Unausgeschlafen und aufgewühlt standen die drei schließlich Punkt acht Uhr am Portal von La Dozza. Dort, in einem kahlen, ungeheizten und nur mit ein paar wenigen Blechstühlen bestückten Raum begann dann das Sicherheitsprozedere und das damit verbundene lange Warten. Es ging zu und her wie in einem Bienenhaus, so jedenfalls hatte es mir Susanne schon bei ihrem ersten Besuch erzählt. Die Angehörigen brachten nicht nur Stapel von frischer Bettwäsche und Kleidern mit, sondern auch unzählige Taschen, gefüllt mit jenen Lebensmitteln, die für die Moral ihrer Liebsten so wichtig waren. Einige Mitbringsel wurden bei den Kontrollen durch die Aufseher allerdings sofort aus dem Verkehr gezogen – leider auch der Wollschal, den mir Susanne mitgebracht hatte. Strangulationsgefahr! Bei jeder Konfiszierung gab es selbstverständlich laute Diskussionen, was die eh schon zeitraubende Prozedur noch zusätzlich verlängerte.

Alle Besucher mussten sich einzeln registrieren lassen, ihren Personalausweis abgeben, Taschen, Schmuck und Uhren in Schließfächern deponieren und sich einer Leibesvisitation unterziehen. Als meine Mutter hinter dem Vorhang verschwand, hielt Susanne die Luft an, denn meine Mutter trug zur Linderung ihrer chronischen Rückenschmerzen einen aufblasbaren Nierengurt, eine Art Stützkorsett. Das Ding sah laut Susanne aus wie ein Sprengstoffgürtel! Meine Mutter hatte sich geweigert, auf den Gurt zu verzichten, nahm zur Sicherheit aber die Gebrauchsanweisung mit. Ja, auf Deutsch und überzeugt davon, dass irgendjemand dann sicher Deutsch verstehe. Ob es die Gebrauchsanweisung war oder der Respekt der Beamtin vor dem Alter – meine Mutter wurde durchgewinkt.

Als die drei endlich im Besucherraum saßen und auf mich warteten, war es dann so weit. Mein Vater meldete an, dass er dringend zur Toilette müsse. Und zwar wirklich ziemlich sofort. Gerade als Susanne ihm erklärte, dass es hier, wie sie es vorher mehrmals erwähnt hatte, wirklich keine Besuchertoilette gebe, wurde ich in den Raum geführt. Meine Mutter nahm mich in die Arme, wischte sich verstohlen eine Träne ab, mein Vater drückte mich an seine Brust, und Susanne widersetzte sich den Vorschriften und küsste mich. Dann wollten meine Eltern wissen, wie es mir gehe, wie es mit dem Hausarrest aussehe und ob ich mich wirklich ausliefern lassen würde. Das WC-Problem war vergessen. So schien es zumindest. Nach circa zehn Minuten platzte mein Vater, und das nicht gerade leise, heraus: »Jetzt oder nie! Ich brauche eine Toilette!« Da ich meinen Vater sehr gut kannte und wusste, dass er seine Drohung, sich in der Ecke des Besucherraums zu erleichtern, wenn es keine andere Lösung gebe, mehr als ernst meinte, wandte ich mich an einen Aufseher. Und wieder schien der Respekt vor dem Alter über die strengen Gefängnisregeln zu siegen. Mein Vater wurde vom Aufseher ins Innere des Gefangenentraktes geführt.

Als er zurückkam, meinte er: »Raoul! Die haben weder Toilettenpapier noch Handtücher hier. Sehr ungemütlich! Ich hoffe, du kommst bald raus, das ist ja nicht zum Aushalten. Und kalt ist es! Bin ich froh«, fügte er Susanne zugewandt hinzu, »dass ich doch noch auf dich gehört und Winterschuhe angezogen habe!«

In der Zwischenzeit hatte sich meine Mutter im Besucherraum eingehend umgesehen und erkundigte sich, wer denn der junge Mann am Tisch ganz hinten in der Ecke sei. »Ja, der, der so nett und sympathisch aussieht, Raoul, und eine überaus hübsche Freundin hat er auch bei sich! Sag, kennst du den? Ist das ein Verbrecher? Der sieht gar nicht so aus!«

»Ja, ich kenne ihn. Mario, so heißt er, sitzt wegen Beihilfe zum Mord. Er ist ein Zuhälter und Einbrecher, und die hübsche Dame ihm gegenüber ist nicht seine Freundin, sondern sie arbeitet für ihn. Ja, ich weiß, warum er hier ist: Bei einem seiner Einbrüche wurde die Bande, mit der er unterwegs war, von der Hausbesitzerin überrascht, worauf sie mit einer Vase erschlagen wurde.«

Nach einer langen Schrecksekunde schluckte meine Mutter leer und sagte mit tonloser Stimme: »Jessesgott!«

Ich glaube, ihr wurde erst in jenem Moment die ganze Tragweite meiner Lage bewusst. Um die Situation etwas zu entschärfen, erzählte ich danach ein paar lustige Begebenheiten aus meinem Knastalltag und verschwieg die deprimierenden. Nach zwei Stunden verabschiedeten wir uns, und nun musste ich schauen, dass ich keine Tränen zeigte, vor allem als meine Mutter extrem tapfer meinte: »Wir stehen hinter dir, Raoul, vergiss das nie!«

Würde ich die beiden je wiedersehen?

Sehr viel später erfuhr ich von Susanne, dass sie mir nachgesehen hatte, als ich auf dem Weg zurück in die Zelle von einem der Aufseher von oben bis unten abgetastet und durchsucht wurde. Ein Bild, das ihr nach dem Besuch eine schlaflose Nacht beschert hatte. Meine Nacht hingegen war gut, ich schlief – in drei paar Trainerhosen, vier Pullovern, zwei paar Wollsocken, der Wollmütze, den Wollhandschuhen und dem Nierenwärmer, den mir Susanne auch noch mitgebracht hatte – endlich wieder mal, ohne zu schlottern, und träumte von Susanne, die trotz allem Expeditionsstress gut gelaunt und enorm positiv war und obendrein blendend ausgesehen hatte.

Am nächsten Morgen machte ich für meine Zellengenossen Omeletten mit Nutella und amüsierte mich mit Francesco über Filippos Freude an den Kinder-Schokoladen-Überraschungseiern, die er am vorherigen Tag erhalten hatte und nun mit der Lust eines kleinen Buben zertrümmerte. Und damit war er längst nicht der Einzige! Die Beliebtheit dieser Süßigkeit im Knast war unglaublich. Selbst die schweren Jungs strahlten über das ganze Gesicht, wenn sie das winzige Spielzeug aus dem Inneren der Eier klaubten. Filippo hatte neben den Eiern auch noch Lakritze bekommen, und ich versuchte, ihm und Francesco zu erklären, dass diese Süßigkeit bei uns »Bärendreck« hieß. Dazu bediente ich mich einer wortwörtlichen Übersetzung und sagte: »Questo in Svizzera è la cacca di orso«, was die beiden Tränen lachen ließ.

Nach den Besuchstagen aßen wir immer königlich, aber um all die feinen Zutaten, die Francesco und Filippo jeweils bekamen, kunstgerecht zu verarbeiten, brauchten wir regelmäßig auch allen Vorrat aus den Spesa-Bestellungen auf, was dann am Wochenende dazu führte, dass Spaghetti »senza niente« auf dem Programm stand. Und ich, wie schon gesagt, fast eine Pasta-Allergie bekam. Unser Essverhalten erinnerte mich oft an Madhu: fressen, solange der Futternapf voll ist. Alles! Es gab denn auch einige Morgen, an denen ich nur ein trockenes Brötchen kauen konnte, weil meine zwei Brüder in der Nacht einer Nutella-Zwangsattacke erlegen waren und den ganzen Vorrat weggeputzt hatten. Worauf ich mich eines Tages dafür entschied, eine ganz private Wochenration Nutella anzulegen und diese hinter den Socken in meinem Spind zu verstecken.

Aber ich bin vorgeprescht, in den zwei Wochen zwischen dem Besuch von Luca und Aaron, der inzwischen wieder in Amerika war, und dem Besuch von Susanne und meinen Eltern hatte sich einiges ereignet, das ich niemandem vorenthalten möchte.

Da waren viele weitere Hofgänge, von denen mir zwei besonders in Erinnerung geblieben sind. Da war die psychologische Betreuung à l'italienne, da war der Besuch einer katholischen Messe in der gefängniseigenen Kirche, da war mein missratener Versuch, zu trainieren, ein dafür umso erfolgreicherer medizinischer Eingriff am eigenen Leib und ein wenig erfolgreicher, um nicht zu sagen missratener Haarschnitt. Da war eine Tattoo-Session in unserer Zelle, und da war ein weiterer Gerichtstermin in Sachen Hausarrest.

Aber der Reihe nach: Bei stahlblauem Himmel schafften es nur wenige Strahlen der schwachen Novembersonne über die fünf Meter hohen Mauern unseres Hofes. Vor Kälte schlotternd, hatte ich mich in die einzige Ecke gestellt, die besonnt war. Es ging nicht lange, und eine Gruppe von Bankräubern gesellte sich zu mir. Lauthals beklagten sie sich über die immer geringere Ausbeute pro Überfall. Der technologische Wandel stellte dabei offenbar die größte Herausforderung dar. Elektronische Transfers reduzierten die Barbestände in den Filialen. Lagen früher noch Erträge von ein paar Hunderttausend Euro pro Raubzug drin, konnte inzwischen nur noch mit durchschnittlichen Einnahmen von 15 000 Euro gerechnet werden. Die Profis waren deshalb dazu gezwungen, mehr Überfälle durchzuziehen, um annähernd auf ihre Profite von einst zu kommen. Außerdem war das Risiko, geschnappt zu werden, durch die modernen Sicherheits- und Überwachungssysteme im Vergleich zu früher im Quadrat gestiegen. Umso mehr, als die Schalterhallen längst alle kameraüberwacht sind.

Ich hörte eine Weile zu und sagte dann: »Stimmt schon, ich würde heute keinen Cent mehr auf euren Industriezweig setzen. Der Berufsstand der traditionellen Bankräuber wird bald ebenso ausgestorben sein wie die Piraten der Karibik – den augenfälligsten Beweis, dass das Risiko-Ertrags-Profil nicht mehr stimmt, liefert ihr ja selbst, so zahlreich wie ihr in der Galera anwesend seid.«

Ob sie alles verstanden, was ich sagte, weiß ich nicht. Schließlich redete ich in einem Kauderwelsch von Englisch, Deutsch, Italienisch, ein wenig Französisch und mit Händen und Füßen. Die vor der Gurgel durchgezogene Hand hatten sie aber garantiert kapiert, und auch sonst schien sie mein kleiner Vortrag zu interessieren – mir wurde bewusst, dass mir zum ersten Mal bei einem Hofgang ungeteilte Aufmerksamkeit geschenkt wurde, und so zog ich schließlich folgendes Fazit: »Ihr hättet eure Energie viel besser in eine solide Ausbildung gesteckt.«

Sie lachten, und immerhin muss ich zugeben, dass es mit einer guten Ausbildung allein nicht getan ist. Ich hatte in meiner Karriere mehrere Male mit Anlageberatern zu tun, die den Versuchungen ihres Berufes nicht widerstehen konnten. Eine unschöne Sache, die mir jeweils extremes Bauchweh bereitet hatte. Aber bei 63 000 Mitarbeitenden gab es schlicht eine statistisch extrem hohe Wahrscheinlichkeit, dass sich das eine oder andere schwarze Schaf darunter befand.

Um warm zu bekommen, schritt ich den Hof nun in einem sportlichen Tempo in der Diagonalen ab. Hin und her und her und hin. Nicht lange, da gesellte sich der 44-jährige Massimo, ein italienischer Bancomaten-Knacker, zu mir und gestand: »Ja, vielleicht hätte ich tatsächlich besser mehr Energie in meine Ausbildung stecken sollen, weißt du, schlau genug wäre ich gewesen, aber mir fehlte wohl die Perspektive. Egal, ich kann mich nicht beklagen, schließlich haben sie mich zwar schon oft eingesperrt, mussten mich bisher aber immer mangels Beweisen nach ein paar Tagen wieder laufen lassen. Juristisch gesehen, bin ich also noch ein unbeschriebenes Blatt. Mein ganzes Umfeld, selbst mein 21-jähriger Sohn, konnte meine Verhaftung, die sich jetzt zum ersten Mal nicht geheim halten ließ, kaum fassen.«

»Wie lange knackst du denn schon Bancomaten?«

»So um die fünfzehn Jahre. Weißt du, das war früher ein super Geschäft, da waren die Automaten noch voll beladen – ich habe ein Vermögen gemacht. Mittlerweile sind pro Sprengung aber tatsächlich höchstens noch zehn- bis fünfzehntausend Euro drin.«

»Was hast du mit all dem Geld aus deinen erfolgreichen Tagen gemacht?«

»Ich habe mir eine Tabaccheria an bester Lage gekauft, was sich als eine sehr gute Investition entpuppte, denn dieses Geschäft läuft bei jeder Wirtschaftslage«, er machte eine Kunstpause, »und ich habe sie sofort auf meinen Sohn überschrieben.« Jetzt strahlte er über beide Ohren, schloss dann aber zerknirscht: »Dummerweise verspielte ich allerdings auch eine ganze Stange Geld in Monte Carlo.«

Den zweiten Hofgang, der mir immer in Erinnerung bleiben wird, wenn auch in sehr schlechter, verbrachte ich mit Mario, dem gut aussehenden rumänischen Zuhälter und Einbrecher, der im Besucherraum die Aufmerksamkeit meiner Mutter auf sich gezogen hatte und der wegen Beihilfe zum Mord einsaß.

Er sprach gut Englisch, und als ich ihn fragte, wo er es gelernt hatte, antwortete er: »In der Schule. Aber wirklich verbessert habe ich es, als ich mit meinen zwei rumänischen Nutten nach Dublin ausgewandert bin.«

»Was machtest du denn in Irland?«

»In Irland konnte man bis vor kurzem noch richtig gut Geld verdienen. Die Typen dort zahlten noch um die hundert Euro fürs Bumsen, und viele wollten einen Arschfick, was dann nochmals dreißig Euro extra gab.«

»Wie viel haben die Frauen davon bekommen?«

»Die Hälfte. Das Gute war, dass viele der Freier den Girls Kokain mitbrachten, das ich ihnen natürlich sofort abgenommen habe. Weißt du, zugedröhnte Nutten bumsen nicht gut, und der Stoff bedeutete für mich eine attraktive Zusatzeinnahme. Wegen dem Koks hatten die Freier übrigens oft Schwierigkeiten, abzuspritzen, und überschritten ihr Zeitlimit. Dann musste ich jeweils eingreifen und sie rausschmeißen.«

Wollte ich es so genau wissen? Sein Redefluss war jetzt aber nicht mehr zu stoppen, und die Details, vor allem aber die Art und Weise, wie er über die Frauen redete, die für ihn arbeiteten, drehte mir den Magen um. Ich wünschte, er hätte statt englisch rumänisch geredet, ich hätte mich mit Garantie weniger schlecht gefühlt.

»Es ist nicht mehr einfach in meinem Gewerbe – es besteht ein krasses Überangebot. Dummerweise kehrte ich dann auch noch nach Italien zurück, wo der Markt inzwischen total versaut ist. Die Europäische Union liefert konkurrenzfähige Nutten aus Rumänien und Polen zu Tiefstpreisen. Und Russinnen, Ukrainerinnen, Afrikanerinnen, Brasilianerinnen und was das Herz sonst noch begehrt, haben dank einem sogenannten Artistenvisum relativ einfachen Marktzugang. Als ob das nicht schon genug wäre, drängen inzwischen auch arbeitslose Hausfrauen in den Markt. Ein Überangebot, mit dem die italienische Manneskraft nicht mithalten kann. Und wenn einer dann doch einen Fick will, zahlt er für die Basis-Dienstleistung längst nicht mehr hundert, sondern nur noch dreißig Euro! Kommt dazu, dass die Preise für die Extras schon längst im Keller sind. Und dann das Internet! Das macht alles kaputt. Dabei ist virtueller Sex so ungenießbar wie für einen Espresso-Aficionado koffeinfreier Milchkaffee!«

Mit diesen Worten ließ er mich stehen und gesellte sich zu Pelja, der auf einer Zementbank unter dem Hofvordach saß. Als ich an den beiden vorüberging, hörte ich, wie Mario sagte: »Der Svizzero hat doch als Banker sicher groß abkassiert. Der hat Kohle, Mann! Gibt es denn keine Möglichkeit, wie wir Geld aus dem rauspressen könnten?«

Am folgenden Sonntag wollte ich unbedingt einmal den Gefängnisgottesdienst besuchen. Außer zu Papst Franziskus' Ansprache auf dem Petersplatz in Rom am 12. Oktober 2013, also sieben Tage vor meiner Verhaftung, wo er sich zum von ihm veranstalteten Marientag im Jahr des Glaubens äußerte, hatte ich Messen in den letzten Jahren ausschließlich zu Trauerfeiern besucht. Jetzt wollte ich ehrlich gesagt vor allem herausfinden, wie die verlorenen Seelen ins Konzept der katholischen Kirche passten. Es herrschte ein richtiger Massenandrang, und ich wurde denn auch nicht einfach zugelassen, sondern musste erst einen offiziellen Antrag an die Gefängnisdirektion stellen. Ich hoffe, der Zutritt zum Himmelsreich ist effizienter gelöst.

Bürokratie wird in der Galera großgeschrieben. Für alles musste ein schriftlicher Antrag gestellt werden. Für jeden Arztbesuch, jeden Anwaltsbesuch, jeden Gerichtstermin und offensichtlich auch für jeden Kirchgang. Die italienische Gefängnisadministration wäre ein Paradeprojekt für eine McKinsey-Effizienzanalyse.

Ganz ohne Antrag erhielt ich hingegen mehrfachen Besuch der Gefängnispsychologin. Luca teilte der Richterin lediglich mit, dass ich mit einer Klinge bedroht worden sei, und schon stand sie da. Es war schon lustig: Einerseits wollte mich die italienische Justiz nicht in den sicheren Hausarrest entlassen, andererseits machte sie sich Sorgen, ich könnte mich mit einem Kaschmirschal am Bettpfosten aufhängen oder mich bei einem albanischen Amok filetieren lassen.

Die Dottoressa, eine langhaarige, blondierte, sehr aufgebrezelte Mittvierzigerin, deren Füße ihn High Heels steckten, war eine Bombe. Eine Rauchbombe. Sie nebelte mich bei jeder unserer Sitzungen mit ihren langen dünnen Menthol-Glimmstängeln förmlich ein. Seit den Visiten bei meinem morphiumsüchtigen und kettenrauchenden Kinderarzt in den Sechzigerjahren hatte ich keine Arztbesuche mehr erlebt, die der Gesundheit schon beim Einatmen abträglich waren. Bei zwei, drei Terminen zeigte sie dann allerdings eine Art von Erbarmen und erlöste mich vom beißenden Qualm, indem sie an einer elektronischen Zigarette zog. Unsere Treffen waren kurz und verliefen immer nach dem gleichen Schema. Sie stellte mir Fragen auf Italienisch, ich antwortete in schlechtem Französisch.

»Signor Weil, wie fühlen Sie sich?«

»So weit okay, mindestens lassen mich die Albaner im Augenblick in Ruhe.«

»Sind Sie deprimiert oder haben Sie Gefühlsschwankungen?«

»Abgesehen davon, dass ich hier drinnen festsitze, fühle ich mich okay.«

»Hatten Sie je Selbstmordabsichten?«

»Nein.«

»Welches ist im Augenblick Ihr größtes Problem?«

»Dass ich mich nur mit wenigen Leuten richtig unterhalten

kann. Die Langeweile plagt mich, und ich vermisse natürlich meine Frau und unseren Hund.«

»Mit der Kommunikation ist das halt so eine Sache. Wir Italiener sprechen nun einmal ausschließlich unsere Sprache. Der Rest ist völlig normal. Machen Sie sich also keine Sorgen. Sollten Sie wirkliche Probleme kriegen, lassen Sie es mich via die Aufseher wissen.«

Ihren Abschluss in Psychologie hatte die Frau Doktor entweder in der Lotterie gewonnen oder aus dem Zigarettenautomaten gezogen. Das wäre dann auch die Erklärung dafür gewesen, weshalb eine Akademikerin keine Fremdsprache beherrschte. Wie auch immer: Es war nicht sie, die mich davor bewahrte, in diesem feindlichen Umfeld am Bettpfosten hängend zu enden, sondern eher meine in gewissen Aspekten mangelnde Feinfühligkeit, für die ich von Susanne in den letzten 24 Jahren schon einiges an Kritik hatte einstecken müssen.

In einer typischen, durchschnittlichen Deutschschweizer Familie als Sohn eines Atheisten und einer Protestantin aufgewachsen, bin ich als Einzelkind sorgenfrei, aber sicher nicht südländisch-warmherzig erzogen worden. Beim Handballspielen und Skirennfahren entwickelte ich schon früh einen Wettkampfgeist, lernte aber auch, dass man im Leben manchmal gewinnt, aber auch mit Niederlagen umgehen können muss. Berufliche Krisen wie die Tequila-, die Asien- und die Finanzkrise 2008, als uns unter kaltem Angstschweiß die Schrottpapiere um die Ohren flogen, verpassten mir im Laufe der Zeit eine emotionale Elefantenhaut, die mir hier zugutekam.

Dank der Hilfe von Thomas – dem deutsch-italienischen Doppelbürger, der mir einst die diversesten Versionen vom Hinschied des Exmannes seiner Frau erzählt hatte – beim Formulieren eines Antrages hatte es mit dem Kirchgang dann doch noch geklappt. Und so trat ich am nächsten Sonntag, zusammen mit den anderen Häftlingen, die eine Bewilligung für den Besuch der Messe bekommen hatten, direkt aus dem Gefängniskorridor in die gefängniseigene, sehr moderne Chiesa di San Massimiliano Kolbe ein, die mitten auf dem Gelände von La Dozza steht. Gebaut hatte sie der Architekt Aldo Barbieri – ein modernes Bijou, verglichen mit dem grauenvollen Komplex von La Dozza. Gewidmet war sie dem polnischen Pater Maximilian Maria Kolbe. Papst Johannes Paul II. hatte ihn 1982 als Märtyrer heiliggesprochen. 41 Jahre nachdem der Franziskaner im KZ Auschwitz für einen Familienvater gestorben war.

Mich beeindruckte die dezente Schlichtheit dieser Kirche. Ich setzte mich mitten in die brasilianisch-afrikanische Sektion auf der rechten Seite und genoss die Wärme, die die Zentralheizung hier spendete. In der Mitte saßen die »Langzeitler«, links, und damit erstaunlicherweise am nächsten zur Kanzel, erblickte ich die furchterregenden, vernarbten und zahnlosen Gesichter der »Schläger«. Hinter uns überwachte ein Dutzend Aufseher das Geschehen. Drei zivil gekleidete Mitglieder der Heilsarmee eröffneten die Messe mit lautem Gesang und Gitarrenbegleitung und brachten die tratschende Menge zum Schweigen.

Meine schlechten Italienischkenntnisse, kombiniert mit den plärrenden Lautsprechern, verwandelten die Zeremonie, die nun ein Franziskaner eröffnete, für mich in eine lateinische Messe. Ich verstand kein Wort und konzentrierte mich deshalb auf den formellen, von der katholischen Kirche choreografisch durchdachten und auf der ganzen Welt immer gleichen Ablauf des Anlasses. Mir wurde erstmals bewusst, was für eine wichtige Stütze die Routine in unsicheren Zeiten ist.

Das gemeinsame Singen und Beten formte auch hier ein Zusammengehörigkeitsgefühl. Und als der Pater uns nach dem Va-

terunser bat, uns gegenseitig die Hände zu schütteln, lag eine Er-
griffenheit in der Luft, die diese flirren ließ.

Zu meinem Erstaunen applaudierten die Knastbrüder am Ende
der Zeremonie so laut wie nach einer Theatervorstellung, und vier
Afrikaner stürmten zum aus Ton geformten Jesus und küssten ihn.
Tränenüberströmt.

Wieder in der Zelle, machte ich Notizen für mein Buch, das ich
mich zu schreiben entschlossen hatte. Auf Englisch. Da diese Sprache – im Unterschied zu Deutsch – kein Aufseher zu verstehen
schien. Fünfzig eng beschriebene Seiten sollten sich in Bologna an-
häufen. Um das Risiko einer Beschlagnahmung zu minimieren,
packte ich meine Notizen, sobald ich wieder fünf Seiten geschrieben hatte, in einen Briefumschlag und schickte sie zu Susanne
nach Zürich. Das Postgeheimnis schien die Verwaltung zu respektieren, alle meine Briefe kamen ungeöffnet in der Schweiz an. Den
Anstoß zum Schreiben hatte mir Susanne gegeben, sie fand, es sei
wichtig, geistig fit zu bleiben. Das Schreiben half aber nicht nur
dabei, sondern war auch eine gute Möglichkeit, die Rolle des Beob-
achters zu übernehmen und so bis zu einem gewissen Grad der
Rolle des Betroffenen zu entfliehen.

Während ich schrieb, machte Filippo seine Liegestütze. Damit
sie effizienter waren, stützte er sich mit jeder Hand auf eine Gas-
kartusche. Francesco schnitt mit seinem Gaskartuschen-Messer
das Gemüse für den Sugo bolognese und pfiff leise vor sich hin.
Die Kartuschen und ihr Metall waren bei vielem sehr hilfreich.
Aus dem flach geschlagenen Metall hatte Filippo zum Beispiel
s-förmige Haken gefaltet, die er in der Tür unserer Toilette fest-
klemmte. Daran band er mithilfe von Schnürsenkeln zwei Schlau-
fen, durch die er einen Besenstiel zog – fertig war die Reckstange,
an der er nach den Liegestützen noch seine abendlichen Klimm-

züge machte. Schnürsenkel? Ja, die durfte man in der permanenten Abteilung behalten. Ich brauchte aber keine mehr, Susanne hatte mir längst Turnschuhe mit Klettverschluss besorgt.

Filippo forderte mich nun zum ersten Mal auf, es ihm gleichzutun. Ich winkte erst ab, stand dann aber doch auf und legte meine Hände um die improvisierte Reckstange, spannte die Muskeln und wollte mich hochhieven. Erfolglos. Allerdings weiß ich nicht, ob das an fehlender Muskelkraft lag, denn Filippos »No-problem«-Verankerungen hielten meinem Gewicht von 95 Kilo schlicht nicht stand. Krawumm! – Ich crashte rückwärts auf den Spülkasten unserer Toilette, und ein glühender Schmerz schoss mir durch den Rücken. Der Spülkasten hatte einen großen Sprung abbekommen, der Schwimmer war abgebrochen und meine Wirbelsäule schmerzte. Ich saß ein wenig belämmert auf meinen vier Buchstaben und wusste nicht recht, ob ich lachen oder weinen sollte, entschied mich dann aber für Ersteres, auch weil mir sehr bewusst war, wie viel Glück ich gehabt hatte. Nicht auszudenken, was passiert wäre, wenn ich mit dem Kopf auf der Kloschüssel aufgeschlagen wäre. Francesco und Filippo schauten mich zuerst erschrocken an, kugelten sich dann aber vor Lachen, gaben sich »high five«, halfen mir aufzustehen, und flickten, was es zu flicken gab.

Eine weitere gesundheitliche Sorge betraf – neben den rheumatischen Schmerzen in meinen Zehen und dem nun geprellten Rücken – meine Zähne. Der Stress forderte seinen Tribut. Ich begann, in der Nacht derart mit den Zähnen zu knirschen, dass mich am Morgen jeweils der ganze Kiefer schmerzte und sich der Wurzelkanal meines rechten Eckzahns entzündete, worauf sich unter der Oberlippe zwei schmerzhafte Fisteln bildeten. Zum Gefängniszahnarzt wollte ich nicht, das oft zahnlose Lächeln meiner Mitgefangenen bestärkte mich in der Befürchtung, dass er für die

Lösung meines Problems nur das Ziehen des Zahnes sah. Etwas, das ich um keinen Preis wollte. In Amerika wurde es dann doch unumgänglich, aber dazu später. Jetzt versuchte ich erst mal, die beiden Entzündungsherde mit noch sorgfältigerer Mundhygiene zu bekämpfen. Erfolglos.

Es blieb mir daher nichts anderes übrig als ein autochirurgischer Eingriff. Mit einem Feuerzeug glühte ich eine Nähnadel aus Francescos Besitz steril, postierte mich vor unseren kleinen Spiegel und stach, in Erwartung höllischer Schmerzen, entschlossen zu. Zuerst in die größere der beiden Fisteln und, weil es – was mich erstaunte – überhaupt nicht schmerzte, auch grad noch in die kleinere. Der Geschmack von Eiter im Mund löste einen Brechreiz aus. Aber – die Behandlung war erfolgreich. Zumindest für vier Tage. Am fünften Tag wiederholte ich das Prozedere und hatte nun temporär Ruhe.

Kurz darauf traf mich die Erkenntnis, dass, wer »operieren« kann, sich auch das Haareschneiden zutrauen darf, und so tat ich, was längst fällig gewesen wäre. Ich zerlegte einen Einwegrasierer in seine Einzelteile und »schnitt« mir mit der gewonnenen kleinen Klinge die Haare. Dem Chinaman wollte ich mich nicht ausliefern. Einfach deshalb, weil ich mich nicht mit dem uniformen Bürstenhaarschnitt anfreunden konnte, den er jedem meiner Mithäftlinge verpasste. Wie ich nach meinem Werk aussah? – Wie ein Siamesisches Seidenhuhn in der Mauser. Und da ich die Prozedur wiederholte, sah ich auch auf dem Polizeifoto, das später im Broward County Jail in Florida von mir geschossen werden sollte und das auch in den Medien erschien, exakt so aus.

Als Teenager gefiel mir mein Haar schulterlang. Ich trug Röhrenjeans, Plateauschuhe und einen Ohrring mit einem kleinen Diamanten. Tätowierungen hingegen interessierten mich nie auch nur im Ansatz. In der Galera kam ich dann zu ein paar ernst gemeinten Angeboten, mich zu »verschönern«. Diese abzuwehren, kostete mich einiges an Überzeugungskraft; man wollte nicht begreifen, dass ich Nein zu etwas sagen konnte, was hier ganz offenbar einfach dazugehörte. Anyway, während sich draußen junge Szenemenschen großflächig die Arme und den Hals, die Waden und das Dekolleté mit kunstvollen Einstichen zu verschönern versuchen, setzt man im Knast eher auf Selbstgemachtes.

Die meist wirklich sehr stümperhaft gestochenen Sujets dokumentierten die Wegmarken meiner Mitgefangenen. Erinnerungen an Knastaufenthalte, Geburtstage und einschneidende Ereignisse. Die meisten der hilflosen Bilder wirkten, als seien sie von einem Kindergartenkind gestochen worden. Doch die Träger schien das nicht zu stören, ganz im Gegenteil.

Sergio, ein sicher sehr talentierter Feinmechaniker, aber leider ein himmelschreiend untalentierter Tattoo-Künstler, kam während der Piazza in unsere Zelle, um sich an Francesco zu schaffen zu machen. Dieser war wild entschlossen, sich seinen Namen und denjenigen seiner Tochter auf dem Oberschenkel verewigen zu lassen. »In chinesischen Schriftzeichen!«, wie er stolz verkündete, als er mir die Vorlage zeigte.

Sergio packte seine Utensilien aus, und ich staunte nicht schlecht, als ich seine Tätowiermaschine sah. Er hatte sie aus einer langen Nadel, einer Plastikgabel, einem Bic-Kugelschreiber und dem Motor eines CD-Spielers zusammengebastelt. Es war, soviel ich wusste, die einzige in unserer Sektion. Dass die Nadel unter Garantie nicht steril war, schien Francesco nicht zu interessieren. Als ich ihn darauf ansprach, ob er nicht Angst habe, mit HIV oder Hepatitis B oder weiß der Kuckuck was infiziert zu werden, winkte er ab: »Du denkst zu viel!«

Francesco lehnte sich zurück und zog an einem großen Joint,

wohl um die Stecherei möglichst schmerzlos hinter sich zu bringen. Während Sergio die Zeichen auf Francescos Haut pauste, um sie dann nachzustechen, wollte ich von Francesco wissen, weshalb er sich nicht auch noch den Namen seiner Frau tätowieren lasse.

»Das ist doch ganz simpel: Was ist, wenn sie mich verlässt? Ich bin und bleibe immer Francesco. Meine Sonia bleibt immer meine Bambina. Diese beiden Namen, die sind für die Ewigkeit!«

»Verstehe, du denkst, die Tätowierung könnte die Beziehung überdauern.«

»Ein Mann weiß nie.«

»Und warum lässt du dir die Namen auf Chinesisch stechen?«

»Das gibt ein gutes Karma.«

»Ist das so?«

»Svizzero, davon verstehst du nichts!«

»Kann sein, aber wer hat dir die Namen eigentlich auf Chinesisch übersetzt? Ich meine, in Asien heißen vermutlich eher wenige Sonia und noch weniger Francesco, da müsste schon ein richtiger Profi ran.«

»Ich habe einen Profi – den Barbiere.«

»Den Chinaman, klar!«

»Wenn einer das kann, dann er!«

Sergio wurde ungeduldig – er wollte beginnen, und ich mochte nicht hinsehen und machte Piazza. Als ich zurück war, bat ich Francesco, mir die Vorlage zu geben, ich würde sie Susanne zeigen, die Mandarin studiert hat und die Zeichen eventuell übersetzen konnte.

»Gute Idee«, nickte Francesco, gab mir das Blatt Papier, und ich schickte es per Post in die Schweiz.

Zwei Wochen später erhielt ich die Antwort von Susanne, die sich auch noch mit Freunden in China ausgetauscht hatte: Der Friseur hatte bei Sonias Namen gute Arbeit geleistet und auch

Francesco halbwegs korrekt ins Chinesische übersetzt – phonetisch zumindest. Chinesische Schriftzeichen bestehen aber nebst einem lautgebenden auch aus einem sinngebenden Teil. Und während die verwendeten Schriftzeichen nun zwar annähernd wie »Francesco« tönten, bedeuteten sie »Feigling« und »Gefangener«. Das Resultat von Susannes Nachforschungen behielt ich dann aber lieber für mich. Erstens wollte ich Francesco die offensichtliche Freude an seiner Neuerwerbung nicht verderben, zweitens jedoch vor allem den Chinaman vor Unbill bewahren. Mir war klar, dass er sich mit den zweideutigen Schriftzeichen für all die Erniedrigungen revanchieren wollte, die ihm, dem kleinen, feingliedrigen Mann, in der Galera widerfuhren und ihm zeigten, wo sein Platz in der Hackordnung war – ganz zuunterst. Jetzt hatte er einem, der ganz oben saß, eins auswischen können. Nicht auszudenken, was passiert wäre, wenn ich geplaudert hätte.

Francesco war in vielen Belangen ein lieber Kerl, aber er war auch sehr eitel und führte sich in unserer Zelle oft wie ein Silberrücken auf. So gebührte es ihm, jeweils als Erster zu schöpfen, und an Tagen, an denen er keine Lust zum Kochen hatte, musste Filippo ran. Wenn ich kochte – Rösti gab es nur einmal –, war meine Spezialität Risotto con Gorgonzola. Bevor ich ihn servierte, bat ich Francesco jedes Mal, ihn abzuschmecken. Die drei Pfefferkörner und das bisschen Salz, das er dann noch dazugab, bestätigten ihn darin, dass ich ihn als Chef akzeptierte, und steigerten sein Selbstwertgefühl. Filippo war da weniger diplomatisch und zog Francesco nie bei, was immer wieder in Schimpftiraden endete: »Minchia! Filippo! Du hast das Ragout mit Rahm versaut! Meine Bolognese wird cremig, weil ich sie fünf Stunden kochen lasse, nicht weil ich Rahm reinschmeiße!«

Aber egal, wie laut es bei uns manchmal zu- und herging, nach dem Essen hatten wir unser abendliches Ritual: Bevor ich Tagebuch führte und die beiden Brüder die Zelle zupafften, schlürften wir Kamillentee und aßen dazu Biscotti – das beruhigte die Nerven auf großartige Weise. Es war bei solch einem Teegelage, als Francesco mir endlich anvertraute, warum er einsaß. Er war in Amsterdam auf Einkaufstour gewesen und hatte bei seiner Rückkehr zwei Koffer dabei. Beide randvoll mit Haschisch gefüllt. Der italienische Zoll kontrollierte ihn, und die Falle schnappte zu. Er war sich sicher, dass er verpfiffen worden war. Bei einem späteren Hofgang schnappte ich dann aber auf, dass Francesco mit acht Jahren Haft rechnen musste und dass die nicht allein mit dem Drogenschmuggel zu erklären waren. Er musste also noch ein größeres Ding gedreht haben, und mir war ganz recht, dass ich nie erfahren habe, welches.

Einmal veranstaltete Francesco nach dem Besuch seines Anwaltes ein Riesen-Tamtam: »Svizzero, ich bin bankrott, völlig am Ende.«

»Wie meinst du das?«

»So, wie ich es sage, was kann man daran nicht verstehen? Entweder bezahle ich meinem Anwalt 2000 Euro, oder er weigert sich, mich in der Berufung zu vertreten. – Das ist Erpressung!«

»Worum geht es denn in deiner Berufung?«

»Minchia! Das ist ja vielleicht eine Frage! Es geht darum, ob ich acht oder nur fünf beschissene Jahre absitzen muss. Meine Frau ist völlig am Ende. Und ich, ich werde meine Bambina nicht aufwachsen sehen.«

Er tat mir leid, und ich hatte mir ernsthaft überlegt, mich mit Susanne abzusprechen, ob wir das Geld für ihn aufbringen und anonym via unseren Anwalt bezahlen sollten. Irgendetwas hielt mich zurück. Und als ich in den nächsten Tagen realisierte, dass Francesco beim Haschischkonsum keinerlei Abstriche machte und der Anwalt nach wie vor in regelmäßigen Abständen auftauchte, entschied ich mich dagegen, ihm finanziell unter die Arme zu greifen. Francesco klagte dann auch nie mehr über finanzielle Probleme. Rückblickend denke ich, dass seine sizilianischen »Geschäftspartner« die Sache für ihn geregelt hatten.

Montag, 25. November 2013 Drei Polizisten chauffierten mich ins Gericht. Alle drei waren sie jung und sehr sportlich. Sie steckten in Kampfstiefeln. Ich hingegen hatte zu viele Kilos auf den Rippen, fühlte mich alt wie ein Großvater und steckte – in Handschellen. Sie verfrachteten mich in einen fensterlosen Aluminiumkäfig mit vier Sitzen direkt hinter der Fahrerkabine des Fiat-Kleinbusses. Fahrer und Beifahrer konnte ich durch den Vorhang eines kleinen Guckfensters erkennen. Der dritte Polizist, nahm ich an, saß zu meiner Bewachung zwischen Käfig und Hecktür.

Vor dem Gericht wartete Luca; er begleitete mich in den Gerichtssaal, wo mir die Richterin meinen Auslieferungsantrag vorlegte und mich bat, diesen zu unterschreiben. Zusammen mit Luca las ich ihn und nahm mir dafür viel Zeit, schließlich war er in Italienisch verfasst.

»Da hat es wohl einen Übersetzungsfehler«, sagte Luca zur Richterin, »da steht, Raoul Weil sei wegen Bank- und Steuerbetrugs angeklagt. Das stimmt nicht, man bezichtigt ihn der Verschwörung zum Steuerbetrug. Das ist ein großer Unterschied.«

»Das ist ein Detail und nicht relevant.«

»Wie meinen Sie das?«

»Exakt so, wie ich es gesagt habe, das ist nicht relevant.«

»Für Sie vielleicht nicht, für Raoul Weil aber schon. Und zwar sehr! Zwischen Bank- und Steuerbetrug und Verschwörung zum Steuerbetrug liegen Welten!«

Ich verweigerte meine Unterschrift und insistierte zusätzlich darauf, dass auf dem Auslieferungsantrag die Maximalstrafe von fünf Jahren vermerkt wurde. Nun erst mischte sich Luca wieder ein, was er mir später als Strategie erläuterte: Die Richterin sollte realisieren, dass ich auf die Hinterbeine stehen konnte. Nach einer längeren Debatte, die er nun mit ihr führte, änderte sie den Bank- und Steuerbetrug in Verschwörung zum Steuerbetrug und fügte, wie von mir gewünscht, die Maximalstrafe von fünf Jahren ein.

Damit war die Möglichkeit des Department of Justice, mir weitere Straftatbestände anzuhängen, eingeschränkt. Ich setzte meine Unterschrift unter den Antrag und fühlte mich dabei, als hätte ich mein Todesurteil unterschrieben.

Bevor wir den Saal verließen, beantragte Luca bei der Richterin ein weiteres Mal Hausarrest für mich. Da ich ja nun den Auslieferungsantrag unterschrieben hätte, sei definitiv klar, dass ich keinen Fluchtversuch unternehmen würde. Sie nahm das zur Kenntnis und verabschiedete sich.

Erst sehr viel später sollte ich erfahren, dass es im Auslieferungsantrag keinen Übersetzungsfehler gegeben hatte, sondern dass der einfache Anklagepunkt der Verschwörung zum Steuerbetrug bereits im Haftbefehl von 2008 zum Tatbestand Steuer- und Bankbetrug ausgedehnt worden war, womit ich von einem Verschwörer im Steuerbetrug zu einem 200-Millionen-Bankbetrüger mutierte. Mit dieser Finte hatte das DoJ die Chance erwirkt, dass mich möglichst viele Länder an die USA ausliefern würden. Warum? Weil für ein Auslieferungsverfahren die doppelte Strafbarkeit gegeben sein muss. Das heißt, um jemanden vom Land, in dem er verhaftet wurde, in das Land der Anklage ausliefern zu können, muss der Tatbestand in beiden Ländern strafbar sein. Bankbetrug ist weltweit ein Straftatbestand. Verschwörung zum Steuerbetrug hingegen in vielen Ländern, darunter der Schweiz, nicht. Und in Italien nur dann, wenn drei namentlich genannte Personen in die Verschwörung involviert sind. Diese Namen konnten die Amerikaner der italienischen Justiz nicht liefern, und selbst wenn, hätte ich meine Auslieferung für längere Zeit verzögern können.

Folgerichtig hätte ich mich also weigern können, ausgeliefert zu werden, aber ich wollte dem Albtraum ein Ende machen. Ich wollte Klarheit. Ich wollte die Last von meinen Schultern werfen und wieder unbeschwert leben können. Ich wollte die Sache bis zum Ende ausfechten, auch wenn es bitter werden könnte. Und ja, dafür ging ich das Risiko ein, verurteilt zu werden und schlimmstenfalls fünf Jahre Haft in Amerika abzusitzen. Wie sagt der Volksmund doch so schön? Lieber ein Ende mit Schrecken als ein Schrecken ohne Ende.

Luca und seine Assistenten nahmen nun die letzte Rekurs-Chance wegen meines Hausarrestes beim Berufungsgericht in Bologna wahr. Aber das war nicht der Grund, warum mich Luca, eine Woche nachdem ich den Auslieferungsantrag unterschrieben hatte, ein weiteres Mal besuchte. Er wollte mir sagen, dass der italienische Gerichtshof meiner Auslieferung zugestimmt hatte und diese nun bis spätestens 10. Januar 2014 über die Bühne gehen würde. Ich könne also ab sofort damit rechnen, jederzeit zwei oder drei Tage bevor sie mich nach Mailand auf den Flughafen bringen würden, eine Ankündigung zu erhalten. Was nicht geschah und rückblickend auch Sinn macht. Die italienische Justiz wäre ja fahrlässig, wenn sie mehrstündige Fahrten ankündigen würde. Einen Gefangenentransport zu stoppen und den Häftling zu befreien, ist sicher viel erfolgversprechender als jeder Ausbruchsversuch aus dem Knast.

Dienstag, 3. Dezember 2013 Michael, ein Freund aus Zürich, auch er ein Anwalt, besuchte mich. Was aus zwei Gründen gut war. Erstens tat es mir unendlich wohl, mich wieder einmal mit einem

Freund zu unterhalten, zweitens hatte Michael einige Mandanten, die in den USA wegen sogenannter »white-collar crime«, also wegen Wirtschaftskriminalität, angeklagt gewesen waren, und konnte mir einiges erklären.

»Raoul«, sagte er, »du brauchst dringend einen amerikanischen Gefängnis-Consultant. Der wird dir eine maßgeschneiderte Strafanstaltsempfehlung abgeben.«

»Du machst Witze, oder? Die haben selbst in dieser Branche noch Berater?«

»This is America! Ein solcher Berater kann dir unter anderem bei den Anträgen für Anstalten mit erleichterten Haftbedingungen behilflich sein.«

»Kann er auch sicherstellen, dass ich meine Haft, sollte es zum Worst Case kommen, nicht in einem bedrohlichen Umfeld absitzen muss?«

»Kann er. Einer meiner Mandanten hatte zehn Millionen US-Dollar vor dem Fiskus versteckt. Schon kurz nach der Einlieferung in die Haftanstalt wurde er von den anderen Insassen massiv erpresst. Sein Berater sorgte dann dafür, dass er die dreißig zu verbüßenden Tage in Einzelhaft absitzen konnte. Auch nicht lustig, aber sicherer!«

Auch in Sachen Kautionsbedingungen konnte mich Michael beraten: »Die Zeit des Hausarrestes, die du auf Kaution mit Fußfessel draußen bist, wird dir bei einer eventuellen Verurteilung nicht angerechnet.«

»Wie sieht es finanziell aus?«

»Finanziell müssen Susanne und du damit rechnen, dass mehr oder weniger euer ganzes Vermögen während der Kautionszeit beschlagnahmt werden wird. Aber keine Bange, wenn du nicht abhaust, kriegt ihr das Geld bei einem Frei-, aber auch bei einem Schuldspruch auf jeden Fall wieder zurück.«

Nachdem ich mich von Michael verabschiedet hatte und zurück in meiner Zelle war, hörte ich, dass der Haftrichter Pelja in Hausarrest entlassen würde. Was mir aus vielerlei Gründen mehr als recht war. Einer davon war das Angebot, das er mir vor ein paar Tagen während des Hofgangs gemacht hatte.

»Svizzero, falls du willst, löse ich für dich jedes Problem.«

»Wie meinst du das?«

»Wie ich es sage – 5000 Euro, und deine sämtlichen Sorgen lösen sich in Luft auf.«

»Was verstehst du unter sämtliche Sorgen?«

»Wie ich es sage. Und damit das klar ist, ich scherze nicht. Wenn ich dir verspreche, dass ich deine Probleme löse, dann löse ich sie. Und zwar endgültig!«

Die traditionelle Abschiedsparade, die wir jetzt für Pelja veranstalteten, drückte ganz sicher nicht nur bei mir Erleichterung darüber aus, dass er »auszog«. Allerdings beobachtete ich bei mir und bei anderen, dass die Entlassung eines Mitgefangenen eine allgemeine Depression hervorrief: »Warum er? Warum nicht ich?«

Es hatte geschlagene sechs Wochen gedauert, bis mir ein Richter endlich bewilligte, dass ich einmal pro Woche zehn Minuten lang mit Susanne telefonieren durfte. Dazu musste ich für jeden Anruf einen schriftlichen Antrag an die Gefängnisleitung stellen. Was ich tat. Dreimal. Und so saß ich – in Erwartung, mit Susanne telefonieren zu können – dreimal eineinhalb Stunden an der Gittertür unserer Sektion und wartete auf den diensthabenden Aufseher, der mich zu den Telefonkabinen bringen würde. Jedes Mal vergeblich. Beim dritten Mal wurde mir dann erläutert, dass es einen zusätzlichen Wisch brauche, mit dem ich bei der Gefängnisleitung eine Telefonlinie beantragen müsse. Das war die Bürokratie der Bürokratie. Ich kochte vor Wut. Aber was hätte ich tun sollen? Ich stellte also einen vierten Antrag für ein Gespräch mit Susanne an die Direktion und legte noch einen Antrag für eine Telefonlinie bei, und – tatsächlich! – diesmal klappte es. Susannes Stimme klang wunderbar, aber nach circa neun Minuten ertönte eine unverständliche, blecherne Computerstimme, und dreißig Sekunden später brach der Kontakt abrupt ab. Trotzdem fühlte ich mich nach dem Anruf wie befreit. Ich wusste nun, wie ich es schaffen konnte, jede Woche einmal Susannes Stimme zu hören, und dass wir das nächste Mal nach acht Minuten mit der Verabschiedung beginnen mussten, um nicht wieder so rüde unterbrochen zu werden.

Zusätzlich zu der Möglichkeit, endlich mit Susanne telefonieren zu können, hatte mich in der Zwischenzeit eine Flut von Briefen der Freunde erreicht, denen Susanne meine Postanschrift durchgegeben hatte. Jeder einzelne war ein kleines großes Geschenk. Auch weil ich mir mit dem Beantworten dieser Schreiben eine neue Aufgabe schaffen konnte. Eine weitere ergab sich aus der Beschlagnahmung meines Schals. Not macht erfinderisch. Ich hatte die Kälte dank der Winterkleidung inzwischen zwar einigermaßen im Griff, aber der immerwährende Durchzug rief eine Genickstarre hervor, die mich dazu veranlasste, aus zwei Paar Wollsocken einen Schal zusammenzunähen. Erfolgreich.

An einem dieser kalten Abende wurde ich ein letztes Mal bei der Filmauswahl überstimmt. Meine beiden Brüder hatten sich für einen Gefängnisfilm entschieden. Den schrecklichsten, den ich je gesehen habe. Warum sie sich dafür entschieden hatten, kann ich mir nur damit erklären, dass es ihnen guttat, zu sehen, was in anderen Gefängnissen abging. Sie konnten sich darüber freuen, in einem weniger brutalen Umfeld inhaftiert zu sein. Der Film heißt original »Murder in the First« – der deutsche Titel lautet: »Lebenslang in Alcatraz«. Darin spielt Kevin Bacon einen sechzehnjährigen Burschen, der wegen eines kleinen Diebstahls nach Alcatraz kommt, zu fliehen versucht, denunziert wird und drei Jahre in einer grauenvollen Isolationshaft verbringen muss. Endlich aus seinem dunklen Verlies entlassen, ermordet er den Denunzianten. Der Film beruht auf wahren Geschehnissen in den 1940er-Jahren, die dazu geführt haben sollen, dass diese Form von Bestrafung in Alcatraz und anderen amerikanischen Bundesgefängnissen abgeschafft wurde.

Ich hätte schon unter normalen Umständen Mühe gehabt, mir diesen wirklich brutalen Film anzusehen. Ihn jetzt in einer Zelle hockend und mit der Aussicht darauf, bald in einem amerikanischen Gefängnis einzusitzen, ansehen zu müssen, war noch einmal etwas anderes. Ich versuchte, mich in ein Buch zu vertiefen. Erfolglos.

Dienstag, 10. Dezember 2013 Susanne besuchte mich und brachte mir den Erzählband »Der Stein« von Franz Hohler mit, der sich darin mit den Fragen rund um die Themen Zufall oder Vorherbestimmung auseinandersetzt. Dazu gesellte sich je ein Buch von Tom Wolfe und Christopher Hitchens, als Ergänzung zu den Thrillern von John Grisham und Robert Ludlum, die ich mir aus der Bibliothek leihen konnte. Susanne hatte außerdem Bilder von unserer Schnüffelnase Madhu für mich dabei und weitere warme Kleidung. Das Wichtigste aber, das Susanne mir übergab, war die wundervolle Nachricht, dass unsere Freunde Brenda und John aus New Jersey mit einem großen »YES!« auf Aarons Anfrage, ob sie mir bei einer allfälligen Kautionszeit Unterkunft in ihrem Heim anbieten würden, geantwortet hatten. Eine Nachricht, die mich extrem erleichterte und meine Lebensgeister weckte. Ich sah einen Silberstreifen am Horizont. Und noch etwas hatte Susanne auf meine Bitte hin mitgebracht. Meinen Pass, eine Reisetasche mit neuen Kleidern und einem Necessaire sowie 2000 Dollar in bar. All dies hatte sie bei Luca deponiert; er sollte es für mich in der Galera abgeben, damit es mir auf den Flug nach Amerika mitgegeben werden konnte. Es war also alles bereit für meine Auslieferung. Jetzt hieß es Tee trinken.

»Vielleicht«, sagte Susanne beim Abschied, »sehen wir uns das nächste Mal bereits in den Staaten.«

Als sie ging, fühlte ich mich wieder wie in einem luftleeren Raum – ich wollte nicht in die Staaten, ich wollte nicht hierbleiben, ich wollte mein altes Leben zurück, ich wollte aufwachen aus diesem Albtraum, raus aus dem falschen Film.

Um meine Nerven zu schonen, erzählte mir Susanne erst sehr viel später, dass sie vor diesem letzten Besuch in Bologna an der Grenze schikaniert worden war. Zwei italienische Zöllner hatten in Chiasso den Zug bestiegen und waren nach Abschluss der Routinekontrolle in den Wagen zurückgekehrt, in dem sie saß. Zuerst gingen sie an ihr vorbei, dann aber drehte sich einer der beiden um, stellte sich vor sie hin und fragte sie, was sie für Papiere vor sich liegen habe. Es waren die Unterlagen, die sie Luca für meine Auslieferung überbringen musste. Susanne spricht sehr gut Italienisch, und so erklärte sie ihm, dass sie ein Meeting in Bologna habe, vor all den Leuten hier im Zug aber nicht mehr dazu sagen könne, ihn jedoch gern nach draußen begleite, um ihm die Sachlage dort zu erklären.

Davon wollte er nichts wissen. Im Gegenteil, er insistierte: »Was sind das für Papiere?«

Viele der Mitreisenden reckten bereits ihre Hälse. Susanne bat den Zöllner abermals, ihre Privatsphäre zu respektieren und sie doch bitte nach draußen zu begleiten, worauf er ihr in ungehaltenem und lautem Ton befahl, ihm in den Gang zu folgen. Dort nahm er ihr das Mäppchen ab und ließ dann mit langsamen Bewegungen Blatt um Blatt und schließlich das Mäppchen selbst zu Boden fallen. Als er damit fertig war, drehte er sich um und ging. Wortlos.

War das alles reiner Zufall? Wussten die italienischen Behörden von Susannes Anreise? Wurde ihr Handy überwacht? Waren wir mittlerweile paranoid geworden? Sicher ist nur, dass die Situation für Susanne sehr demütigend war und sie extrem aufwühlte.

Mittwoch, 11. Dezember 2013 Tag 54 seit meiner Verhaftung. Ein weiterer Gerichtstermin in Bologna, bei dem Luca ein letztes Mal erreichen wollte, dass man mich bis zu meiner Auslieferung in Hausarrest entließ. Der Aufseher weckte mich um sechs Uhr mit der Taschenlampe. Heute wartete ein Deutsch sprechender Polizist darauf, mich in Handschellen zum Gericht zu begleiten. Er hatte einige Jugendjahre in der Nähe von Köln verbracht und trug die Brille und den Gesichtsausdruck eines Intellektuellen.

Bevor wir das Gefängnis verließen, streifte er sich weiße Gummihandschuhe über: »Bitte entschuldigen Sie. Ich muss Sie absuchen. Ziehen Sie sich bis auf die Unterhose aus, und stellen Sie sich dann auf die Wolldecke dort am Boden.«

Ich tat, wie mir geheißen.

»Jetzt ziehen Sie die Unterhose runter und gehen Sie in die Hocke.«

Es passierte das erste Mal. Und zum Glück auch das letzte Mal.

Die Richter erschienen elegant gekleidet und nicht wie letztes Mal in barocken Roben und Perücken. Ein distinguierter Herr Anfang sechzig, in feinstem Maßanzug und mit randloser Brille übernahm den Vorsitz. Die eine der beiden ebenfalls anwesenden Richterinnen kannte ich bereits, es war jene, die bei der ersten Verhandlung nicht den Mut aufgebracht hatte, mir die elektronische Fußfessel zu gewähren. Die andere Richterin bat den lokalen Generalstaatsanwalt, den ich auch schon kannte, sein Plädoyer zu halten. Routiniert und mit lauter, manchmal gar aufbrausender Stimme trug er seine juristischen Attacken vor.

»Sehr geehrtes Gericht, Herr Weil hat seine Auslieferung nur unterschrieben, um uns hinters Licht zu führen. Ich erinnere Sie daran, dass in einem ganz ähnlich gelagerten Fall, aus dem Jahr 2007, der Verdächtige nach der Unterschrift in Hausarrest gekommen und geflohen ist. Machen wir uns nichts vor, Raoul Weil hat einen Plan. Und der heißt: Flucht! Ja, sehr geehrtes Gericht, Flucht! Es stimmt, Herr Weil hat sein Recht auf Nichtauslieferung aus der Schweiz aufgegeben. Aber wir bezweifeln doch sehr stark, dass ihn ein Schweizer Gericht tatsächlich ausliefern würde, wenn er sich, nach seiner Flucht aus Italien, auf einmal doch gegen eine Auslieferung wehren sollte. Wir wissen alle, dass die elektronische Fußfessel nicht richtig funktioniert – die Flucht ist also praktisch programmiert. Wie Sie dem gestern eingetroffenen Brief entnehmen können, hat das Department of Justice inzwischen die Auslieferung eingeleitet und am Flughafen von Malpensa bereits einen Raum für die Übergabe reserviert.«

»Herr Verteidiger, würden Sie bitte Stellung nehmen.«

Luca stand auf, räusperte sich: »Sehr geehrtes Gericht«, er räusperte sich noch einmal, »sehr geehrtes Gericht, die Behauptung des Generalstaatsanwalts, dass Herr Weil einen Fluchtplan hat, ist völlig an den Haaren herbeigezogen. Das vom Herrn Generalstaatsanwalt erwähnte Beispiel ist erstens lange her, zweitens ganz unterschiedlich gelagert und drittens schlichtweg nicht überprüfbar. Zudem ist die Behauptung, dass die Fußfessel nicht funktioniert, nicht zutreffend. Das gleiche Modell wird seit Jahren in Deutschland, Finnland und vielen anderen Ländern eingesetzt.

Die Erfolgsquote liegt bei über neunzig Prozent. Die Behauptung, dass ein Schweizer Gericht nach Herrn Weils ausdrücklicher Aufgabe seines Nichtauslieferungsrechts die Auslieferung ablehnen könnte, ist unbegründet. Und dann noch dies: Wir haben leider keinerlei Kenntnis vom Stand des Auslieferungsverfahrens und beantragen deshalb Hausarrest bis zur endgültigen Überführung.«

Diesmal war Luca sehr viel besser vorbereitet und erzielte einen klaren Sieg nach Punkten. Trotzdem flüsterte er mir leise zu: »Mach dir keine Hoffnungen, das Gericht wird sich, so kurz vor deiner Auslieferung, nicht auf die Äste rauslassen. Die haben viel zu viel Angst davor, dass du doch noch flüchten könntest, was eine Blamage gegenüber Amerika wäre.«

»Luca«, antwortete ich ebenso leise, »allein schon die Idee, dass ich fliehen würde, ist grotesk. Wohin denn? Nach Russland? Und was heißt ›kurz vor der Auslieferung‹ – hast nicht du mir gesagt, es könne bis zum 10. Januar dauern, bis es so weit ist? Das wäre noch ein voller Monat in der Galera!«

Donnerstag, 12. Dezember 2013 Der 55. Tag im Gefängnis. Das Wetter war nun richtig winterlich. Das Grau draußen deprimierend. Ich war aber offensichtlich nicht der Einzige, der den Blues hatte. Heute rafften sich nur wenige zum Hofgang in der klirrenden Kälte auf; sie blieben in ihren Zellen hocken, wo sie das feinmaschige Netz aus Stahldraht zwischen den Gitterstäben vor ihren Fenstern anstarrten, das nicht nur die Aussicht beeinträchtigte, sondern zusätzlich auf die Stimmung schlug. Nur die wenigsten konnten sich wie Francesco den Luxus eines aufmunternden Joints leisten und frequentierten fleißig den Pillenwagen der Krankenschwester; Hustensirup war ein beliebter Gemütsaufheller.

Um 23 Uhr, just nachdem ich gerade eingeschlafen war, weckte mich der diensthabende Aufseher und ließ mich an der Zellentür die Kostenaufstellung all unserer Spesa-Bezüge unterschreiben. Bisher hatte ich noch nie so eine Abrechnung quittieren müssen; ich war verunsichert. Vor allem auch vor dem Hintergrund der Uhrzeit. Ich bat um eine Erklärung. Aber der Aufseher schüttelte nur den Kopf, wollte auf meine Fragen ganz offensichtlich nicht eingehen und ließ mich mit meiner Ungewissheit zurück. Mit Francesco und Filippo konnte ich nicht reden, die schliefen bereits den Schlaf der Gerechten, den ich in dieser Nacht nicht finden konnte.

Freitag, 13. Dezember 2013 Drei Uhr morgens. Der Lichtkegel einer Taschenlampe erleuchtete unsere Zelle. Ich dachte an den üblichen Kontrollgang, schützte meine Augen vor dem Licht und hörte den Aufseher dann sagen: »Weil, packen, bereit machen!«

Ich stand auf, blinzelte mit vorgehaltener Hand in seine Richtung, fragte: »Warum?«

Er zögerte, sagte dann aber: »Das Flugzeug wartet, du fliegst nach Amerika.«

Hastig stopfte ich mein weniges Hab und Gut in zwei Einkaufstaschen, alle Bücher bis auf »Der Stein« von Franz Hohler ließ ich liegen. Francesco und Filippo wurden wach, fragten, was los sei, nahmen mich zum Abschied in den Arm und wünschten mir alles Gute. Bevor ich die Zelle verließ, sah ich mich noch einmal um, öffnete dann das Gummiband meiner Swatch, zog sie aus und legte sie Francesco in die Hand.

»Die wolltest du doch so gern. Pass auf dich auf!«

Auf dem Korridor spähte Champ schlaftrunken durch die Gitter seiner Zellentür: »Svizzero, wohin geht es?«

»Amerika. Bye, Champ!«

»Ey, viel Glück!«, sagte er, und ich dachte: Glück an einem Freitag, dem Dreizehnten – warum nicht, schließlich war ich an einem Freitag, dem Dreizehnten, geboren worden.

Glück konnte ich brauchen. Haufenweise. Ja, ich hatte ernsthafte Ängste vor dem, was mich in den USA erwartete. Angst, auch dort keinen Hausarrest bewilligt zu bekommen. Angst, dass mir keine Gerechtigkeit widerfahren würde.

Zudem hatten mich meine Mitgefangenen in den letzten Wochen immer wieder genüsslich einzuschüchtern versucht: »Pass auf, Svizzero, verglichen mit den Gefängnissen in Amerika ist das hier bei uns in der Galera ein Sonntagsspaziergang. Dort drüben wirst du schwarze Riesen treffen, die gerne Weiße ficken. Wenn wir du wären, würden wir da nur mit dem Rücken zur Wand durch die Gänge gehen.«

Auf der einen Seite war ich unheimlich froh, hier wegzukommen, auf der anderen Seite stand ich vor einer Zukunft, die so sicher war wie Filippos Reckstange in unserer Zelle.

Und dann, dann enttäuschte mich Luca ein letztes Mal – er hatte meinen Pass, die Reisetasche und die 2000 Dollar noch nicht hinterlegt, und so bekam ich am Ausgang nur die Tüte mit den wenigen Habseligkeiten, die man mir beim Eintritt abgenommen hatte. Ich klaubte den Ehering hervor, zog ihn mir über den Ringfinger. Dann nahmen mich drei Polizisten in Empfang, legten mich in Handschellen und führten mich zu ihrem Fiat-Bus.

56 Tage Galera! Auf Nimmerwiedersehen, Bologna!

GEFANGEN
IM LAND
DER FREIHEIT

Die Aufseher pferchten mich in ein vergittertes Abteil des Fiat-Gefängnisbusses. Durch die Rückfenster sah ich die neblige Po-Ebene vorbeiziehen. Während der rund dreistündigen Fahrt auf der Autobahn Richtung Mailand versuchte ich, eine Mütze Schlaf zu bekommen. Vergeblich, die Ungewissheit ließ mir das Blut in den Adern kochen. Bei Morgenröte erreichten wir den Flughafen Malpensa. Zwei zivil gekleidete jüngere Deputy-US-Marshals warteten bereits im Polizeibüro des Flugplatzes auf mich. Der schwarze, muskulöse Officer markierte den Boss gegenüber dem rothaarigen, irischstämmigen. Die zwei behandelten mich anständig, blieben jedoch unverbindlich.

»Hören Sie, wir kennen Ihren Fall nicht und wollen auch nichts darüber wissen. Unser Job ist es, Sie nach Miami zu bringen, nicht mehr und nicht weniger. Okay?«

»Verstanden. Kein Problem.«

»Stellen Sie sich bitte an die Wand, ich muss Sie absuchen. – Ist das der einzige Ausweis, den Sie haben?«

»Ja, ich habe nur eine Schweizer Identitätskarte bei mir. Mein Pass liegt leider noch bei meinem Anwalt in Bologna.«

»Keine Angst, wir bringen Sie auch ohne Ihren Reisepass in die USA.«

»Bei meinem Anwalt liegen auch noch US-Dollars und eine Reisetasche.«

»Das lassen wir alles schön dort, und die Carabinieri, die Sie hergefahren haben, werden auch das, was Sie in Ihren Einkaufstaschen dabeihaben, mit nach Bologna zurücknehmen und alles Ihrem Anwalt überbringen. Auch Ihre Uhr und den Ehering. Amerikanische Gefängnisse sind dafür bekannt, dass eingelagerte Gegenstände ›verloren‹ gehen.«

»Könnte ich nicht wenigstens meinen Ehering behalten?«

»Zeigen Sie ihn mal her. – Nein, der ist mit Brillanten besetzt, der bleibt da.«

»Dann wenigstens mein Buch?«

Ich nahm Franz Hohlers »Der Stein« aus einer der Plastiktaschen und gab es dem Officer in die Hand.

»Ja, das ist okay!«

Er gab es mir zurück.

So trat ich meine Reise in die USA nur mit diesem Buch und ohne jegliches andere Gepäck an. Alles, was ich sonst noch dabeihatte, trug ich am Leib: eine Khaki-Hose, ein Langarm-T-Shirt, eine Wollweste und Turnschuhe mit Klettverschluss. Dafür erhielt ich einen neuen Gürtel. Aus Metall. Eine massive Bauchkette, an der die Marshals meine Handschellen fixierten. Die Flughafenpolizei führte uns drei im Eilschritt durch verschiedene Hintertüren und endlose Gänge des Terminals bis zum Gate, wo ich zwischen den beiden Marshals das bereits voll besetzte Flugzeug bestieg. Meine Handschellen kaschierte ich, so gut es ging, mit Franz Hohlers Buch. Der Spießrutenlauf an den vollen Sitzreihen der gaffenden Menschen vorbei war peinlich und erniedrigend. Meine beiden sportlichen Begleiter platzierten mich in der letzten mittleren Sitzreihe. In ihrer Mitte. Während des Mittagessens befreite der Rothaarige gnädigerweise meine rechte Hand, sodass ich wenigstens die Plastikgabel halten konnte. Ich verschlang den Curry-Reis aus der Einwegverpackung, wie wenn er vom Dreisternekoch zubereitet worden wäre, hielt mich mit Trinken aber zurück, weil ich mir den beschämenden Gang zur Toilette möglichst ersparen wollte. Nach sieben Stunden Flug musste ich dann aber doch mal für kleine Jungs. Dringend. Offenbar war die Gafferei der Passagiere aber auch dem US-Marshal peinlich.

»Können Sie nicht noch eine Stunde warten? Wir lassen Sie bei der Ankunft sofort austreten.«

Irgendwie gelang es mir, meine Blase zu vergessen. Ich kam ins Sinnieren. Wie kam es so weit, dass ich um Erlaubnis bitten musste, wenn ich aufstehen wollte? Wie kam es so weit, dass ich hier saß – gefesselt wie ein Schwerverbrecher?

ÜBER DEN WOLKEN...

Beginnen wir von vorn: Nach dem Fall des Eisernen Vorhangs, am 9. November 1989, zeichnete sich bald schon ab, dass der Schweizer Finanzplatz als sicherer Hafen für ausländische Privatkunden an Attraktivität einbüßen würde. Parallel zu dieser Entwicklung wurde das schweizerische Bankgeheimnis durch die Einführung des Geldwäschereigesetzes und das Verbot des Insiderhandels sowie durch die Ahndung der aktiven Beihilfe zur Steuerhinterziehung und ähnlicher Handlungen kontinuierlich aufgeweicht. Zusätzlich erhielten die südeuropäischen EU-Staaten durch die Einführung des Euros eine stabile Währung, und es entstand eine Konkurrenz zum harten Schweizer Franken. Das Resultat all dieser Entwicklungen: Das traditionelle Geschäft der Schweizer Banken, nämlich das sogenannte Offshore-Private-Banking, also die Verwaltung von Vermögen in einem anderen Land als dem, in dem der Kunde wohnhaft ist, verzeichnete plötzlich wesentlich tiefere Wachstumsraten. Im Gegenzug zu dieser Entwicklung nahm die Vermögensverwaltung im Onshore-Private-Banking zu, das heißt, die privaten Anleger ließen ihr Geld wieder vermehrt von Banken im eigenen Land verwalten.

Die OSB erkannte die Zeichen der Zeit früh, wollte am starken Wachstum im Onshore-Private-Banking teilhaben und legte ihren Fokus deshalb klar auf eine aggressive globale Expansion. Wir streckten unsere Fühler nach Amerika aus, wo ich 1993 den »Versuchsballon« New York übernahm. Vier Jahre später gab ich den Job ab und leitete drei Jahre lang das asiatische Private Banking in Hong Kong und Singapur. Im Jahre 2000 erfolgte in der OSB ein Führungswechsel; ich wurde als Asienchef abgezogen und stattdessen auf das viel größere Geschäft mit Europa, dem Mittleren Osten und Afrika angesetzt. Zwei Jahre später, im Juli 2002, wurde ich zum Leiter des gesamten internationalen Vermögensverwaltungsgeschäfts befördert. Konkret bedeutete dies, dass unter anderem auch das relativ kleine, grenzüberschreitende US-Geschäft, das wir von Zürich und Genf aus betreuten, zu meinem Bereich stieß. Eine Zeitbombe, die wir lange nicht als solche erkannt hatten.

Im Jahr 2000 kaufte die OSB Wayne Weaver, einen der führenden US-Vermögensverwalter, der später in »OSB US Wealth Advisors« umbenannt wurde, und baute gleichzeitig ihre Geschäfte in Europa massiv aus und tätigte in Deutschland und weiteren Ländern kleinere Firmenzukäufe. 2004 nahmen wir einen erneuten Anlauf in Japan. China und Brasilien folgten als nächste Streiche. Anfang 2007 besaß die OSB in allen weltweit relevanten Kapitalmärkten einen Private-Banking-Brückenkopf.

Wir bauten spezialisierte Teams auf und konzentrierten uns auf die Beratung von superreichen Unternehmern. Eine globale Werbekampagne, die die OSB als Luxusmarke positionierte, unterstützte den rasanten Ausbau.

2001 setzte die amerikanische Bundessteuerbehörde Internal Revenue Service, kurz IRS genannt, weltweit neue Quellensteuervorschriften für Zinsen und Dividenden aus amerikanischen Wertschriften in Kraft. Damit war das sogenannte »Qualified Intermediary Agreement«, das QI-Abkommen, geboren.

Die Kontrollen, ob die neuen Vorschriften auch wirklich eingehalten wurden, waren sehr streng, für uns aber kein Problem. Wir

bestanden in den kommenden Jahren sämtliche QI-Revisionsprü-
fungen, weshalb auf dem Kontrollmonitor auch nie eine rote
Alarmlampe aufleuchtete.

Trotzdem verschärfte unser bankinterner Rechtsdienst die
Richtlinien im traditionell passiv betriebenen grenzüberschreiten-
den US-Geschäft in den kommenden Jahren wiederholt, was den
Handlungsspielraum unserer Kundenberater fortlaufend verengte.
Damit sollten Vergehen gegen US-Banklizenz- und US-Steuer-Vor-
schriften vermieden werden.

2002 bewilligte die OSB eine zusätzliche, in den USA registrierte Tochtergesellschaft, die sich unter dem Namen Swiss Investment
Advisors, kurz SIA, von Zürich aus um sogenannte amerikanische
W9-Kunden – Kunden, die ihre Anlagen gegenüber den US-Steuerbehörden deklariert hatten – kümmern sollte. Angesprochen
wurden US-Privatkunden, die ihr Vermögen geografisch diversi-
fizieren wollten. Diese Lizenz erlaubte den Beratern dieser Einheit,
ein aktives Marketing zu betreiben. Das noch unerfahrene Pro-
jektteam vermasselte jedoch die zeit- und budgetgerechte Umset-
zung, und so konnten die Tore erst drei Jahre später, nach doppel-
ter Projektzeit und mit dem dreifachen Budget geöffnet werden.
Das Ganze sollte schließlich 25 Millionen Franken kosten.

2007 wurde die OSB vom englischen Wirtschaftsmagazin »Eu-
romoney« zum vierten Mal in Folge als die »Best Global Private
Bank« ausgezeichnet, eine Art inoffizieller Weltmeistertitel des
Private Banking.

Dann aber, ebenfalls 2007, begann das Unheil: Barney Buchacker, ein US-amerikanischer Banker, der für die OSB in Genf als
Kundenberater tätig war, übergab, als sogenannter Whistleblower,
den US-Behörden Dokumente und Informationen, um zu beweisen, dass seine Arbeitgeberin reichen Amerikanern systematisch
dabei half, Steuern zu hinterziehen. Seine Aussicht auf eine Ge-

winnbeteiligung an einer allfälligen Geldstrafe war wohl zu verlockend. Ferner beschuldigte er die OSB, dass er bezüglich der Richtlinien des »Länderpapiers USA« nie geschult worden sei. Letzteres stellte sich allerdings schon bald als falsch heraus. Der Fall wurde untersucht und brachte vereinzelte, unsystematische Verfehlungen zutage.

Drei Jahre später musste Barney Buchacker wegen Beihilfe zum Steuerbetrug ins Gefängnis. Er hatte einem Milliardär und Immobilienhändler dabei geholfen, rund 200 Millionen Dollar an der US-Steuerbehörde vorbei auf Bankkonten in der Schweiz und später in Liechtenstein zu verstecken. Das änderte aber nichts daran, dass er im Jahre 2012, kurz nach seiner Entlassung, aus dem sogenannten Whistleblower-Programm des IRS die unglaubliche Rekordbelohnung von 104 Millionen Dollar überwiesen bekam. Gerüchte, dass er daraufhin den Korken einer Cristal Brut 1990 knallen ließ, dürften wohl nicht ganz aus der Luft gegriffen sein.

Wie auch immer, seine Anschuldigungen führten dazu, dass das DoJ im Verlauf des vierten Quartals 2007 gegen die OSB eine Untersuchung betreffend »Beihilfe zur Steuerhinterziehung« einleitete, worauf zwischen den USA und der Schweiz ein eigentlicher Steuerstreit entbrannte. Dennoch wähnten sich unsere Schweizer Konkurrenten ohne US-Niederlassung nach wie vor hinter dem Bankgeheimnis in Sicherheit und stürzten sich gierig wie die Hyänen auf unsere US-Kunden und Kundenberater.

2007 war ein rabenschwarzes Jahr. Und dies nicht nur für die OSB. Die schlimmste Finanzkrise seit 1929 erschütterte die Weltwirtschaft in Orkanstärke.

In der Folge brannten in unseren Büchern die Absicherungen auf den Immobilienpositionen durch. Vormals liquide Handelspositionen verwandelten sich über Nacht in unverkäufliche Bilanzleichen. Wir hatten uns in der Formel 1 des Global-Investment-Banking nicht, wie Niki Lauda 1976 am Nürburgring, nur ein Ohr, sondern gleich beide Ohren abgebrannt.

Im Oktober 2008 rettete uns der Bund. Wir konnten unserer Regierung, der Nationalbank und der Schweizer Bevölkerung mehr als dankbar sein, dass wir kapitalmäßig und mit der Möglichkeit der Auslagerung von »Problempositionen« massiv gestützt wurden.

Davor, im April 2008, hatten die US-Behörden in Florida überraschend den Leiter unseres internationalen Vermögensverwaltungsgeschäfts »Westliche Hemisphäre«, Dieter Dunkel, verhaftet. Das DoJ setzte ihn wegen des grenzüberschreitenden US-Geschäfts der OSB in der Schweiz unter Druck und legte ihm eine elektronische Fessel an. Seinen mehrmonatigen Hausarrest verbrachte er im Hotel Four Seasons in Miami.

Bereits vorher beauftragte der OSB-Verwaltungsrat die renommierte New Yorker Anwaltsfirma Seinfeld, Aartman, Ulysses & Levine (SAUL) damit, intern jeden Stein umzudrehen und – mit einer Kostenfolge von fünfzig Millionen Dollar – gewissenhaft zu recherchieren, ob wir Gefahr liefen, unter die Räder zu kommen.

Im Juli 2008 erhielt ich dann einen überraschenden Anruf von unserem Rechtsdienst: »Raoul, wir müssen dich mit einem persönlichen, externen, amerikanischen Anwalt ausrüsten. Ich schicke dir die Lebensläufe von drei qualifizierten Strafverteidigern, dann kannst du aussuchen.«

»Wozu das? Ich habe nichts zu verbergen.«

»Pass auf, es könnten während der SAUL-Untersuchung Situationen entstehen, in denen du möglicherweise deine eigenen, privaten Interessen wahrnehmen möchtest.«

Ich war ziemlich vor den Kopf gestoßen, wählte dann aber Aaron Marcu von der New Yorker Anwaltskanzlei Freshfields Bruckhaus

Deringer, der sich durch seine langjährige Karriere, zuerst als Staatsanwalt und später als erfolgreicher Strafverteidiger, auszeichnete. Im Übrigen gefiel mir, dass er einst Rudolph Giulianis Stellvertreter war, als dieser noch als Bundesstaatsanwalt für den südlichen Distrikt von New York amtete, also lange bevor er am 1. Januar 1994 sein Amt als 107. Bürgermeister von New York antrat.

Als ich dann im Zuge der internen Abklärungen von SAUL unter die Lupe genommen wurde, verstand ich plötzlich, warum man mir einen Anwalt zur Seite gestellt hatte. Die von der OSB engagierten SAUL-Anwälte Jack Stefani und Randy Levis leisteten ganze Arbeit, verhörten mich über Stunden und führten sich auf wie arrogante, aggressive Staatsanwälte. Ihr Schlussbericht folgte Mitte Oktober 2008. Es wurde kein Verschulden meinerseits festgestellt, und ich wurde ohne Vorbehalte als CEO & Chairman »Global Wealth Management & Business Banking« mit damals circa 63 000 Mitarbeitern bestätigt. Eine Funktion, die ich seit Mitte 2007 innehatte.

Parallel zu den SAUL-Anwälten stellte auch die Eidgenössische Bankenkommission (EBK), die ab 1. Januar 2009 in die Eidgenössische Finanzmarktaufsicht (FINMA) fusioniert wurde, ihre regulatorischen Nachforschungen an. In ihrem Schlussbericht bemängelte sie eine limitierte Anzahl von Verletzungen des QI-Abkommens und Verstöße eines Dutzends unserer Kundenberater gegen interne Richtlinien. Namentlich genannt wurde Roland Schneider, der bis 2002 Leiter unserer Abteilung Nordamerika war. Ihm wurde vorgeworfen, er habe aktiv die Errichtung fragwürdiger Umgehungsstrukturen gefördert; Schneider sollte in meinem Fall noch eine zentrale Rolle spielen. Auch genannt wurden unser Regionalleiter Nordamerika Maurice Piccard und der Leiter unseres internationalen Vermögensverwaltungsgeschäfts »Westliche Hemisphäre«, Dieter Dunkel. Den beiden Letzteren wurde vorgeworfen, sie seien ihren Aufsichtspflichten nicht voll nachgekommen und hätten toleriert, dass einige ihrer Untergebenen die Richtlinien nicht eingehalten hätten.

Der FINMA-Bericht enthielt keinerlei Hinweise, dass ich in die Verfehlungen involviert gewesen wäre. Im Gegenteil: Ich wurde namentlich, vollkommen und umfassend entlastet!

Am 17. Juli 2008 wurde der damals immer noch in Amerika unter Hausarrest stehende Dieter Dunkel anlässlich der US-Senatsanhörung in Washington zum OSB-Steuerfall befragt. Er machte dort jedoch von seinem Recht, nicht gegen sich selbst aussagen zu müssen (Fifth Amendment), Gebrauch und schwieg. Knapp einen Monat später, am 13. August 2008, kehrte er als freier Mann in die Schweiz zurück. Zu jenem Zeitpunkt konnte ich noch nicht wissen, dass Dunkel mit dem DoJ einen Deal abgeschlossen hatte.

Für die OSB war klar, dass seine Rückkehr in die alte Funktion nach seiner Verhaftung undenkbar geworden war, was ich ihm mitzuteilen hatte. Darauf eröffnete er mir seine Vorstellungen bezüglich der finanziellen Abgangsentschädigung. Er begründete diese mit seiner langjährigen Dienstzeit für die OSB und seiner viermonatigen Leidenszeit in Florida. Ich erklärte ihm meine Befangenheit und verwies ihn an unseren Rechtsdienst und die Personalabteilung.

Die Verhandlungen im Steuerstreit mit den USA schritten nur sehr zögerlich voran. Die Schweizer Regierung insistierte auf ihrer Rechtssouveränität. Der damalige Bundesrat und Finanzminister Hans-Rudolf Merz verteidigte in einem Telefonat und einem anschließenden Schreiben die Schweizer Reduit-Position gegenüber den Amerikanern.

Am 12. November 2008, ich hatte eben ein Meeting in Genf hinter mich gebracht und wartete am Flughafen Genf-Cointrin auf meinen Rückflug nach Zürich, erhielt ich um 19 Uhr 10 auf meinem Handy den Anruf meines Chefs.

»Raoul, wo bist du?«

»Noch in Genf, ich warte aufs Boarding nach Zürich.«

»Du, es tut mir unheimlich leid, es ist etwas Unerwartetes passiert.«

»Nämlich?«

»Halt dich fest: Die Amis haben dich angeklagt.«

»Wie bitte?«

»Sie – haben – dich – angeklagt! Gut, dass du nach Zürich kommst. Der Rechtsdienst wird dir noch heute Nacht weitere Instruktionen erteilen.«

Um 22 Uhr erhielt ich den fiebrig erwarteten Anruf.

»Raoul, wie dir unser CEO bereits mitgeteilt hat, haben dich die Amerikaner wegen Verschwörung zum Steuerbetrug angeklagt. Du musst sofort von deiner Position in Ausstand treten.«

»Was heißt das für mich konkret?« Ich war vollkommen perplex.

»Die Situation ist noch völlig unklar, wir halten dich auf dem Laufenden. Komme einfach bis auf weiteres nicht mehr ins Büro.«

Ein Konzernleitungskollege schickte mir zehn Minuten später eine SMS: »Lieber Raoul, ich sollte zu dir eigentlich keinen Kontakt aufnehmen. Ich möchte dich trotzdem wissen lassen, dass mir die Sache mit deiner Anklage unheimlich leidtut. Kopf hoch, dein Jack!«

Kopf hoch? Mir war nach anderem zumute.

Aaron, mein amerikanischer Anwalt, gab sofort eine erste Medienmitteilung heraus: »Raoul Weil wurde als politisches Bauernopfer im Steuerstreit zwischen den Vereinigten Staaten und der Schweiz angeklagt. Herr Weil bekennt sich nicht schuldig und wird zu gegebener Zeit eine rechtliche Lösung der Situation anstreben.«

Nach meiner medienwirksamen Anklage – Presse, Funk und

Fernsehen berichteten weltweit darüber – intensivierten sich die Verhandlungen der Schweizer Regierung mit den USA.

Aaron Marcu versuchte mehrmals, mit James Rowling, dem Ankläger des DoJ, einen Deal *ohne* Schuldanerkennung für mich einzufädeln. Rowling wollte jedoch nicht eingestehen, dass er mich einzig und allein angeklagt hatte, um die politische Pattsituation zu deblockieren, sprich Druck auf die Schweiz auszuüben.

Im Februar 2009 annoncierte die OSB einen Vergleich in Form eines »Deferred Prosecution Agreement«, kurz DPA, mit dem US-Justizministerium und der amerikanischen Börsenaufsicht United States Securities and Exchange Commission, kurz SEC genannt. Die Vergleichszahlung betrug 780 Millionen Dollar. Parallel dazu übergab sie, auf Verfügung der FINMA und im Einvernehmen mit dem Bundesrat, der amerikanischen Steuerbehörde die Dossiers von rund 250 US-Kunden, die des Steuerbetrugs bezichtigt wurden. Damit war das Bankgeheimnis faktisch aufgehoben. Der Bundesrat verteidigte sein Einverständnis mit der drohenden Anklage gegen die OSB, die deren Existenz gefährdet und zehntausende Arbeitsplätze gekostet hätte. Kurz darauf gab die OSB dem IRS nochmals rund 4500 Dossiers mutmaßlicher amerikanischer Steuerhinterzieher heraus, bei denen die doppelte Strafbarkeit des »Steuerbetrugs oder Ähnlichem«, in der Schweiz *und* in den USA, gegeben war.

Heute ist es müßig, sich darüber den Kopf zu zerbrechen, was damals hinter verschlossenen Verhandlungstüren genau abgelaufen ist. Entscheidend war: Meine große Hoffnung, in diesen Deal mit eingeschlossen zu sein, wurde bitter enttäuscht.

Festzuhalten ist, dass es anderen Banken in späteren Vergleichen gelang, ihr gesamtes Management und ihren Verwaltungsrat mit einer hohen Geldstrafe freizukaufen – wohlverstanden zulasten der Aktionäre!

Am 31. März 2009 klingelte es an meiner Haustür. Zwei Mitarbeiter des OSB-Sicherheitsdienstes überbrachten mir meine Kündigung und ließen mich diese an Ort und Stelle quittieren.

Einige Wochen später erhielt ich Gelegenheit, meine privaten Utensilien in der Bank abzuholen. Mein Büro war längst neu belegt. Ich fand, was mir gehörte, in einem unbenutzten Sitzungszimmer – mein modernes chinesisches Bild, das ich einst gekauft und das mich während Jahren durch meine Büros begleitet hatte, stand, bereits verpackt, in einer Ecke. Daneben lag eine Kartonschachtel mit meinen privaten Utensilien. Unglaublich, aber wahr: Alles, was von meiner 25-jährigen Bankenkarriere übrig geblieben war, hatte in einer kleinen Schachtel Platz.

Im Juni 2009 trafen Aaron und ich uns im Büro meiner Zürcher Anwälte mit einem Vertreter des OSB-Rechtsdienstes. Dieser erklärte: »Es tut mir leid, dass wir dich nicht in die Vertragsverhandlungen einbinden konnten. Ich hatte bei Rowling interveniert. Er machte mir allerdings klar, dass er deinen Fall im Augenblick nicht diskutieren wolle.«

Mein Schweizer Anwalt organisierte daraufhin ein Treffen mit dem Bundesamt für Justiz. Der damalige Direktor Michael Leupold und sein Stellvertreter Rudolf Wyss zeigten sich hilfsbereit und intervenierten bei James Rowling. Dieser willigte jedoch in keinen Vergleich ein. Danach verfiel mein Fall in einen schier endlosen Winterschlaf.

Während dieser Zeit bekam ich von einer amerikanischen Detektei die Auskunft, dass mich die USA für »flüchtig« erklärt hätten und ich deshalb den Staaten fernbleiben solle – dass ich aber mit 95-prozentiger Wahrscheinlichkeit von Interpol nicht international gesucht würde und daher Reisen in andere Länder kein Problem darstellen sollten.

Im April 2009 ging ein lang gehegter Wunsch von Susanne und mir in Erfüllung – wir holten unser neues Familienmitglied Madhu beim Hundezüchter ab. Das Sprichwort »Willst du einen Freund, dann kauf dir einen Hund« sollte sich bewahrheiten. Das Glück hat eine feuchte Schnauze.

Anfang 2010 kam auch beruflich wieder Bewegung in mein Leben. Zufällig traf ich in Zürich einen früheren Kollegen aus OSB-Zeiten, der sich selbständig gemacht hatte. Wir plauderten über Gott und die Welt und meinen Fall, und dann fragte er mich, ob ich nicht Lust hätte, beim Auf- und Ausbau der Vermögensfirma River Private mitzumachen.

Nein, hatte ich nicht, und das sagte ich ihm auch: »Du, ehrlich, ich habe keinen Bock darauf, einen weiteren unabhängigen Schweizer Vermögensverwalter im Meer der unabhängigen Vermögensverwalter aufzubauen.«

»Sag niemals nie, Raoul. Wir besitzen Vermögensverwaltungslizenzen in der Schweiz und Deutschland, inklusive einer Europa-Lizenz in Liechtenstein.«

»Klingt spannend – aber wer sind *wir*? Versteh mich nicht falsch, aber für mich müssen zwei Grundvoraussetzungen erfüllt sein: Erstens soll mir mein Job Spaß machen. Zweitens will ich nie mehr mit Idioten zusammenarbeiten.«

»Dann trifft sich das ja bestens. Idioten wirst du bei uns nicht finden!«

Die Stärken der Firma deckten sich mit meiner Einschätzung der zukünftigen Entwicklung der Finanzindustrie. Schließlich sagte ich zu und übernahm die Rolle des Managing Partner der neuen Firmengruppe mit 65 Mitarbeitern.

Damit hatte sich mein Jugendtraum einer eigenen Firma erfüllt. Ich fühlte mich wieder wie mit dreißig. Die Firma gehörte mir zwar nur zu einem Teil, aber mit fünfzig war es einfacher und zeitsparender, etwas Bestehendes auszubauen, als völlig bei null anzufangen.

Als Erstes schlossen wir uns mit einer deutschen Internet-Finanzvertriebsgesellschaft zusammen. Unsere Informationstechnologie und der EU-Marktzugang sollten unsere Trümpfe für die Zukunft werden.

Was immer ich erledigt haben wollte, musste ich selber anpacken. Statt in Mercedes-Limousinen chauffiert zu werden, fuhren wir zweiter Klasse mit der Bahn. Ich verdiente einen Bruchteil meines früheren Einkommens und hatte zusätzlich eigenes Risikokapital in unsere neue Firma investiert. Es war eine harte, vor allem aber sehr spannende Zeit. Unser einzig reifes Geschäft, der Internet-Finanzvertrieb, finanzierte fünf weitere im Aufbau befindliche Bereiche. Um ehrlich zu sein, kein ideales Geschäftsportfolio mitten in der Eurokrise. Bald tauchten Kaufinteressenten für unsere Firma auf; es war jedoch verfrüht, zu verkaufen.

Ich liebte die stetige intellektuelle Herausforderung und nahm nebenbei noch Beratungsmandate von Banken in Italien, Deutschland und Katar an.

Im Oktober 2013 reisten Susanne und ich ferienhalber zuerst nach Rom und nach acht unbeschwerten Tagen nach Bologna weiter. Und dort wurde dann klar, dass ich von Interpol eben doch international gesucht wurde. Ganz offensichtlich war ich in den letzten vier Jahren einfach niemandem über den Weg gelaufen, der seinen Job so gewissenhaft verrichtete wie der Portier im »I Portici Hotel Bologna«. Toc! Toc! Toc!

Freitag, 13. Dezember 2013 Nach achteinhalb Stunden Flug landeten wir auf dem Newark Liberty International Airport. Als wir Richtung Fingerdock rollten, sah ich erstmals das One World Trade Center in der winterlichen Nachmittagssonne glitzern. Ur-

sprünglich sollte das Gebäude, das anstelle des durch den Terror-
anschlag vom 11. September 2001 zerstörten World Trade Center
errichtet wurde, »Freedom Tower« heißen. Die Bauherren waren
dann aber der Meinung, dass sich One World Trade Center besser
vermarkten lasse. »Freedom«, Freiheit, wann würde ich sie wieder
zurückbekommen?

Bis dato nannte ich New York City immer »meine adoptierte
Heimatstadt«. Aber jetzt fühlte sich alles an wie ein Wiedersehen
mit einer Jugendliebe, die einem fremd geworden ist. Die Ankunftshalle, in der ich früher immer so erwartungsfroh ankam,
schien auf einmal lieblos und schäbig, und ich fühlte mich von der
aufgesetzten, lauten Freundlichkeit der Amerikaner bedrängt. Wie
einen VIP führten mich die Marshals links an den langen Warte-
schlangen vorbei. Ähnlich wie zu meinen besten Zeiten, damals,
als ich noch Mitglied des »HON Circle«, des Miles-&-More-Viel-
fliegerprogramms, war und jeweils von einer freundlichen
Ground-Hostess am Gate abgeholt wurde.

Einer meiner beiden Bewacher musste – obwohl ich ja nun wirklich nichts zu verzollen hatte – bei der US-Grenzkontrolle Zollfor-
mulare für mich ausfüllen. Wir gelangten schließlich durch einen
separaten Eingang ins Büro der Einwanderungsbehörde. Eine
rundliche, afroamerikanische Beamtin verlangte von den Marshals
meine Reisedokumente.

»Was, ihr habt keinen Pass für ihn?!«

»Nein, der ist noch in Italien.«

»Okay, dann zeigt mir den Haftbefehl.«

»Haben wir auch nicht.«

»Das ist ein Scherz?«

»Nein, wir haben ihn beim Konsulat in Mailand zwei Tage lang
gesucht, aber die hatten auch keinen.«

»Jungs, ohne Haftbefehl kann ich ihn nicht reinlassen.«

»Okay, ich versuche, das Office in Miami zu erreichen. Die können dir den Haftbefehl dann hoffentlich mailen.«

Der schwarze Marshal zückte sein Mobiltelefon.

»Hi, Miriam. Ich bins. Kannst du mir bitte rasch den Haftbefehl für Mister Raoul Weil heraussuchen und mailen? – Wie man den Namen schreibt? Na, wie mans sagt. Nein, nein, nicht Raul. Pass auf, ich buchstabiere ihn dir: R – a – o – u – l. Mit o zwischen a und u.« Der Marshal sah uns an und verdrehte die Augen. »Nachname: W – e – i – l.«

»Was heißt das, du kannst ihn nicht finden? Komm, schau nochmals nach, Sweetheart.« Abermaliges Verdrehen der Augen.

»Du hast ihn gefunden? Sehr gut, dann maile ihn mir jetzt bitte an – Moment...« Er wandte sich der Beamtin der Einwanderungsbehörde zu, die gerade damit beschäftigt war, einen ihrer aufgeklebten Fingernägel zu bearbeiten: »An welche Adresse soll sie den Haftbefehl mailen?«

Nach einer längeren Übung erreichte mein Haftbefehl schließlich das Büro der Einwanderungsbehörde im Newark Liberty International Airport. Amen.

Jetzt gings mit einer Boeing 737 weiter Richtung Miami. Beim Landeanflug schwankte und ruckte die zweistrahlige Maschine fürchterlich. Trotz Millionen zurückgelegter Flugmeilen hätte ich mich in diesem Moment liebend gern an den Armlehnen meines Sitzes festgekrallt. Mit den Handschellen war das aber ein Ding der Unmöglichkeit. Ein tropisches Gewitter machte unsere Maschine zum Spielball der Lüfte, und die im letzten Tageslicht schweflig-gelb leuchtenden Wolken erweckten den Eindruck, als ob es sich um eine Ankunft in der Hölle handelte. Nach der glücklichen Landung übergaben mich meine zwei Super-Cops am Miami International Airport zwei lokalen Polizisten und verabschiedeten sich schnell von mir. Sie waren genauso kreidebleich wie ich.

»Willkommen in Miami«, sagte einer meiner neuen Begleiter.

Und der andere: »Sie sehen aus, als hätten Sie einen spannenden Flug gehabt.«

Nun lachten beide und platzierten mich auf dem Rücksitz eines zivil aussehenden, schwarzen Chevrolet-Stationswagens. Im Freitagabendverkehr dauerte die Fahrt über die Interstate 95 nach Fort Lauderdale statt der normalen vierzig Minuten eineinhalb Stunden. Die beiden Polizisten störte das nicht, sie plauderten ungeniert und ohne mir die geringste Beachtung zu schenken.

»Heute hat der neunzehnjährige Dealer, den Dan und ich vor ein paar Monaten geschnappt haben, fünf Jahre kassiert.«

»Gefällt mir. Wie habt ihr ihn denn gefasst?«

»Wir erhielten einen Tipp und fingen ihn vor einer Bar ab. Er hat zwar noch versucht, über eine Seitenstraße abzuhauen, aber ich blieb ihm auf den Fersen und jagte ihn über die Gartenzäune. Schließlich erwischte ich ihn in einer Sackgasse und nagelte ihn am Boden fest. Ich war ganz schön außer Atem. Er aber auch. Der harte Junge winselte wie ein Baby.«

Kurzes Schweigen.

»Hast du eigentlich die Überstunden für heute Abend schon bei unserem Boss angemeldet?«, nahm der Beamte, der mich als Erster begrüßt hatte, das Gespräch wieder auf.

»Nein, aber das mache ich noch, klar.«

»Musst du unbedingt! Ich meine, wir machen das hier ja nicht zum Spaß! Wir haben weiß Gott keinen Schokoladenjob wie die beiden Marshals, die uns den hier gebracht haben.«

Er nickte abfällig in meine Richtung.

»Ja, die machen all diese Auslandsreisen und benehmen sich wie Filmstars.«

»Schon nicht schlecht, zugegeben, aber das Familienleben von denen ist am Arsch.«

»Dafür kriegen sie die schärfsten Weiber rum.«

»Apropos, hast du grad eben im Funk gehört, was Sandy für eine geile Stimme hat? Die wäre auch mal eine Sünde wert!«

»Vergiss es, du spielst nicht in ihrer Liga.«

»Arschloch!«

Gelächter.

Als wir endlich am Ziel unserer Fahrt, dem Broward County Jail, ankamen, kleideten mich die Wachen des Gefängnisses gleich unter dem Vordach, also noch im Freien, in eine ockergelbe Baumwolluniform. Eine junge Aufseherin steckte meine Khaki-Hose, das Langarm-T-Shirt und die Wollweste in eine braune Papiertüte und übergab mir als Quittung einen gelben Durchschlag der Inventarliste. Das dünne Dokument würde bis auf weiteres mein einziges Papier bleiben und für meine Tagebuchnotizen herhalten müssen.

Zwei Drogenhändler, zwei Diebe, ein zahnloser, streng riechender Obdachloser und ein sturzbesoffener Matrose mit verschrammtem Schädel durchliefen mit mir die Aufnahmeprozedur. Wir mussten uns, mit dem Gesicht zur Wand, in einer Reihe aufstellen, die Beine spreizen und die Arme breit nach oben strecken. Dann tasteten uns die Aufseher routiniert und gründlich ab. Der Matrose neben mir stützte sich auf meiner Schulter ab und blies mir, etwas Unverständliches lallend, seine üble Alkoholfahne direkt ins Gesicht. Danach wurden wir fotografiert. Dieses Polizeifoto, auf dem ich so aussehe, wie ich mit meinen selbst geschnittenen Haaren eben ausgesehen habe, werde ich wohl nie mehr los. Es ist nicht nur im Internet verewigt, sondern fand auch Zugang in verschiedene Medien. Uns wurden die Fingerabdrücke abgenommen, und wir wurden ärztlich untersucht.

Der Arzt stutzte, als er meinen Blutdruck maß.

»Leiden Sie unter Bluthochdruck? Der ist ja massiv zu hoch!«

Ich erklärte ihm, dass ich im Gegenteil einen chronisch tiefen Blutdruck hätte, und für mich dachte ich: »Der Stress setzt dir mehr zu, als du wahrhaben willst.«

Nach dem Untersuch hatten meine Leidensgenossen alle ein Telefonat zugute und riefen ihre Verwandten an, um ihre Kaution zu organisieren. Ein Ferngespräch mit Susanne war aus irgendwelchen technischen Gründen nicht möglich. Großartig, dachte ich; und diese Nation soll tatsächlich zum Mond geflogen sein?

Kurz vor Mitternacht fasste ich eine hellblaue Polyesterdecke, die sich wie ein überdimensioniertes Fensterputztuch anfühlte und auf der Haut scheuerte, und wurde in eine Zelle gesteckt. Mein schwarzer Mithäftling hatte sich seine Decke bereits über den Kopf gezogen, um sich gegen das permanent in grellkaltem Weiß leuchtende Zellenlicht zu schützen. Die schnurrende Klimaanlage arbeitete auf Hochtouren – und so fror ich auf meiner schmalen Pritsche, wie eben erst noch im italienischen Hochsicherheitsgefängnis von Bologna. Im Westen nichts Neues.

Samstag, 14. Dezember 2013 Am frühen Morgen wurde ich angehalten, meinen Eintrittsanzug aus- und einen grauen Overall der Bundesstrafsektion anzuziehen. Auf dessen Rücken stand in riesigen roten Lettern: »Federal Prisoner«. Nun wurde ich in die Bundessektion überführt. Hier war definitiv Uniformität angesagt – meine Mitgefangenen trugen alle denselben Overall. Wenigstens machten mir die hiesigen Insassen im Vergleich zu jenen in der Galera einen etwas harmloseren Eindruck. Die Gefängnispopulation setzte sich aus zwei Dritteln Afroamerikanern, vielen Kubanern, Kolumbianern, Mexikanern, einem Gangster aus New York und mir, dem Schweizer Banker, zusammen. Die großen schwar-

zen Männer, vor denen ich mich so gefürchtet hatte, kuschten und
ließen sich von den vorwiegend ebenfalls schwarzen und viel kleineren Wärterinnen regelrecht zusammenstauchen.

Aus einer Glaskabine heraus steuerte ein Wachbeamter elektronisch alle Eingangs- und Zellentüren. Das Gefängnis war sauber
und perfekt organisiert. Anscheinend arbeiteten die Aufseher in
drei Schichten, und offenbar musste jede Schicht einen Essens-
gang »servieren«. Anders kann ich mir nicht erklären, warum dies
zu absolut unchristlichen Zeiten geschah. Frühstück zum Beispiel
bekamen wir sage und schreibe um drei Uhr in der Früh. Und
nein, keinen italienischen Espresso, überhaupt nie Kaffee – Kof-
fein schien hier ebenso verboten wie, glücklicherweise, Zigaretten –, sondern einen Himbeersprudel, der mit allerlei künstlichen
Vitaminen angereichert war und den ich trotz bestem Willen
kaum runterbrachte. Mittlerweile erschien mir das italienische
Chaos weitaus sympathischer als die amerikanische Gefängnis-
effizienz.

Meine Zelle teilte ich nun mit Pablo, einem Kolumbianer, etwa
Ende dreißig, nicht sehr groß und eher korpulent. Er war in sich
gekehrt und wortkarg. Alles, was er mir erzählte, war, dass er Frau
und Kinder habe und als illegaler Immigrant verhaftet worden
sei. Wir redeten zwar nicht viel, hatten aber keine Probleme miteinander.

Was mir hingegen zu schaffen machte, war der Mangel an Tageslicht. Unsere Zelle verfügte lediglich über ein ganz schmales
Fenster, das mit einem Milchglas versehen war. Auch im Aufenthaltsraum, den wir fast während des ganzen Tages besuchen konnten, gab es nur wenig Tageslicht. Wenigstens brannte in meiner
neuen Zelle nicht die ganze Nacht über ein Licht wie in der, in der
ich die erste Nacht verbringen musste.

Am Nachmittag kreuzte David Mandel auf, mein lokaler Anwalt, der mir von Aaron zugewiesen worden war. Er teilte mir mit, dass der Richter meine Kautionsverhandlung auf Montag, elf Uhr angesetzt hatte.

Sonntag, 15. Dezember 2013 Endlich kam ich zu etwas Sonnenlicht. Am Sonntag durften die Gefangenen zwischen sieben und neun Uhr morgens in einem Außenhof frische Luft schnappen. Die Jüngeren vertrieben sich die Zeit mit Basketball und Squash-Handball, einem schnellen Spiel, bei dem die beiden Kontrahenten den Ball mit der flachen Hand gegen eine Wand pfefferten. Die Älteren, wie ich, spazierten im Kreis. Und so kam ich mit Mitch ins Gespräch, einem aufgeschlossenen 45-Jährigen mit schwerem Gang.

»Wie lange bist du schon hier drinnen?«

»Seit achtzehn Monaten. Eine verdammte Sauerei! Die US-Regierung kann dich hier ohne Beweise, lediglich aufgrund eines Verdachtes, festhalten. Und du bleibst so lange vorverurteilt, bis du deine Unschuld beweisen kannst!«

»Was wirft man dir denn vor?«

»Ich darf leider nicht über meinen Fall sprechen.«

»Aha?«

»Ich war 25 Jahre bei der US-Luftwaffe. Zuletzt beim Nachschub im Irak.«

»So ein Zufall, ich diente auch in der Luftwaffe.«

»Warst du Berufsoffizier?«

»Nein, nein, das ist bei uns anders, die Schweiz unterhält eine Milizarmee. Meine Zeit bei der Armee ist längst vorbei, kommt mir hier aber sehr zugute; sie erleichtert es mir, den fremdbestimmten Tagesablauf zu akzeptieren«, erklärte ich. »Aber sag, was ist mit dir, bist du mittlerweile aus der Luftwaffe entlassen worden?«

»Ja, ich kriege zwei Checks pro Monat. Eine Pension und eine Invalidenrente.«

»Invalidenrente?«

»Ja. Wir kauften im Norden Iraks Benzin-Nachschub ein und hatten eine Million Dollar in bar dabei. Dann sind wir mit unserem Humvee auf eine Mine aufgefahren. Seither verstärkt Titan meine Beine und einen Teil meines Rückens.«

Offenbar war es hier nicht erlaubt, Rasierutensilien in der Zelle zu haben, weshalb ich am Abend von einem Aufseher gefragt wurde, ob ich mich vor dem morgigen Gerichtstermin rasieren wolle. Ich nickte.

»Dann werde ich veranlassen, dass man dich um Mitternacht weckt und dir einen Rasierer übergibt, den du dann eine Viertelstunde später wieder abgeben musst, okay?«

»Um Mitternacht?«, fragte ich zurück, aber da war er schon wieder verschwunden.

Pablo klärte mich auf, dass das üblich sei, den Grund dafür wisse er aber auch nicht. Wie auch immer – aus dem Versprechen des Aufsehers wurde nichts. Ob ich einfach vergessen wurde oder ob man wollte, dass ich unrasiert vor den Richter trat, werde ich wohl nie erfahren.

Montag, 16. Dezember 2013 Kurz vor acht Uhr holte mich ein Aufseher in allerletzter Minute aus meiner Zelle und hetzte mit mir zum Bus, in dem schon die anderen Gefangenen saßen, die zum Gericht mussten. Alle waren sie sauber rasiert und steckten in den ockergelben County-Jail-Uniformen ohne Rückenbeschriftung. Offenbar wartete man nur noch auf mich; irgendwie war wieder etwas schiefgelaufen.

In meinem grauen Overall mit der roten Rückenaufschrift »Federal Prisoner«, mit meinem Dreitagebart, der selbst geschnittenen »Frisur« und in Hand- und Fußschellen, die mir inzwischen auch noch angelegt worden waren, wurde ich kurz darauf in den Gerichtssaal geführt. In meinem demütigenden Obdachlosen-Outfit fühlte ich mich bereits als schuldig vorverurteilt.

Mein einziger Lichtblick: In der hintersten Besucherreihe entdeckte ich Susanne. Ich hätte weinen können vor Freude, sie zu sehen. Aaron war auch da, er kam auf mich zu und stellte mich dann dem Chefankläger, Staatsanwalt Mike Weekley, vor. Weekley löste James Rowling ab, der inzwischen ins lukrativere Lager der privaten Strafverteidiger gewechselt hatte. Vor mir stand ein ambitionierter, intelligenter Mann Ende dreißig mit Abschluss an einer Elite-Universität. Er war mittelgroß, fast glatzköpfig und sah in seinem dunklen Anzug aus wie eine graue Maus. Mein fester Händedruck schien ihn peinlich zu berühren.

Nun betrat der Richter den Raum, worauf der uniformierte Gerichtsweibel die Anwesenden informierte: »Der ehrenhafte Gerichtsvorsitzende, Richter Patrick Hunt! Bitte erheben Sie sich!«

»Nehmen Sie bitte Platz!«, gebot nun der Richter, ehe er begann: »Wir verhandeln heute die Kautionsfrage im Fall United States gegen Herrn Raoul Weil. Herr Staatsanwalt Weekley, besteht zwischen den Parteien eine Einigung?«

»Euer Ehren, Herrn Weils Anwalt offerierte zwei Millionen Dollar in bar und zwei Millionen als Bankgarantie. Wir sind aber der Meinung, dass bei Herrn Weil ein zu großes Fluchtrisiko besteht, denn trotz der geleisteten Kaution verbliebe ihm und seiner Frau bei einer Flucht immer noch so viel Geld, dass sie in der Schweiz ein sorgloses Leben führen könnten. Wir beantragen deshalb eine Kaution von neun Millionen Dollar, die mit einer fünfzehnprozentigen Kautionsanleihe garantiert werden muss; das wird das Fluchtrisiko minimieren.«

Nun hatte Aaron das Wort: »Euer Ehren, Herr Weil hat einen makellosen Leumund. Er war – bis zu seiner Verhaftung in Bologna – noch nie in einem Gefängnis, und er ist selbstverständlich auch noch nie geflohen. Der Bankregulator in der Schweiz erlaubt Herrn Weil nach wie vor, im Bankenbusiness tätig zu sein. Er wurde zudem ehrenhaft aus der Armee entlassen. Es ist unverhältnismäßig, neun Millionen Dollar Kaution zu verlangen. Die Kommission von fünfzehn Prozent würde Herrn Weil völlig unnötige 1,35 Millionen Dollar an Gebühren für den Kautionssteller kosten, die er nie mehr zurückfordern könnte.«

Richter Hunt fasste zusammen: »Die Regierung ist also nicht grundsätzlich gegen eine Freilassung auf Kaution, offen ist lediglich die Frage der Kautionshöhe und die Art der Sicherheiten? Selbstverständlich wollen wir keinem Kredithai ein Weihnachtsgeschenk in den Rachen stopfen, aber trotzdem will ich, dass im Falle einer Flucht nicht nur die US-Marshals, sondern auch die Kopfgeldjäger des Kreditgebers nach Herrn Weil suchen. Mir scheint daher eine fünfzehnprozentige Kautionsanleihe von einer Million Dollar angebracht. Zusätzlich will ich die Gastfamilie von Herrn Raoul Weil mit einer Bürgschaft von 500 000 Dollar in die Pflicht nehmen. Bankgarantien akzeptieren wir keine. Die beiden Parteien erhalten zehn Minuten, sich zu einigen und dem Gericht einen akzeptablen Vorschlag zu unterbreiten.«

Bange Minuten. Schließlich verkündete Aaron den mit Weekley ausgehandelten Kompromissvorschlag: eine Bürgschaft von neun Millionen Dollar, die durch vier Millionen Dollar in bar abgesichert werden musste. Zusätzlich eine Million Dollar in einer teuren, fünfzehnprozentigen Kautionsanleihe sowie eine Co-Bürgschaft von 500 000 Dollar, die Brenda und John als Gastfamilie erbringen sollten.

Dass wir diesen »Deal« anbieten konnten, hatte mit der guten Seele Brenda zu tun. Aaron fragte sie telefonisch an, und sie zögerte keine Hundertstelsekunde mit ihrer Zusage und bürgte mit einem Geldbetrag, der sie und John, wäre ich geflohen, ruiniert hätte. Was für ein Freundschaftsbeweis!

Aaron klärte Brenda dann aber doch noch über dessen Tragweite auf und fragte: »Bist du dir der Verantwortung wirklich bewusst? Möchtest du die Angelegenheit nicht zuerst mit John besprechen?«

»Nein, ich stehe mit einem großen ›Yes!‹ ein. Ich muss John nicht fragen. Ich bin ja schließlich der Boss im Haus«, lachte sie.

Als Aaron und Weekley Richter Hunt ihren Vorschlag übergaben, wollte dieser wissen: »Herr Staatsanwalt, wie hoch ist die Maximalstrafe in diesem Fall?«

»Aufgrund des Streitwertes von 200 Millionen Dollar wären es eigentlich 240 Monate, also zwanzig Jahre. Für den Verschwörungstatbestand besteht jedoch eine Maximalstrafe von sechzig Monaten, also fünf Jahren.«

Staatsanwalt Mike Weekley, der Chefankläger, war sichtlich gestresst. Mit seiner unerhörten Forderung nach einer Kautionsanleihe von neun Millionen Dollar und seiner Bemerkung von der theoretischen Maximalstrafe von 240 Monaten versuchte er Eindruck zu schinden. Und wohl auch seine Nervosität zu kaschieren. Er erhielt bereits bei dieser ersten Verhandlung einen Vorgeschmack von Aarons Professionalität. Mit seinen dreißig Jahren Berufserfahrung ließ sich dieser keine Sekunde aus der Ruhe bringen und parierte souverän, ohne je arrogant zu wirken. Sein Auftritt stärkte mein Vertrauen.

Nach drei abgelehnten Hausarrest-Anträgen in Italien entschied Richter Hunt: »Hausarrest auf Kaution gewährt!«

Endlich!

Bei seinen Worten musste ich mich schwer zusammennehmen, um nicht in Freudentränen auszubrechen.

Allerdings hatte Mike Weekley noch einen letzten Giftpfeil im Köcher; er erhob sich und eröffnete: »Euer Ehren, es liegt noch ein

Problem vor. Herr Weil ist illegal in den Vereinigten Staaten anwesend. Sein Einreiseverbot unter dem Terrorismus-Gesetz wurde bisher nicht aufgehoben.«

Das bedeutete, dass ich zwar auf Kaution freigelassen, dann aber sofort von der Einwanderungsbehörde wieder festgenommen und – wegen illegaler Einreise – bis zum Prozess ins Gefängnis gesteckt worden wäre.

In diesem Moment konnte man Aarons Kinnlade auf dem Boden aufschlagen hören. »What?«

Auch der Richter war irritiert. »Hören Sie, für diese bizarren ›illegalen Immigrationssituationen‹ bin ich nun wirklich nicht zuständig, regeln Sie das bitte separat. Ich wiederhole: Kaution mit GPS-Fußfessel und Hausarrest gewährt! Beginn, sobald das Geld *und* der Pass eingetroffen sind. Danach darf Herr Weil den Hausarrest nur und ausschließlich für ärztliche und religiöse Besuche sowie für Termine bei seinem Anwalt und vor Gericht in Fort Lauderdale verlassen.«

Noch im Gerichtssaal legte mir ein weiblicher US-Marshal die Bürgschaftsverträge zur Unterschrift vor.

»Marshal, könnten Sie mir bitte die rechte Handschelle zum Unterschreiben öffnen?«

»Wissen Sie was, Sie unterschreiben jetzt einfach ganz schön, wie alle anderen auch, mit den Handschellen. Die Zeiten, in denen Ihnen jemand Kaviarbrötchen servierte, wann immer Sie wollten, die sind endgültig vorbei!«

Die amerikanischen und die Schweizer Journalisten erwarteten mich bereits mit laufenden Aufnahmegeräten und surrenden Kameras vor dem Gerichtssaal.

»Herr Weil, sind Sie zufrieden mit dem Resultat?«

Ein grimmig dreinblickender Marshal schirmte mich reflexartig ab und schob einen der Journalisten dezidiert zur Seite. Ohne zu antworten, watschelte ich, durch die Fußschellen handicapiert, wie ein Pinguin Richtung Tiefgarage.

»Marshal, können Sie mir nicht bitte die Fußschellen lockern, sie schneiden ein und tun verdammt weh!«

»Sorry, da kann ich nicht helfen. Die Fußschellen wurden nicht für großen Tragekomfort entwickelt.«

Susanne gestand mir später, dass mein Anblick im Gerichtssaal ihr schier den Boden unter den Füßen weggezogen habe. Mich in Ketten zu sehen, sei unerträglich gewesen. Und mitansehen zu müssen, wie ich durch die Fußschellen beim Gehen behindert wurde, habe ihr vollends die Tränen in die Augen getrieben.

Als ich zurück in meiner Zelle im Broward County Jail war, rief mich die Wache über Lautsprecher aus: »Weil, visitor! Weil, Besuch!«

Kurz darauf wurde ich aus meiner Zelle geholt und in den Besucherraum geführt. Anders als in Bologna, konnten hier aber die Besucher – mit Ausnahme der Anwälte – nicht physisch empfangen werden. Es hingen einfach zwei Flachbildschirme mit je einem Telefonhörer an einer der kahlen Wände. Davor standen zwei in den Boden verschraubte, pilzartige Stahlhocker. Ich setzte mich, und schon flimmerte das Gesicht von Susanne über den Bildschirm. Ich freute mich so unbeschreiblich, sie zu sehen, dass ich fast vergaß, den Hörer in die Hand zu nehmen.

»Raoul, wie geht es dir?«

»Es geht – und dir? Hat dich Luca informiert, dass ich ausgeliefert wurde?«

»Ja, ich nahm den nächstbesten Flug.«

»Und jetzt bist du hier und doch so weit weg!«

»Das wird sich bald ändern! Ich bin unendlich dankbar, dass

Brenda und John die Bürgschaft übernommen haben. Schön, solche Freunde zu haben.«

»Ja, das ist es – jetzt hoffe ich einfach, dass es keine Verzögerungen gibt, denn so surreal es klingt, durch meinen Illegalen-Status könnten die mich bis zur Gerichtsverhandlung hierbehalten.«

»Mach dir deswegen keine Sorgen, Aaron hat mir gesagt, er habe das bereits geregelt. Aber wenn es so weit ist und du tatsächlich endlich in den Hausarrest entlassen wirst, werde ich nicht da sein. Ich fliege morgen schon wieder in die Schweiz zurück. Erstens, um einen Kredit aufzunehmen und die Zahlungsaufträge für die Kaution auszulösen, und zweitens, um mit Käthi und deinen Eltern Heiligabend zu verbringen. Am 25sten werde ich dann wieder hierherfliegen, ist das okay für dich?«

Und ob es das war! Ich fand es großartig, dass sie Heiligabend mit meinen Eltern verbringen wollte, und mir war auch sehr bewusst, wie wichtig sie – erst recht seit beide Eltern gestorben waren – für ihre geistig behinderte Schwester war. Käthi hätte es kaum verstanden, wenn sie das große Fest zum ersten Mal ohne Susanne hätte feiern müssen.

»Susanne, das ist alles bestens, ich …«

Plötzlich verschwand das Bild von Susanne – der Monitor wurde schwarz, der Fernseher ging aus.

Der Gefangene, der am anderen Bildschirm saß, schrie aufgebracht in Richtung der Überwachungskabine: »Verdammt noch mal, zahlt endlich die verfickte Stromrechnung!«

Nach etwa dreißig Sekunden hatte der Monitor offenbar wieder Strom, der Bildschirm flackerte, und Susannes Gesicht tauchte wieder auf. So konnten wir uns doch noch verabschieden. Später erfuhr ich von Susanne, dass sie die ganze Zeit zu meinem Scheitel gesprochen hatte, offenbar war die Kamera so hoch positioniert, dass nur dieser zu sehen war.

Dienstag, 17. Dezember 2013 In Fernsehberichten und Zeitungs-
artikeln wurde weltweit über mich und meine Kautionsverhandlung berichtet. Im Gefängnis zirkulierte eine zerfledderte Zeitung
mit einem Artikel über mich, und es wurde getuschelt. Ich bekam
teuflisch Angst, dass man nun auch hier auf die Idee kommen
könnte, mich zu erpressen. Das Gegenteil war der Fall. Von einem
Tag auf den anderen war ich der Promi unseres Knastplaneten. Auf
einmal wollten übel dreinschauende Häftlinge mit mir posieren,
als stünden sie mit einem Filmstar auf dem roten Teppich. Sie
stellten sich im Aufenthaltsraum neben mich, winkten in eine ima-
ginäre Kamera und hatten großen Spaß dabei. Es war völlig ab-
surd. Ich wurde zum Schach- oder Backgammon-Spielen eingeladen. Ein Ukrainer wollte, dass ich ihm Deutschunterricht erteile,
und ein Kubaner bat mich, ihm bei seiner Nachfolgeregelung zu
helfen. In aller Munde zu sein, wirkt in den USA Wunder, ob
»berühmt« oder auch nur »berühmt-berüchtigt«, spielt offenbar
keine Rolle.

Im Aufenthaltsraum sprach mich Pasquale an, ein Glatzkopf
Anfang sechzig, durchtrainiert wie ein Spitzensportler, mit keinem
Gramm Fett auf den Rippen. Er war in der New Yorker Bronx
aufgewachsen und schien von seinen Mitgefangenen bewundert
zu werden.

»Du sitzt wegen Steuerbetrug, habe ich gehört?«

»So zumindest heißt es in der Anklage.«

»Aha, also nichts Gravierendes.«

»Nichts Gravierendes? Hallo? Darauf steht immerhin eine Maximalstrafe von fünf Jahren.«

»Fünf Jahre sind nix, mein Freund!«

»Wenn du meinst. Warum hockst denn du hier drinnen?«, gab
ich zurück.

»Geldwäscherei. Ich bin ein fucking Filmstar, ich kam bei meinem Schuldspruch im nationalen Fernsehen! Jetzt warte ich auf die Urteilsverkündung. Die werden mir wohl 15 bis 25 Jahre aufbrummen. Eigentlich konnten sie mir nichts nachweisen. Was kein Wunder ist, schließlich habe ich 400 000 Dollar für die besten Anwälte ausgegeben. Aber die Jury ließ sich leider von den uralten Fotos, auf denen ich gemeinsam mit meinem guten Nachbarn John Gotti zu sehen bin, zu einer Verurteilung verleiten.«

»Du meinst, *der* John Gotti, der Pate der Gambino-Familie?«, fragte ich ungläubig.

»Ja, genau der.«

»Interessantes Umfeld!«

»Privat war er okay. John starb bereits vor mehr als zehn Jahren an Krebs. Der ›Teflon Don‹, wie ihn die Medien nannten, war ein beinharter Geschäftsmann. Privat aber sehr harmoniebedürftig. Er hatte viel Humor und jede Menge Stil.«

»Mmh. Und wie verdienst du dein Geld, wenn du es nicht gerade wäschst?«

»Ich besitze Nachtklubs in New York. Mein Sohn führt ein Striplokal hier in Florida. Früher besaß ich eine Müllabfuhrgesellschaft und vermietete Einarmige Banditen oben in Harlem; mit Glücksspiel machte ich damals richtig viel Kohle.« Pasquale hielt kurz inne und fügte dann an: »Du musst wissen, ich bin ziemlich smart.«

»Und warum haben sie dich dann trotzdem erwischt?«

»Das FBI hat Wanzen bei uns zu Hause und in der Wohnung meiner Geliebten installiert.«

»Eine Geliebte und eine Ehefrau, eine explosive Kombination!«

»Das kannst du laut sagen, das wurde es dann auch, als meine Frau durch das FBI von meiner Geliebten erfuhr, aber das ist eine andere Geschichte! Es waren aber nicht nur die Abhörbänder, die mich überführten; ohne die zwei verdammten Ratten, die mich verpfiffen, um ihren eigenen Kopf aus der Schlinge zu ziehen, hätten die mich nie erwischt. Glaub mir, ich würde meine New Yorker Freunde nie verpfeifen. Ich sag dir, es gibt nur Mäuse und Männer in dieser Welt. Und ich bin ein verdammter Mann!«

Pasquale war groß, relativ schmal und wie gesagt fit wie ein Turnschuh: Er machte täglich 200 Klimmzüge und zig Liegestütze. In seiner knappen »Freizeit« spielte er mit einem kubanischen Mitgefangenen leidenschaftlich »Casino«, ein Kartenspiel. Während die beiden Machos ihre Karten theatralisch auf den Tisch knallten, lieferten sie sich raue Wortgefechte.

»Ha! Hab ich dich schon wieder! Du bist so was von erledigt!«

Pasquales Retourkutsche kam postwendend: »Willst du mir etwa drohen, du Schwächling? Das funktioniert bei mir nicht mal, wenn du mir eine verfickte Pistole an den Schädel hältst!«

Und dann gratulierte der Verlierer dem Sieger, und die Suppe war gegessen.

Neben Pasquale war auch der 56-jährige William Potts einer, dem die anderen Mitgefangenen einen gewissen Respekt zollten. William richtete mehrmals täglich sein Handtuch Richtung Mekka aus und betete. Er sprach fließend Spanisch, was ich für einen schwarzen US-Amerikaner eher ungewöhnlich fand.

»Ich habe die letzten dreißig Jahre in Kuba gelebt, das ist der Grund«, klärte mich William auf.

»Ein US-Amerikaner in Kuba, wie kommt denn das?«

»In meiner Jugend eiferte ich ideologisch den ›Black Panthers‹ nach. Am 27. März 1984 habe ich dann Scheiße gebaut: Ich entführte ein Flugzeug der Piedmont Airlines, auf dem Flug von New York nach Miami, und zwang den Piloten, nach Havanna zu fliegen.«

»Wie bitte?!«

»Ich – entführte – ein Flugzeug!«

»Come on, du siehst nicht aus wie ein Entführer, du willst mich wohl verarschen!«

»Nein, leider nicht. Und ja, es war ein Fehler. Ich nannte mich damals Leutnant Spartacus und behauptete, Offizier der ›Black Liberation Army‹ zu sein und Sprengkörper an Bord gebracht zu haben.«

»Kein Scherz? Und das Flugzeug ist dann auch tatsächlich in Havanna gelandet?«

William nickte.

»Ja und dann?«

»Dann stieg ich aus, und sie nahmen mich fest und steckten mich wegen Luftpiraterie für dreizehn Jahre in Arbeitshaft.«

»Du warst in einem kubanischen Gulag?«

Er lachte.

»Nein, sie verknurrten mich auf eine kubanische Farm, und weißt du was? Die Arbeit dort hat mir gut gefallen, mehr noch: Ich entdeckte meine Liebe zur Landwirtschaft.«

»Und warum bist du jetzt hier?«

»Weil ich mich vor ein paar Monaten freiwillig ausliefern ließ. Weißt du, ich habe in den siebzehn Jahren, die ich nach der Arbeitshaft noch in Kuba verbrachte, geheiratet, habe jetzt Kinder und will, dass mein Fall auch hier noch abgeschlossen werden kann. Und ich will hier Geld sparen, 80 000 Dollar, um genau zu sein.«

»Und was willst du damit tun?«, fragte ich.

»In Kuba eine Farm aufbauen und meinen Kindern eine Ausbildung ermöglichen. Allerdings nicht in Kuba, sondern hier in den Staaten.«

»Aber das ist doch alles nicht möglich, wenn du jetzt wieder in den Knast musst!«

»Stimmt, ich gehe ein Risiko ein, denn ich muss mit einer Gefängnisstrafe von zwanzig Jahren rechnen. Aber ich hoffe, dass die amerikanischen Behörden mir mindestens die dreizehn Jahre, die ich in Kuba schon verbüßt habe, anrechnen.«

»Und du hast wirklich Hoffnungen, dass du hier bald rauskommst?«

»Ich bin in Verhandlungen mit der US-Staatsanwaltschaft und bin fast sicher, dass sie mir die lange Haft in Kuba anrechnen werden. Das Department of Justice könnte die Strafe so sogar als ›abgesessen‹ deklarieren. Ich habe einige Fernsehinterviews bei CNN und anderen Kanälen gegeben, um die Öffentlichkeit von meiner Sache zu überzeugen. Ich weiß, ich hatte damals wirklich Scheiße gebaut, aber ich habe dafür gebüßt!« William sah mich eindringlich an und fuhr weiter: »Und ja, ich trug bei der Entführung eine Baskenmütze und die obligaten Kampfstiefel, den ganzen ›Black Panther‹-Aufzug eben, aber es kam niemand zu Schaden. Im Gegenteil, ich war sehr zuvorkommend zu den entführten Passagieren auf dem Flug und habe sogar rundenweise Schnaps offeriert.«

Beim Einschlafen wünschte ich mir, dass die amerikanischen Behörden William Potts gegenüber gnädig gestimmt sein würden, und ihm genügend Zeit verbliebe, seinen Traum von einer eigenen Farm zu verwirklichen. Viel später erfuhr ich, dass er im Juli 2014 zu zwanzig Jahren Zuchthaus verurteilt worden war, ihm die dreizehn Jahre Arbeitshaft in Kuba aber angerechnet wurden und er somit im Jahr 2021 auf Bewährung freikommen wird.

Die Klimaanlage arbeitete sich in Richtung Gefrierpunkt vor. Unsere Zelle war inzwischen ein vollwertiger Kühlschrank. Tom, ein Mithäftling, dem ich im Aufenthaltsraum geklagt hatte, wie kalt mir war, lieh mir freundlicherweise eines seiner Sweatshirts. Und erst noch, wie er mir versicherte, sein liebstes! Das allerdings einiges zu groß war für mich, denn Tom brachte ein Gewicht von mindestens 250 Kilo auf die Waage. Noch viel beunruhigender als sein Kampfgewicht war für mich zuerst allerdings gewesen, dass er einen schwarz-weiß gestreiften Overall mit der roten Aufschrift »Maximale Sicherheit« trug! Ein Massenmörder?! Nein, meine anfänglichen Berührungsängste waren völlig unbegründet. Tom saß wegen einer Kleinigkeit ein und war ein liebenswerter Gemütsmensch mit Diabetes. Sein warnendes Outfit hatte er bekommen, weil für Häftlinge ab 150 Kilogramm Körpergewicht im Moment keine anderen Uniformmodelle verfügbar waren.

Manchmal ist alles so einfach! Tom war schwer und ein Verbrecher, aber kein Schwerverbrecher. Als Pablo mich in Toms übergroßem Sweatshirt verschwinden sah, lachte er sich kaputt.

Mittwoch, 18. Dezember 2013   Endlich konnte ich das Krankenzimmer konsultieren. Mein Eckzahn machte erneut Probleme, und ich brauchte dringend Antibiotika, die ich dann auch bekam. Allerdings erst nach einer endlosen Befragung.

»Nein, ich nehme keine Drogen.« – »Nein, ich bin nicht HIV-positiv.« – »Nein, ich hatte bisher keine Selbstmordgedanken.« Ich hörte auf, zu zählen, wie viele Male ich seit dem 19. Oktober dieselben Fragen beantwortet hatte.

Als ich wieder in der Zelle war, kam ein Aufseher ans Gitter.

»Weil, Sie müssen morgen schon wieder vor Gericht. Wollen Sie sich vorher rasieren?«

Ich nickte.

Diesmal klappte es, ich wurde Punkt Mitternacht geweckt und bekam einen Einwegrasierer in die Zelle gereicht.

»Fünfzehn Minuten, dann sammeln wir den wieder ein!«

Pablo schnarchte selig weiter, während ich meine Bartstoppeln mit dem Schaum einer Kernseife aufweichte und mich dann bei schlechtem Licht rasierte. Nach der Prozedur fühlte sich mein Gesicht denn auch arg mitgenommen an. Doch die Kratzer sollten bis zum Morgen nicht mehr bluten, und diesmal würde ich nicht wie ein Vagabund daherkommen.

Donnerstag, 19. Dezember 2013 Auf den Tag genau vor zwei Monaten war ich in Bologna verhaftet worden, saß nun in einem amerikanischen Bundesgefängnis in Florida und erhielt schon wieder eine neue »Uniform«. Diesmal wie die anderen Gefangenen, die auch zum Gericht mussten, einen ockergelben Overall – ohne Aufschrift. Als ich ihn angezogen hatte, wurde ich mit Hand- und Fußschellen versehen und watschelte mit den anderen, in Einerkolonne zum Gefangenentransporter, wo wir uns über einen hölzernen Hilfssteg auf die Sitzbank hangeln konnten. Aus dem Autoradio schepperte Reggae, und die drückende Luft fühlte sich tropisch an. Im vollen Bus herrschte die ausgelassene Stimmung eines Klassenausfluges. Nach der Ankunft in der Tiefgarage des Gerichtsgebäudes verklemmte sich die Kette der Fußschelle eines Gefangenen in der Schiene der Sitzbank. Der fluchende Marshal benötigte fünf Minuten, bis er das verklemmte Stahlglied aus der Schiene gehebelt hatte.

Nun wurden wir in einen sogenannten Wartetank verfrachtet. Dort saßen wir hinter einer großen Glasscheibe auf Chromstahlbänken, die in die Wand verschraubt waren, und warteten. Warteten endlos. Die Stimmung unter uns Gefangenen war nun angespannt und bedrückt. Wenn sich ein Marshal näherte, hoffte jeder, dass die Reihe jetzt an ihm wäre.

Nach geschlagenen drei Stunden wurde endlich mein Name aufgerufen: »Weil!«

Ich erhob mich, ging zur vergitterten Tür, nur um Folgendes zu hören: »Fed-Ex hat deinen Pass noch nicht geliefert. Du wurdest vergebens hierhergebracht. Setz dich also wieder hin, und warte, bis es zurück ins Gefängnis geht. Den Hausarrest kannst du vorläufig vergessen.«

Ich war fassungslos, meine Knie zitterten. Nach 62 Tagen im Knast zerschmetterte ein einziger Satz meine aufkeimende Hoffnung. Eine absolute Leere überfiel mich. Wie lange mochte dieses Spiel noch so weitergehen? Wie lange würde ich es noch aushalten, wie eine Schachfigur rumgeschoben zu werden?

Eine Stunde später, inzwischen war es 13 Uhr 30, wurde der letzte Gefangene aufgerufen und dem Richter vorgeführt; ich wusste, sobald er zurückkommt, gehen wir alle zurück in den Knast. Ich redete nicht mehr, ich hörte nicht mehr zu. Ich war in meine eigene Welt abgetaucht. Doch dann, dann wendete sich das Blatt – verfrühte Weihnachten!

»Weil! Rauskommen.«

Der freundliche, zivil gekleidete Mann, der vor der Tür stand, stellte sich mir nur mit Vornamen vor: »Scott!«

Scott war ein Special Agent des Internal Revenue Service, IRS, der amerikanischen Steuerbehörde, und was er sagte, war Musik in meinen Ohren.

»Ihre Anwälte haben es trotz Ihres noch immer ausstehenden Passes geschafft, Ihre Freilassung in den Hausarrest zu erwirken. Ich werde Sie jetzt übernehmen, mit Ihnen erst ins Broward County Jail fahren, wo Sie Ihre privaten Dinge holen und sich umziehen können. Darauf werde ich Sie zum Flughafen von Fort Lauderdale fahren, von wo aus Sie den Flug zurück nach Newark nehmen können, wo Sie Ihre Fußfessel bekommen und Ihre Freunde Brenda und John Sie in Empfang nehmen werden.«

Ich würde also von Fort Lauderdale aus nach Newark, New Jersey, fliegen können und nicht zuerst nach Miami fahren müssen. Gut. Das Allerbeste sollte aber noch kommen.

»Bevor wir gehen, werden wir Ihnen die Hand- und Fußschellen abnehmen«, hörte ich Scott sagen.

In diesem Moment war ich einfach nur glücklich. Wollte nicht an die Vergangenheit und erst recht nicht an die Zukunft denken, sondern einfach einen Fuß vor den andern setzen. Unbeschwert.

Während der Fahrt vom Gericht zum Gefängnis, wir fuhren in einem Mustang GT, entpuppte sich Scott als kultivierter, äußerst zuvorkommender Mann. Was mich etwas verunsicherte, war, dass er Dinge von mir wusste, die er eigentlich nur durch das Abhören der Unterhaltungen im Wartetank hatte erfahren können. Er war ein Polizist mit Masterabschluss und arbeitete, wie er mir sagte, eng mit dem Staatsanwalt Mike Weekley zusammen. Im Nachhinein vermute ich, dass er die Aufgabe hatte, mich auszuspionieren.

Im Broward County Jail angekommen, sorgte Scott dafür, dass der Ausgabeschalter, obwohl bereits geschlossen, extra für mich noch einmal geöffnet wurde. Auf der Toilette zog ich meine Gefängnisuniform aus und meine Khaki-Hose, das Langarm-T-Shirt und die Wollweste an. Und als wir herauskamen, wartete zu meiner großen Freude David, mein lokaler Anwalt, auf mich und übergab mir eine Einkaufstasche.

»Susanne hat mir deine Kleider- und Schuhgröße durchgegeben«, strahlte er, »so konnte ich dir ein paar Klamotten von Walmart besorgen. Ich hoffe, es passt dir alles einigermaßen. Und hier sind noch 200 Dollar Taschengeld. Guten Flug!«

Ich bedankte mich bei David für den hart erfochtenen Hausarrest, verabschiedete mich von ihm, setzte mich in Scotts Auto und wurde von ihm zum Fort Lauderdale-Hollywood International Airport gefahren. Dabei konnte ich mir ein Kompliment für sein Gefährt nicht verkneifen.

»Sie fahren einen – in der Schweiz würde man sagen – ziemlich heißen Schlitten.«

Scott lächelte und meinte dann: »Unter Umständen ergeben sich noch weitere Mitfahrmöglichkeiten. Sie werden ja bereits am 7. Januar wieder nach Fort Lauderdale fliegen, um hier einen Termin bei Gericht wahrzunehmen, vielleicht hole ja ich Sie dann wieder ab.«

»Sie werden meinen Prozess also begleiten? Nun, dann werden wir uns vermutlich noch oft treffen. Meine Anwälte rechnen damit, dass es bis zum Prozessbeginn bis zu einem Jahr dauern könnte.«

»Kann gut sein. Ihre Anwälte müssen sich ja erst einmal vorbereiten.«

Nun lächelte ich.

»Stimmt nur bedingt, meine Anwälte haben bereits 2008 eine unabhängige Untersuchung des Verwaltungsrates meines damaligen Arbeitgebers sowie die Untersuchung des Finanzmarkt-Regulators erfolgreich bewältigt, ich denke, sie sind jetzt schon sehr gut vorbereitet.«

Darauf gab er mir keine Antwort. Wir waren inzwischen auch am Flughafen angekommen, wo Scott mich bis zum Gate begleitete. Dort angekommen, wartete er, bis das Boarding ausgerufen wurde und ich im Flugzeug verschwunden war. Zum Abschied hatte er mir vorher noch frohe Festtage gewünscht.

»Frohe Festtage, Scott!«

Und dann, dann war ich nach mehr als zwei Monaten tatsächlich das erste Mal wieder ohne einen Bewacher unterwegs. Ich freute mich auf den rund dreistündigen Flug. Und vor allem auf den ersten Kaffee, seit ich Italien verlassen hatte; ich war inzwischen wirklich auf Koffeinentzug. Der grässliche Filterkaffee, der serviert wurde, schmeckte himmlisch. Tausendmal besser als mit allerlei künstlichen Vitaminen angereicherter Himbeersprudel!

Merry Christmas!

HAUSARREST UND AKTEN-LAWINE IN NEW JERSEY

Kurz nach 20 Uhr an diesem Donnerstag, dem 19. Dezember 2013, nahmen mich zwei US-Marshals am Gate des Newark Liberty International Airport in Empfang. Durch endlose Gänge, Treppen rauf und runter, landeten wir schließlich im Büro jener Behörde des Staates New Jersey, die für mich zuständig war. Eine sportliche, burschikose junge Frau stellte sich mir mit »Barbara, Pretrial Services Division« vor. Pretrial Services Division: So hieß die Behörde, die in der US-Justiz für die Überwachung und Begleitung von Angeklagten vor deren Prozess verantwortlich ist. Als Erstes bat sie mich, mein rechtes Hosenbein rauf- und die Socke runterzuziehen, öffnete einen Kunststoffkoffer, entnahm ihm eine GPS-Fußfessel und legte sie mir um.

»Einmal pro Tag müssen Sie die eingebaute Batterie der Fußfessel aufladen«, erklärte sie dann, »Stecker in die Steckdose, eine Stunde still sitzen, that's it. Alles Nötige dazu finden Sie im Koffer, genauso wie den Haussender, den wir Ihnen mitgeben und den Sie noch installieren müssen. Wasser ist kein Problem, solange Sie nur duschen. Baden dürfen Sie nicht. Jeden Mittwoch müssen Sie mich anrufen.« Sie tippte mit ihrem Finger auf ein Blatt Papier, auf das sie ihre Handynummer gekritzelt hatte, und fuhr weiter: »Gemäß den Anordnungen des Richters dürfen Sie Ihren Radius ausschließlich für Arzt- und Anwaltstermine sowie für Besuche religiöser

Einrichtungen verlassen. Und natürlich für die Gerichtstermine. Und nur, wenn Sie mir Grund und Ziel vorgängig gefaxt und mich, bevor Sie abfahren, angerufen haben. Ist das klar?«

Ich nickte, wollte etwas fragen, doch Barbara sprach schon weiter: »Bitte installieren Sie heute Nacht den Haussender, zwei meiner Kolleginnen der Pretrial Services werden morgen vorbeikommen und kontrollieren, ob er das ganze Haus bis zum Garten abdeckt. Bitte seien Sie sich bewusst: Sie dürfen das dreißig mal fünfunddreißig Meter große Grundstück ihrer Gastgeber keinesfalls unangemeldet verlassen. Ach ja, fast hätte ich es vergessen: Auf dem Weg zum Anwalt, zum Gericht, Arzt oder zur Kirche sind keine – ich betone, *keine* – Einkaufstouren, Restaurantbesuche oder Ähnliches erlaubt.«

Als ich dann endlich doch noch in der fast menschenleeren Ankunftshalle des Liberty International Airport ankam, umarmten mich meine Freunde Brenda und John. Herzhaft. Sie hatten lange auf mich warten müssen. Der begleitende Deputy-US-Marshal zeigte wenig Verständnis für unsere Freude und knurrte, dass wir gefälligst mit der Wiedervereinigungsparty aufhören und uns auf den Heimweg machen sollten. Und zwar ohne Umwege!

John und Brenda wohnen seit über 35 Jahren in Sparta, New Jersey, 55 Meilen nordwestlich von Manhattan. Nur gerade hundert Meter vom idyllischen Mohawk-See entfernt, auf den sie einen bezaubernden Blick genießen. Sie hatten mir in ihrem hübschen, gemütlich eingerichteten, typisch amerikanischen Einfamilienhaus mit Garten ein schönes Gästezimmer samt Arbeitsplatz hergerichtet. Die beiden waren die einzigen Demokraten weit und breit, umringt von hartgesottenen Republikanern und noch härter gesottenen Mitgliedern der National Rifle Association. Hier war ich im »richtigen« Amerika angekommen.

Die erste Nacht seit langem in einem richtigen Bett mit Daunendecke! Es war, nach 60, nein, 62 Nächten auf wenig kuscheligen Gefängnispritschen, schlicht unbeschreiblich. Traumhaft. Das Einzige, was meinen Schlaf störte, war meine Fußfessel, aber nach zwei, drei Nächten hatte ich mich an sie gewöhnt.

Freitag, 20. Dezember 2013 John hatte seine Coiffeuse ins Haus bestellt. Die gestylte, 62-jährige Crazy Donna fuhr eine Harley, sah zehn Jahre jünger aus und war wild entschlossen, mir einen ordentlichen Haarschnitt zu verpassen.

»John! Als du mich um einen Hausbesuch batest, da rechnete ich damit, einen alten Knacker im Rollstuhl anzutreffen. Und jetzt das! Mein Gott, ist der süß! Schau dir seine Grübchen an. Junge, du siehst ja richtig knuddelig aus. Wie alt bist du denn, lass mich raten – 45?«

»Danke fürs Kompliment. Aber du musst die Ziffern vertauschen – ich bin 54.«

»Sehr gut, du passt perfekt in mein Beuteschema. John, Brenda, was meint ihr, der wäre doch etwas für mich? Bist du verheiratet, Kleiner?«

»Ja. Glücklich verheiratet!«

Crazy Donna setzte ein weinerliches Gesicht auf, ließ ihre Augenbrauen tanzen und schluchzte theatralisch: »Zu schade! Dabei fing alles so gut an mit uns beiden!«

Die liebenswerte Verrückte machte ihrem Namen von der ersten Sekunde an alle Ehre – endlich konnte ich wieder einmal so richtig herzhaft lachen.

Die Tage vergingen im Nu. Ich spielte mit »Beau«, dem schneeweißen Zwergpudel von Brenda und Johns Nachbarin, half im Garten mit und avancierte zum Küchenchef. Auf dem Hometrainer versuchte ich, wieder ein bisschen Fitness aufzubauen. Doch immer wieder übermannte mich eine bisher nicht gekannte Müdigkeit. Ganz offensichtlich hatten die letzten Wochen stärker an mir und meinem Nervenkostüm gezehrt, als ich es mir bisher eingestehen mochte.

Montag, 23. Dezember 2013 Trotz Antibiotika meldete sich mein Zahn erneut. Steven, Johns Zahnarzt, diagnostizierte eine gebrochene Zahnwurzel. Ein Implantat würde nötig werden, was eine Behandlungszeit von über neun Monaten bedeutete. Nun weiß man ja, dass Zahnarztbesuche eigentlich nichts Erfreuliches sind. Aber in meinem speziellen Fall kamen sie wie ein Geschenk des Himmels. Ich bekam einen ganz unverfänglichen Grund, die Enge des Hauses verlassen zu dürfen.

Mittwoch, 25. Dezember 2013 Susanne wurde von Brenda vom Flughafen abgeholt. Sie hatte mir einen neuen Laptop mitgebracht und installierte nun Skype und meinen E-Mail-Account. Endlich war ich wieder mit dem Rest der Welt verbunden. Ich fühlte mich, wie ein Astronaut sich fühlen muss, wenn er wieder Boden unter den Füßen hat.

Susanne blieb für elf Tage – wir genossen jede Sekunde und schoben die anstehenden Probleme bewusst zur Seite, versuchten, uns fallen zu lassen, Ferien zu machen. Was uns an einigen Tagen besser, an anderen schlechter gelang.

Dienstag, 31. Dezember 2013 Susanne und ich wählten uns um 18 Uhr via Skype bei unseren Freunden in der Schweiz in deren Neujahrsparty ein und stießen mit ihnen auf ein besseres, glücklicheres 2014 an – um Mitternacht dann auch mit Brenda und John.

Bevor Susanne vier Tage später zurückflog, um Anstehendes zu erledigen, beschlossen wir, uns jeden Morgen um halb sieben via

Skype zu verbinden – grad so, als ob wir gemeinsam frühstückten. Na ja, für Susanne wäre es ein Mittagessen.

Montag, 6. Januar 2014 John fuhr mich zu »Freshfields Bruckhaus Deringer«, der Firma meiner Anwälte in Manhattan, die kurz Freshfields genannt wird. Wir durchquerten meine ehemalige Trauminsel vom Lincoln Tunnel bis zur Lexington Avenue 601, wo Aaron im 31. Stockwerk einen beeindruckenden Ausblick aus seinem Büro hatte. Früher sah ich den Big Apple durch eine rosarote Brille; seine elektrisierende Energie faszinierte mich, die unzähligen Restaurants, Broadway-Shows und Jazzklubs ließen Trübsal und Langeweile keine Chance. Der unvergleichliche Tatendrang der New Yorker und ihr Überlebenswille im beinharten Konkurrenzkampf wirkten auf mich immer sehr inspirierend. Nun bemerkte ich auf einmal nur noch die mit Autos verstopften Straßen, die dampfenden Gullydeckel, die aschgrauen anonymen Wolkenkratzer, die Menschenmassen und den immerwährenden Lärm. Meine alte Liebe war endgültig erloschen. Der Lack war ab!

Aaron stellte mir die Verteidigungsmannschaft vor, die er für mich zusammengestellt hatte: Kimberly Zelnick, die ich schon seit 2008 kannte, war Partnerin bei Freshfields, Daniel Crockett, auch er Anwalt bei Freshfields, und Matthew Menchel, der nicht zu Freshfields gehörte. Kim, Dan und Matt. Alle drei hatten sie einen guten, festen Händedruck, wache Augen und einen klaren Blick. Aaron würde die ganze Zeit über als mein persönlicher Ansprechpartner, Coach und Stratege wirken. Kim würde den Prozess organisieren und koordinieren. Dan sollte Aaron den Rücken freihalten. Und Matt, ein hoch angesehener Kreuzverhörspezialist und enorm erfahrener Strafverteidiger und Wirtschaftsanwalt, der bei der Firma Kobre & Kim in Miami arbeitete, wurde von Aaron eigens für meinen Prozess beigezogen. Damit er die Zeugen der Anklage in die Mangel nehmen konnte und weil er sich mit Prozessbelangen in Florida besser auskannte als die New Yorker Anwälte.

Das DoJ hatte Aaron bereits eine erste Sendung von über 3,8 Millionen (!) Seiten zukommen lassen. Darin enthalten waren unter anderem Bankkundendaten, Einvernahmeprotokolle und sämtliche Dokumente des OSB-Steuerstreits mit den USA von 2008.

»Viel Arbeit«, meinte Aaron und bat uns, eine Liste mit circa zwei Dutzend potenziellen Zeugen zu erstellen, die für mich aussagen könnten.

Am späteren Nachmittag nahmen Aaron, Kim und ich ein Taxi zum John-F.-Kennedy-Flughafen. Wir bestiegen eine American-Airlines-Maschine nach Fort Lauderdale, wo wir am kommenden Tag zur Anklageverlesung vor Gericht erscheinen mussten. Nach einem ereignislosen Flug führten mich Kim und Aaron in das Steakhouse Steak 954 zum Abendessen aus. Ich bestellte seit langer Zeit wieder einmal ein richtiges amerikanisches Stück Rindfleisch. Mit Pommes Allumettes. Das Filet mignon zerging förmlich auf der Zunge. Einfach fantastisch! Mindestens etwas Amerikanisches schien mir noch immer zuzusagen.

Dienstag, 7. Januar 2014 Aaron chauffierte unseren Nissan-Mietwagen vom »W«-Hotel in Richtung des Gerichtsgebäudes von Fort Lauderdale. Wir entdeckten die Ansammlung von Journalisten und Kameramännern vor der rechten Treppe des Gerichts schon von weitem, weshalb Aaron am Gebäude vorbeifuhr und seinen Wagen im Parkhaus um die Ecke abstellte. So konnten wir uns über die linke Eingangstreppe unbemerkt ins Gerichtsgebäude schleichen.

Im dunkelblauen Anzug mit Krawatte, dank frischer Rasur und Crazy Donnas sauberem Haarschnitt fühlte ich mich vor Gericht um Welten besser als bei meiner Kautionsverhandlung in Fuß- und Handschellen.

Die Anklageverlesung verlief nach Plan.

Die diensthabende Richterin eröffnete die Verhandlung.

»Mister Weil, wie alt sind Sie?«

»Euer Ehren, ich wurde am 13. November 1959 geboren und bin 54 Jahre alt.«

»Danke. Herr Strafverteidiger, ich erteile Ihnen das Wort.«

»Danke, Euer Ehren. Die Anklageschrift wurde uns bereits schriftlich zugestellt. Sie muss deshalb nicht mehr verlesen werden. Herr Weil plädiert auf unschuldig. Wir beantragen ein Geschworenengericht.«

»Herr Staatsanwalt, haben Sie irgendwelche Ergänzungen?«

»Nein, Euer Ehren.«

»Dann setzen wir die Koordinationssitzung für den Prozess mit dem diensthabenden Magistratsrichter auf den 22. Januar 2014 fest. Die Verhandlung ist geschlossen.«

Zur Enttäuschung der angereisten, insbesondere der ausländischen Journalisten dauerte die Verhandlung ganze zwei Minuten. Die Medienschar kreiste uns vor dem Gerichtsgebäude ein. Ich delegierte wie besprochen alle Fragen, inklusive jener des Reporters des Deutschschweizer Fernsehens, an Aaron.

Auch er machte es kurz: »Besten Dank, meine Damen und Herren, dass Sie sich die Zeit genommen haben, hierherzukommen. Das Wichtigste sage ich Ihnen an dieser Stelle gern: Herr Weil plädiert auf nicht schuldig.«

»Mister Marcu, stehen Sie bereits in Verhandlungen mit der Regierung?«

»Kein Kommentar.«

»Mister Marcu, steht Herr Weil in New Jersey unter Hausarrest?«

»Kein Kommentar. Besten Dank für Ihr Erscheinen. Auf Wiedersehen!«

Die Kameramänner stolperten rückwärts eilend vor uns her und filmten mich auf dem Weg ins Parkhaus. Auf Aarons Anweisung behielt ich meine Lesebrille auf und versuchte, freundlich, auf keinen Fall aber besorgt in die Kamera zu blicken. Nach der ereignislosen Verhandlung ohne brauchbares Material saugten sich die Journalisten ihre Story dann halt aus den Fingern. Sie setzten das Gerücht in die Welt, dass ich meine zwei ehemaligen Vorgesetzten ans Messer liefern würde, um meinen eigenen Kopf aus der Schlinge zu ziehen, was jeglicher Grundlage entbehrte, aber selbst von der auflagestärksten Zürcher Tageszeitung freudig kolportiert wurde. Und als Sahnehäubchen ergänzten einige der Medien ihre Berichterstattung mit dem furchterregenden Polizeifoto, das am 13. Dezember 2013 im Broward County Jail von mir gemacht worden war.

Beim Check-in für den Rückflug nach New York verbrachte ich viel Zeit bei den »Freunden« der Sicherheitskontrolle, wo ich nach einem Ausweis gefragt wurde. Noch immer ohne Reisepass, wies ich mich mit meiner Schweizer Identitätskarte aus. Was natürlich nicht genügte. Und so wurde ich erst nach Aarons Intervention, einer Durchleuchtung, einer intensiven Leibesvisitation, gründlicher Gepäckdurchsuchung und bestimmt zwanzig Abzügen mit dem schmalen Teststreifen zur Sprengstofferkennung zum Gate durchgewinkt.

Donnerstag, 9. Januar 2014 Susanne verkündete mir bei unserem »Frühstückstermin« via Skype, dass meine Rechtsschutzversicherung schriftlich bestätigt hatte, meine US-Anwaltskosten, nicht aber die Kosten in Italien zu übernehmen. Das Ganze war allerdings an eine Bedingung geknüpft: Sollte der Worst Case eintreten und ich den Prozess verlieren, müsste ich die Kosten zurückerstatten. Zum ersten Mal in meinem Leben schoss mir die bedrückende Vorstellung eines Privatkonkurses durch den Kopf.

Nachdem Susanne und ich uns aus Skype ausgeloggt hatten, informierte ich Brenda und John über die Entwicklung an der Versicherungsfront. Die beiden schüttelten die Köpfe und meinten, ich solle mir keine Sorgen machen, es werde sich letztlich alles zum Besten fügen. Positive thinking!

Das passte. Die beiden sind Frohnaturen – kein Wunder, war ihr Haus Treffpunkt und Kaffeebar der gesamten Nachbarschaft. Ich lernte in kürzester Zeit halb Sparta kennen. Um die Presse fernzuhalten, beschwor Brenda all ihre Freundinnen und Freunde nachdrücklich, dass mein Aufenthaltsort geheim bleiben müsse. Zu meinem Erstaunen ist es keinem Journalisten je gelungen, meine Adresse ausfindig zu machen.

Dienstag, 14. Januar 2014 Ich stand um 5 Uhr 45 auf und reiste per Bus nach New York City. Am Busterminal Port Authority stieg ich aus und genoss den rund 35-minütigen Marsch durch das Theaterdistrict über den Times Square und durch die mir bestens vertrauten Straßen bis an die Lexington Avenue 601 zu Freshfields.

Unser größtes Problem war im Moment die Datenanalyse der DoJ-Dokumente. Wir mussten die inzwischen durch mehrere DoJ-Sendungen auf sage und schreibe 4 500 000 – in Worten: vier Millionen und fünfhunderttausend – Seiten angewachsene Datenflut sichten! Aaron war klar, dass wir dieses Volumen nicht allein mit dem eigenen Anwaltsteam bewerkstelligen konnten, und engagierte eine Firma, die sich professionell mit Datenanalysen beschäftigte. Als ich John und Brenda später von den 4,5 Millionen

Seiten erzählte, rechnete John aus, dass sie als Papierstapel das Empire State Building, mit seinen 381 Metern Höhe, überragen würden.

Das DoJ kam zwar mit dieser kaum zu verarbeitenden Datenschwemme ihrer Beweis-Offenlegungspflicht nach, ich wurde aber das Gefühl nie los, dass mich die Anklage mit der Papierflut vor allem zermürben wollte. Für meinen Fall waren nur ungefähr drei- bis fünfhundert Seiten relevant – diese herauszufiltern, kam faktisch einer Verurteilung zu zehn bis zwölf Monaten Hausarrest gleich. Aaron stellte mir ein kleines Büro in den Räumlichkeiten von Freshfields zur Verfügung und übergab mir einen ersten Stapel vorselektierter Dokumente, damit ich beim Finden der Nadeln im Heuhaufen helfen konnte.

Am Abend war ich völlig erledigt. Die Hin- und Rückreise hatten mich volle viereinhalb Stunden gekostet, und das endlose Durchforsten unzähliger Seiten mit trockenen, juristischen Abhandlungen forderte seinen Tribut. Ich beschloss, nur an drei Tagen pro Woche nach New York in mein Büro bei Freshfields zu reisen und die restlichen Tage in Sparta zu arbeiten. Ich musste mit meinen angeschlagenen Kräften, die auch meine Konzentrationsfähigkeit einschränkten, haushälterisch umgehen.

Mittwoch, 22. Januar 2014 Am Gericht in Fort Lauderdale fand die Koordinationssitzung meines Prozesses ohne mich statt. David, mein lokaler Anwalt aus Miami, und mein New Yorker Verteidigungsteam vertraten mich. Der Staatsanwalt ließ sich ebenfalls vertreten. Der diensthabende Richter bat Staatsanwaltschaft und Verteidigung, dem für den eigentlichen Prozess zuständigen Richter James I. Cohn einen Termin für den Prozessbeginn vorzuschlagen.

Am nächsten Tag erschien in der Schweizer Boulevardzeitung »Blick« ein weiteres Mal mein unvorteilhaftes Polizeifoto. Auf Susannes Drängen hin nahm Aarons Assistentin, Daniela, eine ehemalige Journalistin aus Köln, neue Fotos von mir auf. Die Wolkenkratzer im Hintergrund ließen die Bilder jedoch viel zu geschäftlich und gestellt aussehen. Aaron war mit dem Resultat nicht zufrieden und wollte ein Foto in privater Atmosphäre, im Jackett zwar, aber ohne Krawatte. Schließlich setzte ich mich einfach auf ein Sofa in einem der Besprechungszimmer der Anwaltskanzlei, lächelte – und das Foto war im Kasten.

Die Ausbeute meiner Anwälte, die inzwischen die potenziellen Zeugen angefragt hatten, von denen wir hofften, dass sie vor Gericht für mich aussagen würden, war zu Beginn nicht sehr ermutigend. Einige meiner besten Zeugen sollten ehemalige Bankmitarbeiter sein, die selber in den US-Steuerstreit involviert gewesen waren und von der OSB bereits 2008 US-Anwaltsschutz erhalten hatten. Doch deren persönliche Anwälte rieten ihnen davon ab, sich zu exponieren.

Eigentlich war die sechsjährige Verjährungsfrist abgelaufen, aber es stimmte schon, es bestand immer noch ein geringes juristisches Restrisiko; vor allem für Personen, die nicht in den USA wohnten. Ich musste konsterniert feststellen, dass Empathie und kameradschaftliche Unterstützung eine Sache sind, den eigenen Ruf zu gefährden, jedoch eine ganz andere.

Freitag, 24. Januar 2014 Die Tage vergingen im Flug. John und ich strichen die Holzbalken im Wohnzimmer, und ich führte ihn in die Geheimnisse des Käsefondue-Kochens ein. John lernte schnell und rührte mit einem Holzlöffel unermüdlich eine liegende Acht in den schmelzenden Käse. Das Prozedere erfordere wirklich höchste Konzentration, meinte er augenzwinkernd.

Meine Konzentrationsfähigkeit kehrte langsam wieder zurück. Das Lesen der Dokumentenflut des DoJ war ein gutes mentales Training. Als Erstes begann ich die Anklageschrift zu zerpflücken, meine Anklagepunkte in Fragen umzuwandeln, diese thematisch einzuordnen und sie mir dann probehalber selber zu beantworten. Der Fragenkatalog sollte meinen Anwälten dabei helfen, einen Überblick über meinen Wissensstand zu erlangen.

Montags, mittwochs und freitags pendelte ich jeweils zu Freshfields nach Manhattan. Um 6 Uhr 15 fuhr ich mit Johns klapprigem Saturn in Richtung Sparta-Busstation. Nach einer Meile war die Reichweite meines Haussenders erreicht, und die Fessel stellte auf GPS-Satellitenempfang um. In diesem Moment ging jedes Mal ein sechzig Sekunden dauernder, giftiger Piepton los, der dafür sorgte, dass ich endgültig wach war. Ich parkte nahe der Station, wartete auf den Bus der »Lakeland Line«, stieg ein und döste noch ein bisschen vor mich hin. Die Busfahrt zum Busterminal Port Authority konnte – je nach Verkehr – zwischen neunzig Minuten und zweieinhalb Stunden dauern. In New York bevorzugte ich, zu Fuß durch die Straßenschluchten zu marschieren. Ich war zwar dazu verpflichtet, auf direktem Weg ins Büro von Freshfields zu gelangen, doch dank dem Schachbrettmuster der Straßen in Midtown Manhattan konnte ich mir – ohne die Vorschriften zu verletzen – aus zwölf Straßen nordwärts und acht Avenues westwärts aussuchen, wo ich während der nötigen 35 Minuten langging. Mein Lieblingsweg führte am Rockefeller Center vorbei; dort wurden in einer Seitenstraße die morgendlichen Fernsehshows aufgenommen. Ich beobachtete die Touristen in den umliegenden Cafés und freute mich auf den Tag, an dem auch ich wieder ganz frei sein würde und mich in ein Restaurant, eine Bar, ein Café setzen konnte, wann und wo immer ich wollte. Bloß, wann würde das sein? In ein paar Monaten? Oder schlimmstenfalls ein paar Jahren?

Auf meinem Rückweg abends war die Verlockung jeweils groß, einen Ausflug ins Museum of Modern Art zu machen oder mir in der »Sixty-Five«-Bar einen Cosmopolitan zu gönnen. Und beim Anblick der knochengereiften Riesensteaks im Schaufenster des Gallaghers Steakhouse lief mir regelmäßig das Wasser im Mund zusammen. Zu gern hätte ich auch einen Abstecher nach Chinatown gemacht, um im »Dim Sum Go Go« Dumplings zu verdrücken. Oder einen Besuch in meinem Lieblingsjazzklub »Smalls« im Village. Aber ich verbat mir jeglichen Ausrutscher und hatte schon beim Kauf von Empanadas an einem Straßenstand des Times Square Befürchtungen, dass bei meinen Überwachern der Alarm losgehen könnte.

Mittwoch, 5. Februar 2014   Mein Anwaltsteam reichte nach harten Verhandlungen mit dem DoJ – wir hofften immer noch auf einen Deal, der uns den Prozess ersparen würde – beim Gericht in Fort Lauderdale den Antrag für den Prozessbeginn ein. Zusätzlich beantragten sie den Termin, an dem unsere Prozessanträge abgeliefert werden mussten. Richter Cohn setzte den Termin für die Prozessanträge auf den 22. Juli fest. Und den Prozessbeginn auf den 14. Oktober 2014.

Bis zum 22. Juli 2014 mussten wir also erstens unsere Zeugen namentlich bestimmt haben und uns zweitens darüber klar werden, ob wir, was wir eigentlich vorhatten, wirklich versuchen sollten, eine Ablehnung meiner Anklage wegen »Fehlverhalten der Staatsanwaltschaft« zu beantragen. Die Liste mit den Verfehlungen des DoJ war lang und beinhaltete unter anderem die Nichtgewährung meiner Einvernahme, die unzumutbare Datenflut, mit der wir vom DoJ förmlich zugeschüttet wurden, und die unverhältnismäßig harten Bedingungen des Hausarrestes. Eine derartige Kampfansage war für mich aber sehr riskant. Sollte es uns im schlimmsten

Fall nämlich nicht gelingen, den »Bären endgültig zu erlegen«, wäre jener »Deal mit dem DoJ«, auf den wir nach wie vor hofften, unweigerlich ausgeschlossen, und das würde dazu führen, dass mein Fall tatsächlich vor Gericht ausgefochten werden müsste.

Aaron platzierte mein neues Foto bei der Nachrichtenagentur Reuters. Der Erfolg ließ nicht lange auf sich warten, das »Wall Street Journal« setzte bereits zwei Tage später mein »Kaminfeuer-Bild« ein.

Jetzt deckten mich meine Anwälte mit Material der FINMA, der SEC sowie den Resultaten der Untersuchung ein, die SAUL für den Verwaltungsrat der OSB im Jahr 2008 durchgeführt hatte. Ich studierte jedes Detail und merkte bald, dass ich den Überblick verlor. Um besser klarzukommen, entwickelte ich auf meinem PC eine »case map«, druckte die einzelnen Blätter aus, kodierte sie farbig und klebte sie zu einer zwei auf einen Meter großen Übersichtskarte meines Falles zusammen. So konnte ich die relevanten Dokumente thematisch und zeitlich in ihren Kontext einordnen. Die wochenlange Sisyphusarbeit wurde bald zur Routine und verschaffte mir einen guten Überblick, der mir Sicherheit verlieh.

Donnerstag, 13. Februar 2014 Es fielen dicke Flocken, und nur schon bis zum Mittag hatten sich dreißig Zentimeter Neuschnee angesammelt. New York und seine Umgebung versanken im Schnee. Hinzu kam ein Wind von dreißig bis vierzig Meilen in der Stunde. Bissig. Ich schaufelte rund ums Haus, was das Zeug hielt und bis sich an meinen Händen Blasen bildeten. Auf dem malerischen Lake Mohawk hatte sich in diesem schlimmsten New Yorker Winter seit langem eine dicke Eisschicht gebildet. Die Sportsegler glitten in ihren Kufenbooten in Windeseile über die in der Wintersonne glitzernde Eisfläche. Leider war es mir nicht vergönnt, an den See zu spazieren. Also trat ich im Garten des Hauses eine 120 Meter lange Piste in den Schnee, auf der ich mit Johns Langlaufstöcken und seinen Schneeschuhen im Kreis herum rennen konnte. Da ich an mein Limit ging, schnaubte und keuchte ich, und prompt bekam Brenda von einer ihrer Nachbarinnen einen aufgeregten Anruf.

»Brenda, ich glaube, da zieht wieder mal ein Schwarzbär um unsere Häuser!«

Auch im Ski Alpin übte ich mich. Den Fuß mit der Fessel musste ich mit Mühe und Not in Johns offenen Schnallenskischuh quetschen, bevor ich in seine Skier steigen konnte. Doch dann »schoss« ich die dreißig Meter lange Piste von der Bergstation – Briefkasten von Brenda und John – bis zur Talstation – Gartenzaun des Nachbarn – runter. Brenda verewigte das Ganze auf Video.

Trotz meiner »Beschäftigungstherapie«: Langsam, aber sicher bekam ich den Hüttenkoller. Die Tage vergingen, die Wochen zogen ins Land, wir bereiteten uns vor, verbrachten Stunden mit Aktenstudium, sprachen uns ab. Susanne besuchte mich, wann immer sie konnte. Das waren die Zeiten, in denen sich mein Leben normalisierte und ich mich zu erholen versuchte.

Freitag, 21. Februar 2014 Susanne hatte mich für vier Tage besucht und flog nun zurück. Nachdem sie das Haus verlassen hatte, sank meine Gemütslage auf unter null. Brenda spürte mein »Down«, sorgte für etwas Abwechslung und organisierte ein sogenanntes »early bird potluck dinner«, ein frühes Nachtessen, zu dem jeder Gast ein Gericht mitbringt. Die ersten Gäste tauchten bereits um 16 Uhr 30 auf. Brenda und John machten zu dieser Zeit zwar noch immer ihr Mittagsschläfchen – aber das schien niemanden zu stö-

ren. Im Gegenteil, die Freunde luden ihren mitgebrachten Lamm-
braten, den Kartoffelgratin, die Spargeln und das Dessert auf der
Küchentheke ab und entkorkten erst mal zwei Flaschen Char-
donnay – den mit dem aufdringlichen Eichengeschmack. Der
Wein stammte aus dem Kühlschrank der schlafenden Gastgeber,
und auf diese stieß das unkomplizierte Grüppchen nun auch an.

Es wurde ein schöner Abend, wir lachten viel, und ich lernte
»unsere Nachbarn« besser kennen. Da war Jorge, ursprünglich ein
Argentinier, der als vierzehnjähriger Schreinerlehrling aus Barilo-
che nach New Jersey gekommen und mit neunzehn als Kundschaf-
ter hinter den feindlichen Linien mit dem US-Marine-Corps nach
Vietnam geschickt worden war. Inzwischen war der traumatisier-
te Rambo aber längst zum Pazifismus konvertiert. Seine Frau Ka-
thy, ein sechzigjähriges Blumenkind, meinte, er zähme mittlerweile Hausfliegen und rette im Garten Schnecken. Da waren der
Städteplaner Gene und seine Frau Patty; sie erzählten von ihrem
Sohn und ihrer Tochter, die beide erfolgreich im Filmgeschäft in
Hollywood arbeiteten. Und da war Jim, ein College-Professor, der
früher im Nebenamt Bürgermeister von Sparta gewesen war. Nach
dem dritten doppelten Bourbon auf Eis beichtete er mir, dass er
früher als Marineinfanterist im ganz rechten Lager gewesen und
nun – »in der Milde des Alters« – zur republikanischen Mitte ge-
rückt sei. Bereits um 20 Uhr 30 war die fröhliche Runde beendet.
Die Gäste halfen beim Geschirrabräumen und jeder nahm eine
Platte mit Essensresten mit nach Hause. Amerikanisches »easy
going«! Es ging mir besser.

Freitag, 21. März 2014 Frühlingsanfang. Mein Hüttenkoller wurde
nicht weniger. Aaron beantragte eine Erleichterung meiner Haus-
arrestbedingungen. Laut ihm sollten wir dabei sogar die Unterstützung des Staatsanwaltes erhalten. Ich sollte »Ausgang« in New

Jersey und dem südlichen New Yorker Distrikt erhalten und mich in diesen Bezirken von 6 bis 20 Uhr frei bewegen, also auch in ein Café oder Restaurant, ins Kino oder für eine Nachmittagsvorstellung an den Broadway gehen können. Aber nach den drei Negativentscheiden in Bologna wollte ich in Sachen Hausarrest erst an eine Erleichterung glauben, wenn diese wirklich abgesegnet worden war.

Ende März besuchte mich Felix, mein Partner und Nachfolger als Geschäftsführer bei River Private. Wir hatten ein herzliches Wiedersehen. Er trug nach einem Skiunfall eine Halsstützkrause.

»Wie du weißt, haben wir ein Problem mit gewissen Depotbanken«, begann Felix. »Ich habe dir eines der Kündigungsschreiben ja bereits gemailt. Raoul, du weißt, dass wir für deine Beteiligung an der Firma eine Lösung finden müssen, sonst werden wir von der einen oder anderen Depotbank wohl rausgeschmissen.«

Ich schlug vor, nichts zu überhasten.

»Abwarten und Tee trinken scheint mir die attraktivste Alternative. Banken wechseln das Management ja heutzutage wie andere Leute die Unterhosen.«

Dienstag, 15. April 2014 Silvio Berlusconi wurde in letzter Instanz wegen Steuerbetrugs zu vier Jahren Haft verurteilt. Aufgrund der Amnestie, die 2006 in Italien beschlossen worden war, wurden ihm drei Jahre Gefängnis erlassen, und jetzt sollte er nur noch eine einjährige Sozialarbeitsstrafe in einem Altersheim verbüßen. Meine Knastbrüder konnten das vermutlich nicht nachvollziehen. Ich auch nicht. Aber damit waren wir sicher nicht die Einzigen.

Der Missstand der heillos überfüllten italienischen Gefängnisse lässt sich andererseits wohl nur durch weitere großzügige Amnestien bekämpfen. Ich hoffe, dass Darius, Francesco und Filippo davon profitieren werden.

Freitag, 25. April 2014 Der nächste Tiefschlag. Die Staatsanwaltschaft war mit einer Hausarresterleichterung nun doch nicht einverstanden. Nach zähen Verhandlungen erhielt ich dann wenigstens dreimal die Woche für zwei Stunden »freien Ausgang«. Ich war mir sicher, die Staatsanwaltschaft hatte nicht Angst, dass ich fliehen würde, es ging ihr bei ihrem Rückzieher lediglich darum, meinen Willen zu brechen und mich in einen schlechten Vergleich zu drängen. Wenigstens konnte ich nun wieder richtig mit Joggen beginnen, die Runden im Garten bei schönstem Frühlingswetter hatten mich immer kribbeliger gemacht. Dienstags, donnerstags und samstags durfte ich meinen Hausarrest nun zwischen 17.30 und 19.30 Uhr verlassen und in dieser Zeit auch in ein Restaurant gehen. So konnte ich mich nach der Laufrunde im »St. Moritz Grill & Bar« jeweils bei einem eiskalten Lager abkühlen. Ich steckte den Schlag weg – so einfach würde ich mich nicht weichkochen lassen.

Montag, 5. Mai 2014 Kim besuchte mich im Büro und klärte mich auf, dass der Staatsanwalt beantragt hatte, dass sämtliche der viereinhalb Millionen Seiten, die wir vom DoJ bekommen hatten, gerichtlich geschützt werden sollten, sodass wir die Dokumente nicht veröffentlichen und schon gar nicht für eine allfällige Gegenklage verwenden konnten. Das waren schlechte Nachrichten, denn Teil unserer ursprünglichen Verteidigungsstrategie war gewesen, einige Schweizer Zeugen der Anklage wegen Bankgeheimnisverletzung und nachrichtendienstlicher Unterstützung eines fremden Staates in der Schweiz anzuzeigen und gegenüber den Geschworenen zu diskreditieren.

Und jetzt erhielten wir den absolut entmutigenden Bescheid, dass Richter Cohn – *vor* Ablauf unserer Eingabefrist – bereits dem Antrag der Staatsanwaltschaft zugestimmt hatte, dass die Dokumente des DoJ nicht weiterverwendet werden durften. Ich war äußerst besorgt, dass der Richter seine Unabhängigkeit nicht wahren könnte. Kim erklärte mir, dass wir einige Dokumente als »Anhang zu unseren Anträgen« trotzdem durch die Hintertür veröffentlichen könnten. Aaron fand diesen Ansatz »grenzwertig« und beschloss, den Assistenten des Richters direkt anzufragen. Es stellte sich dabei heraus, dass diesem ein formaler Fehler unterlaufen war. Richter Cohn zog seinen Entscheid anstandslos zurück und erlaubte uns, unseren Gegenantrag einzureichen. Ich fühlte mich erleichtert, vor allem auch, weil ich keinerlei böse Absicht erkennen konnte – wo gehobelt wird, fallen Späne.

Aaron und Kim verhandelten in einer Konferenzschaltung mit Randy Levis, einem der externen, amerikanischen SAUL-Anwälte meines ehemaligen Arbeitgebers. Wir erhofften uns von ihnen den Zugang zu relevanten bankinternen Dokumenten und zu aktuellen Mitarbeitern, die uns als zusätzliche Zeugen unterstützen könnten.

»Aaron«, meinte Randy, »du weißt, die Mitarbeiter müssen ihre persönliche Zustimmung selber erteilen. Ich muss dich darauf aufmerksam machen, dass wir die Namen der Zeugen, sollte sich überhaupt jemand melden, sofort der Regierung weiterleiten werden.«

»Wie sieht es mit zusätzlichen Dokumenten aus? Wir bräuchten den matchentscheidenden letzten Audit-Bericht.«

»Der müsste seit Jahren bei den Regierungsdokumenten sein.«

»Ist er aber nicht!«

»Das erstaunt mich«, meinte Randy. »Ich suche ihn, aber vergiss nicht, dass wir verpflichtet sind, jedes Dokument, das wir für euch aufbereiten, gleichzeitig auch dem Department of Justice auszuhändigen.«

»Das erschwert es uns, unsere Verteidigungsstrategie geheim zu halten. Wir spielen sozusagen Bridge mit offenen Karten.«

»Bis zu einem gewissen Grad stimme ich dir zu, Aaron. Auf der anderen Seite demonstriert ihr gegenüber dem Department of Justice den klaren Willen, den Prozess optimal vorzubereiten und durchzuziehen.«

Nachdem sich Aaron von Randy Levis verabschiedet hatte, redeten wir noch über Scott, den freundlichen Special Agent aus Fort Lauderdale und Mustang-Fahrer. Wir waren überzeugt davon, dass er eifrig Material über alle unsere Zeugen sammelte sowie alle nur erdenklichen Hintergrundabklärungen vornahm. Und er hatte ganz bestimmt auch meine Einreiseformulare und meine Hotelbuchungen in Amerika seit 2002 durchforstet.

Montag, 12. Mai 2014 Ich erhielt Besuch von Ed, dem Spaßvogel, der mir in der Galera die One-Million-Dollar-Spielgeldnote zugeschickt hatte. Er und seine Frau Jackie aus North Carolina wollten mich mit Eds Mietauto nach Manhattan zu Freshfields fahren.

Bei stärkstem Montagmorgenverkehr verfuhren wir uns bereits in Newark, und aus einer einstündigen Fahrt wurde eine dreistündige. Ich verspürte mittlerweile mächtigen Blasendruck und war nahe daran, bei stehender Kolonne den Pannenstreifen zu fluten. Kurz vor dem Lincoln Tunnel fanden wir die erlösende Autobahnausfahrt nach Weehawken doch noch. An einer Straße mit dem passenden Namen Pleasant Avenue (angenehme Straße) verschaffte ich mir in einem Vorgarten die ersehnte Erleichterung. In einem Restaurant die Toilette aufzusuchen, wäre mir wegen meiner Hausarrestauflagen gar nicht erlaubt gewesen. Hätte mich die Polizei bei der Lösung meines in diesem Moment gerade größten Problems erwischt – nicht auszumalen, was für Schwierigkeiten die Pretrial Services Division mir gemacht hätte.

Dienstag, 20. Mai 2014 Die Credit Suisse (CS) bekannte sich in einem »Deferred Prosecution Agreement« der kriminellen Beihilfe zur Steuerhinterziehung für schuldig und bezahlte den US-Behörden, zulasten der Aktionäre, eine Geldstrafe von 2,8 Milliarden Dollar. Während der mehrjährigen Verhandlungen wurden sieben aktive, aber auch ehemalige Mitarbeiter angeklagt. Der stellvertretende US-Justizminister machte für diese Rekordbuße in Steuerbelangen das wenig kooperative Verhalten der Bank verantwortlich. Gemäß dem Bericht des US-Senats wurden Stiftungen, Trusts und Offshore-Gesellschaften »als Mittel zur Steueroptimierung« vermarktet.

Nur zwei Tage nach dem Schuldspruch gab die CS bereits wieder ein- bis fünfjährige Obligationsanleihen – mit minimalem Risikoaufschlag – im Wert von fünf Milliarden Dollar heraus. Ein wahrer Paradigmenwechsel! Ein Schuldspruch musste nicht mehr automatisch im Bankrott enden, wie das damals, 2002, bei der Revisionsfirma Arthur Andersen noch der Fall war. Unternehmen können – weil deren Existenz trotz Schuldspruch nun nicht mehr zwingend bedroht ist – in Zukunft das Risiko eingehen, strafrechtliche Anschuldigungen auf dem Rechtsweg auszufechten. Ein großer Schritt in Richtung gerechterer Realität.

Eric Holder, damaliger US-Justizminister, prägte in einer Videoansprache Ende April 2014 den Satz: »Nobody is too big to jail!« – »Niemand ist zu mächtig, um sich dem Gefängnis zu entziehen!« Umgekehrt scheint die amerikanische Justiz mächtig genug, auch Unschuldige hinter Gitter zu bringen.

Nun begannen meine Anwälte mit den langwierigen Grabenkriegen, die einer Gerichtsverhandlung vorausgehen. Mit sogenannten »motions«, Gerichtsanträgen, versuchten sie in den verbleibenden fünf Monaten bis zur Verhandlung, relevante Dokumente und Zeugen bei Gericht zugelassen zu bekommen. Dasselbe tat die Anklage selbstverständlich auch. Die Grabenkriege bezogen sich nun darauf, dass jede Seite versuchte, dass die andere möglichst viele Zeugen und relevante Dokumente eben *nicht* zugelassen bekam. Die »filings«, die Akteneingaben, waren dabei jederzeit öffentlich zugänglich und konnten beim Gericht in Fort Lauderdale online abgerufen werden. Und prompt erschien ein Artikel in der Schweizer »Handelszeitung«, der meine Motion auf erweiterten Hausarrest thematisierte.

Im Zuge dieser Vorbereitungen übergab uns das DoJ eine ellenlange Liste meiner sogenannten Co-Verschwörer: 65 ehemalige Bankmitarbeiter und 17 000 namentlich nicht genannte Kunden, die als »Mittäter« bezeichnet wurden. Dadurch, dass das DoJ die stattliche Zahl von 65 ehemaligen Mitarbeitern auf die »Verschwörerliste« gesetzt hatte, konnte es deren »freies Geleit« in die USA sowie deren Immunisierung, falls wir sie als Zeugen aufrufen würden, einfacher verweigern und gegenüber dem Richter begründen.

Für uns waren deshalb insbesondere jene potenziellen Zeugen interessant, die *nicht* Teil jener Verschwörerliste waren, weil ihnen kein Risiko drohte, verhaftet zu werden, und sie deshalb eher bereit sein würden, für mich auszusagen. Selbstverständlich hatten wir nicht das geringste Interesse daran, die Namen dieser für uns viel wertvolleren Zeugen auch nur eine Sekunde früher als gerichtlich verlangt offenzulegen.

Während der langwierigen Prozessvorbereitungen entstand schon bald ein regelrechter Schlagabtausch um das sogenannte »Brady and Giglio«-Material. Es handelte sich dabei einerseits um Beweismaterial, das mich entlastete, und andererseits um Beweismaterial, das die Zeugen der Anklage belastete und diskreditierte. Die Staatsanwaltschaft ist gesetzlich dazu verpflichtet, der Verteidigung derartiges Beweismaterial auszuhändigen. Ziel meiner Anwälte war es aber nicht nur, das Beweismaterial zu erhalten, sondern das DoJ zusätzlich zur schriftlichen Aussage zu zwingen, dass es kein solches Material zurückhielt und verheimlichte. Die Anklage bestätigte zwar, dass ihr keinerlei Entlastungsmaterial bekannt war, tat dies allerdings nur mündlich. Immerhin war das, sollte doch entsprechendes Material auftauchen, für uns ein guter Ansatzpunkt, um dem DoJ im Kreuzverhör »Verletzung von Treu und Glauben« vorwerfen zu können. Falls es zum Schlimmsten kommen sollte, so wäre das eine gute Ausgangsbasis für eine spätere Berufung.

Kurz auf diesen Schlagabtausch folgte ein Hickhack um die Absegnung zweier weiterer Anträge, die wir eingegeben hatten. Dabei ging es um die Zulassung des FINMA-Berichtes, in dem ich – ganz im Gegensatz zu Dieter Dunkel – durchs Band entlastet worden war. Zwei Fragen standen für uns in Bezug auf die Zulassung dieses Berichtes zur Debatte: Würde das Gericht ihn als ein unmittelbares, öffentlich zugängliches Dokument, das relevant und aussagekräftig ist, ansehen oder bloß als »hearsay«, das heißt, als mittelbare und deshalb nicht relevante Information, einstufen?

Im zweiten Antrag wollten wir die Zulassung des »Non-Prosecution Agreement« (NPA) vor Gericht erreichen, also des Nicht-Strafverfolgungs-Abkommens zwischen Dieter Dunkel, dem Hauptzeugen der Anklage, und der Regierung. Denn mit der Veröffentlichung dieses Abkommens könnten wir den Deal und Kuhhandel zwischen Dieter Dunkel und dem DoJ von 2008 dokumentieren und Dunkel gegenüber den Geschworenen diskreditieren, was uns später dann auch gelang. Es galt, abzuwarten, ob die Medien, die am Fall dran waren, Lunte rochen und die relevanten Dokumente aus dem Berg der Gerichtsanträge herausfischen würden.

Montag, 9. Juni 2014 Kim rief mich ins Sitzungszimmer.

»Raoul, ich muss dir etwas mitteilen.«

Ich bekam sofort ein mulmiges Gefühl in der Magengegend.

»Worum geht es denn?«

»Die Staatsanwaltschaft schickte uns aus heiterem Himmel das Angebot für einen ›Deal‹. Wenn du den annimmst, wird dein Anklagepunkt von ›Verschwörung zum Steuerbetrug‹ in ›Korrupte Bemühung, die Steuerbehörde IRS bei der Eintreibung der Steuereinnahmen zu behindern‹ abgeändert.«

»Dann würde also ein dubioser Anklagepunkt durch einen noch dubioseren ersetzt? Kim, ich sag dir, die blinzeln, die werden nervös! Was wäre denn die Höchststrafe für diese geänderte Anklage?«

»Hmm, es handelt sich dabei immer noch um ein kriminelles Vergehen, allerdings eines mit einer maximalen Gefängnisstrafe von drei Jahren und einer Buße zwischen 17 500 und 175 000 Dollar.«

»Und damit wollen sie mich ködern? Das ist absolut inakzeptabel. Aber wenigstens scheint sich das Department of Justice nun in die richtige Richtung zu bewegen. Könntet ihr das Strafmaß für diese neue Anklage weiter nach unten drücken?«

»Schwierig.« Kim schüttelte den Kopf.

»Ich müsste mich also schuldig bekennen?«

»Ja, im Deal wird eine Schuldanerkennung verlangt.«

»Kommt nicht infrage. Trotzdem: Wann ist der letzte mögliche Termin, auf so einen Deal einzugehen?«

»Theoretisch ist ein Deal selbst noch während der Gerichtsverhandlung möglich. Es ist aber normalerweise einfacher, wenn das Department of Justice noch nicht viel Aufwand für die Prozessvorbereitung betrieben hat. Sobald sie sich voll engagiert haben, werden sie unnachgiebiger. Dann werden sie den Fall mit allen verfügbaren Regierungsmitteln – und diese sind unerschöpflich – bis zum bitteren Ende ausfechten.«

»Ich bleibe dabei: inakzeptabel. Das kann keine Lösung für mich sein, auch weil ich, wenn ich auf diesen Deal eingehen würde, meinen Beruf als Banker an den Nagel hängen könnte. Thanks, but no thanks!«

Uns stand eine anstrengende Woche bevor. Meine Anwälte deckten die Ankläger mit einem weiteren Sperrfeuer an Anträgen ein. Der gewichtigste betraf die Herausgabe der Protokolle der Zeugeneinvernahmen. Nach amerikanischem Recht muss sich die Anklage in komplexen Fällen auf zentrale Aspekte in der Beweisführung konzentrieren. Die Datenschwemme, die endlose Liste von Mitverschwörern und die bisherige Weigerung, uns die Zeugenaussagen auszuhändigen, deuteten auf eine bewusste Behinderungsstrategie des DoJ hin. Unsere Motion war denn auch in einem entsprechend unmissverständlichen und aggressiven Ton verfasst und stoppte nur kurz vor dem Vorwurf eines »standeswidrigen Verhaltens« der Staatsanwaltschaft.

Donnerstag, 26. Juni 2014 Die »Weltwoche« veröffentlichte einen Artikel mit dem Titel »US-Recht in der Schweiz«. Der Journalist, Christian Mundt, hatte offensichtlich die öffentlich zugänglichen Gerichtsakten analysiert. Demnach wurde mein ehemaliger Kollege Dieter Dunkel 2008 in seinem Deal mit dem DoJ von US-Staatsanwalt James Rowling dazu gedrängt, zwei Schweizer Offizialdelikte zu begehen. So soll Rowling von Dunkel mit der Herausgabe von Kundendaten erstens eine »Verletzung des Bankgeheimnisses« und zweitens eine Verletzung des Artikels 271 des Schweizerischen Strafgesetzbuches über »Verbotene Handlungen für einen fremden Staat« verlangt haben.

Beide Vergehen werden in der Schweiz mit Freiheitsentzug und/ oder einer Geldstrafe bestraft und verschließen sämtliche Türen zu der Fortsetzung einer Bankenkarriere. Christian Mundt stellte in seinem Artikel zu Recht die Frage, weshalb die Schweizer Bundesanwaltschaft diesen amerikanischen Fremdeingriff auf Schweizer Territorium tolerierte und weshalb die Schweiz gegen Dieter Dunkel keine Strafuntersuchung einleitete.

Das DoJ setzte zu Abklärungen in meiner Sache weiterhin ihren Spezialagenten Scott, den Mustang-Fahrer, ein. Im Gegenzug beauftragten wir eine Privatdetektei, Hintergrundabklärungen zu den Zeugen der Anklage zu sammeln. Das Ganze hatte für mich den Beigeschmack des Films »Der Spion, der aus der Kälte kam« – gehörte aber anscheinend zu einem publizitätsträchtigen US-Prozess.

Montag, 30. Juni 2014 Ein Glücksfund! Kim Zelnick und Aaron Marcu beriefen kurzfristig eine Sitzung ein. Kim eröffnete die Diskussion mit einem verschmitzten Gesichtsausdruck.

»Raoul, halt dich fest, wir haben Dokumente gefunden!«

»Wer hat was gefunden? Von was für Dokumenten sprichst du?«

»Dan ist die letzte Datenlieferung des Department of Justice mit 150 000 elektronischen Seiten durchgegangen und hat nach dem Namen des Hauptzeugen der Anklage gesucht: Dieter Dunkel.« Hier machte Kim eine Kunstpause und lächelte. »Und was entdeckte der wunderbare Dan? Dunkels schriftliches Einvernahmeprotokoll von 2008. Wir halten die Aussage des Kronzeugen in Händen, die uns die Regierung bisher verweigerte.«

Ich war skeptisch.

»Und wie kam es dazu?«

»Wir vermuten, dass dem Department of Justice ein Missgeschick unterlaufen ist.«

»Ist es nicht denkbar, dass sie uns eine Falle stellen wollen? Und später das Argument aufbringen, dass sie uns sämtliches ›Brady and Giglio‹-Material eben doch geliefert haben?«

»Das ging uns erst auch durch den Kopf, wir sind aber zum Schluss gekommen, dass es sich tatsächlich um einen Fehler handelt. Wir haben nämlich auch eine frühere Version des Dokumentes gefunden, mit handschriftlichen Korrekturen des Protokollführers. Wir können jetzt also die Entwicklung vom Entwurf der Aussage bis zum Enddokument nachvollziehen und interpretieren.«

»Ist das der Durchbruch?« Ich konnte es kaum glauben.

»Na, sagen wir, wir haben durch Dieter Dunkels Aussage gegen dich die Hauptangriffsargumente auf dem Tisch, und das ist ein erster Etappensieg!« Kim strahlte.

Und Aaron ergänzte: »Falls der Richter unseren Antrag auf Aushändigung des ›Brady and Giglio‹-Materials ablehnt, hätten wir diese wertvolle, schriftliche Zeugenaussage erst während des Prozesses erhalten, unter Umständen sogar erst nach Dieter Dunkels Zeugenaussage für die Anklage.«

»Müssten wir dem Richter nun nicht offenlegen, dass uns das Dokument vom Department of Justice irrtümlicherweise ausgehändigt wurde?«

»Selbstverständlich müssen wir das. Aber wir möchten die Situation unbedingt erst noch mit Matt besprechen, der kennt sich in den Prozessbelangen in Florida einfach besser aus als wir.«

Aaron händigte mir die gefundenen Dokumente aus. Beim Lesen wurde mir nicht nur übel, ich fühlte mich zum Kotzen! Unglaublich, wie Menschen in Bedrängnis die Wahrheit zurechtbiegen, um ihre eigene Haut zu retten.

Mittwoch, 2. Juli 2014 Wir hofften immer noch auf einen Deal. Matt, der aus Florida angereist war, Aaron, Kim, Dan und ich trafen uns im gestylten Sitzungszimmer von Freshfields, wo Dan uns die verschiedenen Verhandlungsvarianten für einen für mich akzeptableren Deal mit dem DoJ vorlegte. Meine Anwälte wollten meine

Schmerzgrenze ausloten: Bis zu welchem Punkt würde ich einen Straftatbestand akzeptieren, um damit den Prozess zu verhindern?

»Ich will eigentlich keinen Deal – ich habe wirklich Mühe damit, mich zu einer Straftat schuldig zu bekennen, die ich nicht begangen habe.«

Matt entgegnete: »Raoul, das verstehen wir nur zu gut, aber objektiv betrachtet, werden wir einer Jury von zwölf Geschworenen gegenübersitzen, die aus Durchschnittsamerikanern zusammengesetzt ist und die für einen reichen Banker wenig Sympathien aufbringen wird.«

»Das ist mir schon klar, aber das letzte Angebot des Department of Justice war für mich wirklich völlig inakzeptabel.«

»Das wissen wir, deshalb möchten wir Staatsanwalt Mike Weekley ein ›Deferred Prosecution Agreement‹ vorschlagen«, erklärte Aaron nun, »ein solches Vergleichsabkommen ist bei Gesellschaften üblich, kann aber auch bei Privatpersonen angewandt werden. Ich schlage vor, dass wir ihm eine beschränkte Schuldanerkennung mit Bewährungsfrist und einer zusätzlichen Vergleichszahlung von 100 000 Dollar anbieten.«

»Einverstanden, mit den 100 000 Dollar erfüllen wir mindestens einen Teil ihrer Forderung«, sagte ich nach kurzer Überlegung.

Bevor Matt wieder abreiste, wollte er mit mir ein Coke trinken gehen und sich dabei näher über die weiteren Zeugen erkundigen.

»Raoul, kannst du mir für meine Prozessvorbereitungen den Hauptzeugen des Department of Justice, Dieter Dunkel, etwas charakterisieren?«

Ich musste nicht lange überlegen.

»Einer seiner Untergebenen – ein Kundenberater – bezeichnete ihn einmal als ›Wachstumspsycho‹. Kein Wunder, denn Dunkel hatte für die Berechnung der Boni und Beförderungsvorschläge sein eigenes Leistungsbemessungssystem. So unterschied er beispielsweise nicht, wie von mir vorgegeben, zwischen Zielvorgaben für Kundenberater in reifen Märkten, etwa den USA, und dem Wachstumspotenzial in den Schwellenmärkten, sondern peitschte völlig undifferenziert alle Kundenberater zu Neugeld-Akquisitionen. In seiner Neujahrsnachricht für das Jahr 2007 lautete die Botschaft an seine Mitarbeiter denn auch: ›Wachstum ist unsere Zukunft.‹ Und dies, obwohl keiner der anderen Regionenchefs sein Berechnungssystem guthieß und ich ihn bereits Anfang Oktober 2006 aufgefordert hatte, Neugeld als Leistungsmaßstab im US-Geschäft aufzugeben.«

»Danke, das hilft mir weiter. Zu etwas ganz anderem, Raoul, hat dir Aaron schon erklärt, dass in einem US-Strafprozess der Angeklagte in den allerseltensten Fällen selber in den Zeugenstand tritt? Es besteht im US-Strafrecht überhaupt keine Pflicht dazu, und wir haben auch nicht geplant, dich aufzurufen. Nur im absoluten Notfall, wenn unsere Zeugen nicht genügend Verteidigungsargumente einbringen können, würden wir dich in den Zeugenstand bitten.«

Mit der Idee, dass ich nicht selber aussagen durfte, musste ich mich erst noch anfreunden.

Freitag, 4. Juli 2014 – 4th of July, Susanne war zu Besuch, und Brenda und John hatten uns zur Feier des Tages in den »Lake Mohawk Country Club« eingeladen. Bereits um 20 Uhr 40 mussten wir das Fest aber wieder verlassen, um ja nicht gegen meine Freizeitregelung zu verstoßen. Wir schlenderten gemütlich zum Auto zurück, stellten dort aber mit Schrecken fest, dass unser korrekt geparktes Auto durch einen Pick-up-Truck blockiert war. Panik überfiel mich. Susanne bewahrte kühles Blut, rannte die 700 Meter in den Klub zurück, um die Autoschlüssel von Brendas

Wagen zu holen. Während ich auf ihre Rückkehr wartete, verständigte ich Barbara mit einer SMS von unserem Zwischenfall. Mit vierzehnminütiger Verspätung trafen wir schließlich zu Hause ein – ich war mit dem Schrecken davongekommen.

Dienstag, 8. Juli 2014 Inzwischen war in Sparta der Sommer eingekehrt. Der Mohawk-See lud zum Baden ein. Aber Schwimmen war mit meiner GPS-Fußfessel absolut verboten. So beschränkte ich mich halt auf sportliche Betätigungen an Land. Und obwohl die Sonne vom Himmel knallte, trug ich während des Joggens lange Trainingshosen, um die spielenden Kinder und ihre miteinander plaudernden Mütter im Park nicht zu verängstigen.

Mittwoch, 9. Juli 2014 Aaron und Kim machten Fortschritte bei den Einvernahmen unserer potenziellen Verteidigungszeugen. Hingegen verliefen die Verhandlungen mit dem DoJ, ein »Deferred Prosecution Agreement« einzugehen, harzig. Deshalb wollten meine Anwälte am Freitag eine Telefonkonferenz mit dem DoJ abhalten und dabei unser Ass aus dem Ärmel schütteln: dass wir über die Aussage des Hauptzeugen gestolpert waren.

Freitag, 11. Juli 2014 Aarons Mitteilung schlug ein wie eine Bombe. Erwartungsgemäß forderte das DoJ vom Richter sofort, dass sämtliche Dokumente mit einem gerichtlichen Beschluss vor der Öffentlichkeit geschützt werden mussten. Das Hauptargument dabei war, dass Eingeständnisse der Verletzung von Schweizer Recht eine strafrechtliche Verfolgung der Zeugen der Anklage in der Schweiz auslösen könnten.

Das Resultat: Die Anklage und die Verteidigung bombardierten sich jetzt regelrecht mit Anträgen. Einige der Motionen wurden allerdings primär eingereicht, um den Richter und später die Geschworenen in den speziellen rechtlichen und steuerlichen Aspekten meines Falls »auszubilden«. Ein Beispiel dafür war die sogenannte Instruktion der Geschworenen. Dabei handelte es sich um rechtliches Hintergrundmaterial, das die Frauen und Männer, die bald über meine Schuld oder Unschuld entscheiden mussten, in ihrer Urteilsfindung unterstützen sollte. Richter Cohn lehnte solche Instruktionen in der Vergangenheit meist ab, weshalb wir uns keine allzu großen Hoffnungen auf eine Zulassung machten – obwohl er bisher immer sehr ausgewogen entschieden hatte. So vermied er es zum Beispiel geschickt, Entscheide zu fällen, die Anknüpfungspunkte für einen späteren Rekurs hätten eröffnen können.

Unser Antrag, der vom DoJ verlangte, schriftlich zu erklären, dass es uns *sämtliches* Entlastungsmaterial zur Verfügung gestellt hatte, war immer noch hängig. Mit dieser Finte wollte Aaron das DoJ festnageln, denn inzwischen wussten wir aufgrund des FINMA-Berichtes und der 2008 mit meinen »Mitverschwörern« geführten SAUL-Interviews sehr genau, welches Material uns das DoJ bislang vorenthalten hatte. Und wir wussten auch, dass es während des Prozesses mit Sicherheit an die Oberfläche gespült werden würde. Die geforderte schriftliche Erklärung hätte uns im schlimmsten Fall meiner Verurteilung eine hundertprozentige Berufungsmöglichkeit wegen Verletzung von Verfahrensgrundsätzen garantiert.

Deshalb wohl lehnte Richter Cohn es ab, dass uns das DoJ quasi eine Absolutionserklärung unterschreiben sollte. Überraschenderweise entschied er aber gleichzeitig auch zu unseren Gunsten, indem er die Anklage aufforderte, ihm mögliches Entlastungsmaterial in einer Privatsitzung zu präsentieren und ihm eine Auswahl von fünf Zeugenaussagen auszuhändigen. Nun stand es eins zu eins.

Donnerstag, 31. Juli 2014 Wie sich herausstellen sollte, hatte Richter Cohn dem DoJ nach Sichtung der fünf Zeugenaussagen eine Rüge erteilt, worauf Weekley kalte Füße zu kriegen schien. Um die angeknackste Reputation beim Richter wieder herzustellen, beschloss das DoJ, nun bezüglich des »Brady and Giglio«-Materials auf volle Transparenz zu setzen und uns in einer 180-Grad-Kehrtwende sämtliche Protokolle, Entwürfe und Handnotizen der Zeugenaussagen auszuhändigen.

Als wir diese zu Gesicht bekamen, wurde klar, dass das DoJ im Zuge meiner Anklage 2008 eine Politik der selektiven Zeugenprotokollierung praktiziert hatte. Teilweise wurden Zeugen damals nur jene Fragen gestellt, die die Anklage unterstützten, Fragen hingegen, die zu meiner Entlastung beitragen konnten, waren bewusst ausgeblendet worden.

Dank der Kehrtwende des DoJ hielten wir jetzt nach Dunkels Aussage, die wir ja bereits durch einen Übermittlungsfehler bekommen hatten, auch die zweitwichtigste Zeugenaussage von 2008 in Händen. Jene des ehemaligen Regionalleiters Nordamerikas Maurice Piccard. Wir entdeckten, dass diese für mich entlastendes und für ihn selbst belastendes Material enthielt. Das gesamte neu vom DoJ ausgehändigte Material bescherte uns zwar einen neuen Aktenberg – das DoJ hatte 2008 sage und schreibe 167 Zeugen einvernommen –, aber jetzt konnten wir die Entwicklung jeder Zeugenaussage der Gegenseite genauestens nachverfolgen und das Kreuzverhör der Verteidigung optimal vorbereiten. Ich verspürte Rückenwind, sah Silberstreifen am Horizont und wurde leicht übermütig.

»Aaron, wie sieht es eigentlich aus, wenn wir den Fall gewinnen, kann ich die US-Regierung dann auf Schadenersatz verklagen?«

»Langsam, Raoul! Zuerst müssen wir gewinnen. Aber selbst wenn wir gewinnen sollten, kannst du dir eine Schadenersatzklage abschminken. Es kommt nämlich erschwerend hinzu, dass das Department of Justice die Anklage ja durch eine Grand Jury, ein Geschworenengericht, absegnen ließ. Die winken zwar 95 Prozent aller Anklageanträge einfach durch, verunmöglichen uns aber eine Schadenersatzklage, da sich damit ein begründeter Anfangsverdacht rechtfertigen lässt. Aber lass dich davon jetzt nicht unterkriegen. Drück lieber die Daumen, ich habe bei Richter Cohn die Erweiterung deiner wöchentlichen ›Freizeit‹ von drei mal zwei auf vier mal vier Stunden beantragt.«

Aber alles Daumendrücken half nichts. Abermals verweigerte Staatsanwalt Mike Weekley seine Unterstützung in dieser Frage. Dies mit der Begründung, dass die Pretrial Services Division in Fort Lauderdale gegen eine solche Erleichterung intervenieren würde. Kim wollte sich damit aber nicht zufriedengeben und meldete sich direkt bei der Überwachungsbehörde – und es stellte sich heraus, dass der Herr Staatsanwalt ihr höchstpersönlich aufgetragen hatte, sich gegen eine Erleichterung auszusprechen. Ein weiteres Indiz dafür, dass der Anklage jede Schikane recht war, um meinen Durchhaltewillen zu brechen.

Anfang August 2014 Mein Anwaltsteam führte den ersten von zwei »mock trials« in Fort Lauderdale durch. Ein »mock trial« ist ein fiktives Gerichtsverfahren, bei dem jede Situation durchgespielt wird, mit der wir beim eigentlichen Prozess rechnen mussten. Wenn wir bis zum Prozessbeginn am 14. Oktober keinen Deal aushandeln könnten, würden die bei diesen »mock trials« gewonnenen Erkenntnisse Gold wert sein. Ich war bei den fiktiven Gerichtsverfahren bewusst nicht anwesend, das hätte mich zu sehr aufgewühlt und die »Probegeschworenen« möglicherweise beeinflusst.

Für die Vorbereitung der »mock trials« hatten wir Dr. Julie Blackman, eine Psychologin, rekrutiert. Sie arbeitete als sogenannte Geschworenenberaterin und verfügte über eine mehr als zwanzigjährige Berufserfahrung. Wir wussten, Julie war eine Spezialistin, die uns später auch bei der Auswahl der Geschworenen helfen würde, immer vorausgesetzt, wir müssten den Prozess dann auch tatsächlich durchziehen. Die Zusammensetzung der zwölf Geschworenen und der vier Ersatzkandidaten käme so zustande: Das Gericht würde vierzig bis sechzig Anwärter einberufen und diese dann mittels detaillierter Fragebögen auf ihre Eignung überprüfen. Die Einberufung als Geschworener gilt in den Vereinigten Staaten als zweitwichtigste Bürgerpflicht nach dem Aufgebot fürs US-Militär. Polizisten oder Zivilpersonen, die in meinem Fall befangen sein könnten, würden von vornherein ausgeschieden. Von den verbleibenden Anwärtern könnte der Staatsanwalt dann sechs und die Verteidigung zehn Kandidaten mit einem sogenannten Eliminationsjoker ablehnen.

Julie hatte nun schon im Vorfeld unseres ersten »mock trial« mittels Fragebögen und einer telefonischen Befragung von 200 Männern und Frauen Profile von Geschworenen entwickelt, die meinen Fall besonders kritisch beurteilen würden, aber natürlich auch von solchen, die mir besonders positiv gesinnt waren. Auf diese Art wollten wir später eine möglichst wohlwollende Zusammensetzung der zwölf Geschworenen und der vier Ersatzkandidaten erzielen.

Nun wurden sowohl die Argumente der Verteidigung als auch die der Anklage bei unseren Fokusgruppen auf ihre Wirkung getestet. Gleichzeitig arbeitete ein Grafikspezialist an der einfachen, bildlichen Darstellung der komplexen Argumente. Die ganze Technologie, die hier zum Einsatz kam, erinnerte mich an Marktforschung.

Mit den durch Julie schließlich für das erste fiktive Gerichtsverfahren rekrutierten Geschworenen, die selbstverständlich alle für ihren Aufwand entlohnt wurden, wollten meine Anwälte nun ihre Argumentationen, aber natürlich auch die Psychologie in der Verhandlungsführung optimieren.

Sie hatten vor, beim ersten »mock trial« zwei verschiedene Szenarien mit zwei verschiedenen Fokusgruppen von Geschworenen durchzuspielen. In der ersten Runde verwendeten Aaron und sein Team jene Dokumente und Argumente, die hoffentlich vom Richter zugelassen würden. Mit der zweiten Gruppe wurde der Prozess mit der schlechtestmöglichen Dokumentenlage durchexerziert. Die Anwälte testeten dabei einerseits ihre Argumente auf deren Schlagkraft und untersuchten andererseits, wie ihre Beweisführungen in der Gruppendynamik der Schlussberatung der Geschworenen zum Tragen kommen würden. Die Anwälte, aber auch Julie und ihr Team, beobachteten die Urteilsfindung der Geschworenen durch eine verspiegelte Scheibe von einem Nebenraum aus.

Mein Steuerfall war zwar außerordentlich komplex und schwierig zu verstehen, aber die Geschworenen waren, das wurde schnell klar, sehr engagiert. Julie identifizierte nach dem ersten »mock trial« die Profile der Geschworenen, die uns am feindlichsten gesinnt waren und die wir mithilfe unserer zehn Joker bei der Auswahl unbedingt austauschen mussten. Es waren Bürgerinnen und Bürger, die ein tiefes Einkommen hatten, schlecht ausgebildet und auch sonst nicht auf Rosen gebettet waren.

Die Resultate unserer beiden ersten Testläufe waren sehr ermutigend und zeigten, dass wir uns auf dem richtigen Weg befanden. Bei beiden Durchgängen, also auch bei jenem mit der schlechten Dokumentenlage, hatten sich zwei Drittel der Geschworenen für mich ausgesprochen. Tendenziell setzte sich diese Gruppe aus gut ausgebildeten Frauen und Männern zusammen, die zwischen 26 und 65 Jahre alt waren, überdurchschnittlich verdienten und in einer Beziehung lebten. Dennoch lag noch viel Arbeit vor uns. Die

Zeit drängte, es verblieben lediglich fünf Wochen bis zum zweiten »mock trial«.

Nach diesem ersten fiktiven Gerichtsverfahren kümmerte sich Julie dann auch darum, meine Eignung als Zeuge zu testen. Sie studierte mit mir meine Aussagen ein und half mir, an diesen zu feilen. Selbst meine Kleidung, mein Haarschnitt – Crazy Donna lässt grüßen –, meine Körperhaltung und sogar die Art und Weise, wie ich während des Prozesses Notizen machen und diese an meine Anwälte weitergeben sollte, wurde von ihr optimiert.

Dienstag, 5. August 2014 Susanne besuchte mich. Diesmal wollte sie mich zu Freshfields begleiten; sie hatte die fixe Idee, einen Beitrag zur Lösung meines Falles leisten zu wollen und ihren Spürsinn einzubringen. Dan überreichte ihr einen Stapel ausgedruckter E-Mails.

»Schau dir das genau an, Susan«, erklärte er ihr, »das ist eine Serie von Mails. Darin geht es um einen wichtigen Kunden, den Dieter Dunkel 2002 besucht haben müsste. Wir wissen nicht, wer er ist, und können die Verbindungen zwischen den Namenslisten, den Kunden- und den Vermögensdateien, die uns die Regierung verschlüsselt geliefert hat, nicht herstellen. Vielleicht kannst du ja was herausfinden.«

Susanne verschwand hinter einem Computer und durchforstete während Stunden akribisch die Mails und das Internet nach Anhaltspunkten. Um 15 Uhr rief sie Dan an ihren Arbeitsplatz.

»Dan, ich habe was gefunden! Der Kunde hatte ein Portfolio von dreißig Millionen Dollar, besitzt eine Firma im Billiguhrensegment und war Ende März 2002 für zwei Wochen nach Basel gereist. Wohl geschäftlich, denn dort fand zu dieser Zeit die weltweit größte Uhren- und Schmuckmesse statt. Er ist Witwer und hat einen Sohn und eine Tochter, die in seiner Firma arbeiten. Ich vermute deshalb, er dürfte wohl zwischen sechzig und siebzig Jahre alt sein. Eine Woche nach der Messe traf ihn Dieter Dunkel um 15 Uhr 30 in New York. In der Lobby des Hotels New York Palace, um genau zu sein. Ich schätze, der Kunde, den ihr sucht, lebt hier in New York!«

Dan schmunzelte, dankte und nahm alle Unterlagen wieder an sich.

Zurück in Sparta, tranken Susanne, Brenda und ich gerade gemütlich einen Caipirinha, als uns Dan anrief. Er war ziemlich aus dem Häuschen.

»Bingo! Susanne, bingo! Du hast das Geheimnis gelüftet. Gratulation! Der Kunde heißt Pinkus Rabe. Unglaublich, einfach unglaublich!«

Was wir damals noch nicht wussten: Meine Frau hatte »den Jackpot geknackt«. Durch die Offenlegung des Namens konnte der Code des DoJ neu für die Verknüpfung der verschiedenen Dateien entschlüsselt und so die weiteren Fälle ermittelt werden. Auch sollte das Treffen mit Pinkus Rabe im Verlauf des Prozesses noch eine entscheidende Rolle spielen.

Völlig unerwartet – aber der Komplexität der Materie angemessen – bewilligte Richter Cohn für den Prozess nun doch, eine Instruktion an die Geschworenen zuzulassen. Er begutachtete einen ersten Entwurf der Verteidigung, in dem unter anderem stand, dass es gemäß dem von der amerikanischen Steuerbehörde IRS mit den Banken abgeschlossenen »Qualified Intermediary Agreement«, dem QI-Abkommen, für eine ausländische Bank völlig legal war, undeklarierte Konten für Amerikaner zu unterhalten.

Damit fällte Richter Cohn einen historischen Entscheid: Zum ersten Mal anerkannte ein Bundesrichter diese Tatsache des QI-

Abkommens. Ein unerwarteter, hart erkämpfter Etappensieg meiner Anwälte.

Dem nicht genug, erhielten wir von Richter Cohn auch die Erlaubnis, mit dem Eidgenössischen Justizdepartement abzuklären, wie ein akzeptabler Ablaufprozess für Zeugenaussagen via Videoübertragung aussehen könnte. Zusätzlich war er damit einverstanden, dass wir mit dem DoJ einen Vorschlag betreffend das »freie Geleit für nicht-amerikanische Zeugen« aushandelten. Und schließlich sprach mir Richter Cohn auch noch vier mal vier Stunden Freizeit pro Woche zu. Ein Glückstag! Der Wind schien zu drehen.

Matt, unser Kreuzverhörspezialist aus Florida, traf sich mit Aaron und Staatsanwalt Weekley, der dabei die Wiederaufnahme eines Deals ansprach.

»Wir könnten uns vorstellen, eine weitere Reduktion der Haftstrafe zu diskutieren. Aber, um es klarzustellen, das Department of Justice insistiert nach wie vor auf dem Tatbestand eines Verbrechens; da machen wir keine Kompromisse!«

Matt erwiderte: »Mike, das ist Ihr Angebot? Sie machen wohl einen Scherz?! Sie haben nichts, aber auch gar nichts in der Hand. Ich kann Ihnen jetzt schon versichern, dass selbst ein durchschnittlicher Anwalt die Aussage Ihres Hauptzeugen Dieter Dunkel im Kreuzverhör nach Strich und Faden zerpflücken wird. Sie führen ihn geradewegs zur Schlachtbank!«

Weekley schluckte leer, worauf Aaron nachtrat: »Herr Weil hat Ihnen ein ›Deferred Prosecution Agreement‹ mit Bewährungsfrist und eine Geldstrafe von 100 000 Dollar, jedoch ohne Gefängnis angeboten. In Anbetracht seiner Unschuld muss Herr Weil mit diesem Kompromiss bereits eine fette Kröte schlucken. Wir werden von unserem Vorschlag nicht abweichen. Keinen Fingerbreit!«

Immer klarer kristallisierte sich das Problem des Kronzeugen Dieter Dunkel als zentraler Teil der Lösung heraus, denn gegen ihn hatten wir mehrere Pfeile zum Abschuss bereit. Der erste war ein Ordner, in dem, wie wir wussten, Dunkel bereits vor seiner Verhaftung 2008 vorsorglich Beweismittel abgelegt hatte. Diese mussten ihm bei seiner damaligen Aussage rechtswidrig zur Verfügung gestanden haben.

»Aaron, habt ihr inzwischen rausgefunden, wie Dieter Dunkel nach seiner Verhaftung an seinen Ordner, der ja in der Schweiz war, gekommen ist?«, wollte ich bei meinem nächsten Treffen mit ihm wissen.

Aaron schüttelte den Kopf.

»Unser Privatdetektiv erhielt keinen Zugang zur Liste der Fed-Ex-Lieferungen während Dunkels Zeit im ›Four Seasons‹-Hotel, 2008. Leider!«

»Aber ich habe sämtliche Daten in seiner Zeugenaussage abgeglichen«, insistierte ich. »Es ist wirklich völlig ausgeschlossen, dass er die vielen Details aus dem Gedächtnis, also ganz ohne Konsultation seines Ordners, gewusst haben konnte. Und Dieter Dunkel hat unter Eid unterschrieben, dass er außer den damals von SAUL ans Department of Justice gelieferten Unterlagen – und der Ordner war nicht Teil davon – keine anderen Dokumente verwendet hatte. Das ist doch Meineid!«

Aaron wägte ab: »Falls, und nur falls wir einen Meineid wirklich nachweisen könnten, würde Richter Cohn Dieter Dunkel mangels Glaubwürdigkeit vermutlich vom Fall ausschließen. Und ohne Hauptzeuge fiele die Anklage wie ein Kartenhaus in sich zusammen.«

»Bingo!«

»Mach dir nicht allzu große Hoffnungen, Raoul!«

»Aber Aaron«, insistierte ich, »wir wissen, dass das Department of Justice 2008 in seinen Zeugeneinvernahmen unnummerierte Dokumente verwendete. Sämtliche vom Department of Justice legal erhaltenen Dokumente aber waren von SAUL nummeriert.«

»Raoul, das magst du nicht gern hören, aber unser Problem ist, dass wir das alles schlichtweg nicht beweisen können.«

»Du kannst mir sagen, was du willst, der SAUL-Anwalt Randy Levis weiß ganz genau, was für eine Schweinerei hier abgelaufen ist.«

»Schon möglich«, pflichtete Aaron bei, »aber Randy hat uns erklärt, dass die SAUL-Anwälte damals in der Hitze des Gefechts versehentlich Dokumente ohne Registraturnummern ans Department of Justice aushändigten. Damit ist der direkte Link zu Dieter Dunkels Originalordner verwischt.«

»Das glaubst du doch selbst nicht, Aaron! Du würdest jeden Praktikanten im ersten Lehrjahr feuern, wenn er Dokumente ohne Nummern ans Department of Justice rausgegeben hätte. Und solch ein Anfängerfehler soll einem Partner einer renommierten Kanzlei unterlaufen sein? Vergiss es!«

»Tatsache ist und bleibt, lieber Raoul, dass wir das Gegenteil einfach nicht beweisen können.«

Ich ließ den Strohhalm (noch) nicht los.

»Aber wir wissen doch genau, dass bereits am ersten Tag nachdem Dieter Dunkel 2008 seinen Deal unterschrieben hatte, das Department of Justice mittels Rechtshilfe via FINMA diesen Ordner offiziell einverlangt hatte. Das Department of Justice erhielt so erstmals eine Version des Ordners mit Aktennummern auf den Seiten. Diese Nachbesserungs- und Vertuschungsaktion stinkt doch einfach zum Himmel, Aaron! Zudem hält sich in der Bank hartnäckig das Gerücht, dass das Department of Justice 2008 den Wunsch äußerte, ihrem Hauptzeugen sei bei seinem Abgang aus der Bank gut Sorge zu tragen.«

»Das ist ein sehr schwerwiegender Vorwurf des Amtsmissbrauchs. Wir müssen uns bewusst sein, dass es, wenn wir diesen Pfeil abschießen, mit dem Department of Justice keinen Weg zurück an den Verhandlungstisch mehr geben wird. Raoul, haben wir hierfür schriftliche Beweise? Können wir Zeugen für eine solche Aussage rekrutieren?«

»Könnte schwierig werden.«

»Tut mir wirklich leid, Raoul, ohne weitergehende Beweise entwickeln sich diese vermeintlichen Bomben zu Rohrkrepierern.«

Freitag, 8. August 2014 Kim und Aaron flogen nach Florida, wo am Gericht von Fort Lauderdale eine Vorbesprechung verschiedener Anträge stattfand. Zwei Haupttraktanden standen dabei auf der Agenda. Erstens musste die Geschworeneninstruktion, die uns Richter Cohn zugesprochen hatte, in der endgültigen Formulierung verabschiedet werden, und zweitens sollte der Fragebogen für die Auswahl der Geschworenen diskutiert werden. Ein für beide Seiten eminent wichtiges Instrument, da mittels der gestellten Fragen herausgefunden werden konnte, auf welche Seite die einzelnen Geschworenen eher tendieren würden. Dies konnte Verteidigung wie Anklage helfen, ihre Eliminationsjoker entsprechend einzusetzen.

Das DoJ war nicht physisch anwesend und nur per Telefon zugeschaltet.

»Können Sie uns hören, Staatsanwalt Mike Weekley?«, begann Richter Cohn.

»Ja, Euer Ehren, ich höre Sie bestens.«

»Wir gehen nun den Geschworenen-Fragebogen durch, bitte legen Sie mit Ihren Anträgen los.«

»Die Anklage ist klar der Meinung, dass Fragen, die den Gesundheitszustand und/oder die finanziellen Probleme der Geschworenen betreffen, nicht angebracht sind und zu viel ihrer

Privatsphäre offenlegen. Wir sind ebenfalls der Meinung, dass die Anordnung an die Geschworenen, den Fall weder mit der Familie noch mit ihren Freunden zu diskutieren, unrealistisch ist. Ebenso wie die, den Fall online nicht recherchieren zu dürfen. Im Zeitalter des Internets kann dies schlicht nicht ausgeschlossen werden. Wir wollen die Geschworenen auch nicht auf einen möglichen Medienrummel aufmerksam machen, das würde sie nur abschrecken.«

»Dann hören wir uns nun die Anträge der Verteidigung an, Mister Aaron Marcu, bitte«, gab Richter Cohn den Ball weiter.

»Danke, Euer Ehren. Wir sind der Meinung, dass der Besuch von Steuerseminaren nicht verwerflich ist. Es lebt schließlich ein ganzer Industriezweig von diesem Geschäft. Entsprechend sind derartige Erkundigungen unangebracht. Weiter lehnen wir Fragen zur Einschätzung ab, ob der IRS bei der Steuerprüfung reicher Bürger zu nachgiebig oder zu aggressiv verfährt. Und für uns geht es nicht an, dass mit den Fragen die politische Einstellung der Geschworenen erforscht wird.«

Aaron deponierte unsere Anträge, und Richter Cohn ließ ihm und Weekley dreißig Minuten Zeit, um ihre Positionen abzugleichen. Über die offenen Punkte würde er anschließend entscheiden.

Kim informierte mich noch von Florida aus telefonisch vom Ergebnis der Besprechung.

»You win some, you lose some. Richter Cohn entschied ausgewogen und hat uns in einigen Formulierungen für den Fragebogen recht gegeben, in anderen mussten wir zurückkrebsen.«

»Hattet ihr mit dem Department of Justice weitere Diskussionen betreffend einen Deal?«

»Darüber haben wir nicht gesprochen, denn Matt hat ja mit der Regierung vereinbart, dass wir erst wieder Kontakt aufnehmen, wenn wir alle 167 Zeugenaussagen analysiert haben, und das dauert noch eine Weile.«

Donnerstag, 28. August 2014 Das zweite fiktive Gerichtsverfahren wurde durchexerziert. Die Generalprobe war ganz darauf ausgerichtet, mit dem absoluten Minimum an zugelassenen Dokumenten und ohne unsere schlagkräftigsten Argumente auszukommen.

So ließen meine Anwälte unter anderem den Brief des damaligen Gouverneurs von Florida, Jeb Bush, zum Schutz der Privatsphäre ausländischer Bankkunden weg, der die Doppelmoral des Offshore-Finanzplatzes Florida entlarvte. Sie ließen den FINMA-Bericht, der mich entlastete, weg. Und sie ließen den Brief von Bundesrat Hans-Rudolf Merz weg, den er 2008 an die US-Regierung geschrieben hatte und der die politisch verhärteten Fronten aufzeigte, die zu meiner Anklage führten.

Julie, unsere Psychologin, hatte 36 Geschworene aus Fort Lauderdale rekrutiert und diese in drei Fokusgruppen mit meinem Fall konfrontiert. Aaron übernahm die Verteidigung, und Matt spielte den aggressiven, hartnäckigen Ankläger. Alles, aber auch wirklich alles, war auf die denkbar schlechteste Ausgangslage ausgerichtet. Die Verhandlung wurde auf Video aufgenommen. Das Filmmaterial zeigte, wie Aaron nüchtern, sachlich und klar argumentierte und wie Matt in seiner Rolle als aggressiver Staatsanwalt richtig heftig auf den Putz haute. Wir waren mit der Positionierung der Verteidigung eigentlich alle zufrieden. Fast alle. Aaron erklärte, dass er da und dort noch etwas verbessern wolle. Der Teufel liege eben im Detail, betonte er, und er selbst müsse bei seinen Ausführungen noch griffiger werden.

»Aaron«, sagte ich, »du warst sehr überzeugend, aber griffiger werden ist sicher nicht falsch. Eine Möglichkeit wäre, die Zahlen, die du beim Prozess nennen wirst, in ein bildliches Verhältnis zu setzen. Wenn du sagst, dass ich 63 000 Mitarbeitende führte, wäre folgendes lokales Bild zur Gewinnung der Geschworenen gut: 63 000 Menschen, das sind dreimal mehr als im Lockhart Stadium bei einem Spiel der Fort Lauderdale Strikers sitzen können. Aber was mir besonders gefallen hat: Du warst extrem fokussiert! Und wie du mit deinen präzisen Fragen stakkatohaft immer wieder in dieselbe Kerbe gehackt hast, das war schlicht großartig: Hat Dieter Dunkel das US-Geschäft aufgegeben? Nein! – Hat Dunkel sich beim Rechtsdienst beschwert, dass etwas nicht stimme? Nein! – Hat Dunkel von sich aus gekündigt? Nein!«

Julie legte uns nun die Resultate dieses zweiten und letzten Testlaufs vor.

»Raoul, selbst in dieser sehr schwierigen Konstellation sprach dich die eine Fokusgruppe zwölf zu null frei!« Sie lächelte und fuhr dann fort: »Von den beiden anderen Gruppen entschied sich die eine mit neun zu drei Stimmen *für* und die andere exakt umgekehrt mit neun zu drei Stimmen *gegen* dich. Aber – in dieser Gruppe wehrten sich die drei dir Wohlgesinnten so standhaft gegen deine Verurteilung, dass ich denke, im Ernstfall hätten die sich kaum umstimmen lassen. Das ist in höchstem Maß beruhigend! Obwohl wir unsere Verteidigung absichtlich massiv geschwächt haben, bekamen wir dieses positive Ergebnis. Das Recht ist auf deiner Seite, Raoul, und deine Anwälte sind Spitzenklasse. Ich würde sagen, du hast eine sehr gute Chance, diesen Fall entweder zu gewinnen oder zumindest eine Hängepartie zu erreichen.«

Das tönte alles wunderbar, trotzdem verbrachte ich eine schlaflose Nacht – am späten Nachmittag hatte mich Kim über den neuesten Knüppel informiert, den uns das DoJ zwischen die Beine geworfen hatte.

»Fritz von Steg, dem Leiter der Steuerabteilung der OSB, der für dich aussagen wollte, wird kein freies Geleit gewährt. Im Gegenteil, das Department of Justice droht ihm mit einer Meineidklage, sollte er Aussagen machen, die jenen von Dieter Dunkel widersprechen.«

»Also wird die Zulassung der Zeugen aus der Schweiz via Videoaufschaltung entscheidend sein – haben sich die Schweizer Behörden hierzu eigentlich mal gemeldet?«

»Ja, Aaron konnte mit den Vertretern des Eidgenössischen Justizdepartements endlich den Ablaufprozess für die Übertragung aushandeln. Aber die Schweizer fordern erstens die Anwesenheit eines Schweizer Staatsanwalts, der sicherstellen soll, dass kein Schweizer Recht verletzt wird, und zweitens, dass die Zeugen, wie das nach Schweizer Recht üblich ist, ihre Aussage am Ende der Einvernahme widerrufen können. Jetzt bleibt uns nichts anderes übrig, als auf die Zustimmung von Richter Cohn zu hoffen.«

Wir hofften. Doch Richter Cohn lehnte die Zeugeneinvernahme via Videoübertragung unter diesen Bedingungen ab. Die Anforderungen vonseiten der Schweiz, meinte er, schränkten das amerikanische Kreuzverhör zu sehr ein. Und dieses sei im US-Prozessrecht das zentrale Element zur Wahrheitsfindung.

Immerhin hielt uns Richter Cohn eine kleine Hintertür offen: Mein Team durfte die Möglichkeit einer angepassten Version der Zeugenaussage via Video evaluieren. Aaron schlug zwei Alternativen vor. Die erste: Statt einer Liveübertragung aus der Schweiz beantragte er eine Bandaufzeichnung. Damit würde verhindert, dass der Zeuge zuerst die Geschworenen beeinflussen und anschließend seine Aussage zurückziehen könnte. Falls er seine Aussage nach einer Bandaufzeichnung zurückziehen sollte, würde diese vor Gericht einfach nicht abgespielt. Dadurch blieben die Geschworenen unbeeinflusst. Die zweite: Eine Direktübertragung aus London, da in England keine rechtlichen Einschränkungen des Kreuzverhörs existieren. Wir müssten für unsere Zeugen vom DoJ jedoch freies Geleit nach London zugesichert erhalten. Richter Cohn offerierte dem DoJ die beiden Vorschläge. Die Behörde tat sich zwar schwer, entschied sich schließlich aber für die Direktübertragung aus London.

Susanne rief mich völlig aufgelöst an. Einer meiner Hauptzeugen, der uns zugesichert hatte, nach Florida zu reisen, um für mich auszusagen, hatte ihr eine ellenlange E-Mail geschickt. Die Kernaussage ließ sich allerdings in fünf Sätzen zusammenfassen.

Liebe Susanne, ich führte zwischenzeitlich mehrere Gespräche mit angelsächsischen Anwälten und auch mit OSB-Experten, die Raouls Fall eng verfolgen. Die Wahrscheinlichkeit, dass hier in der Art eines russischen Schauprozesses ein Exempel statuiert wird, ist hoch. Ich vermisse, dass sich keine Experten aus der Steuer- und Rechtsabteilung oder Vertreter des ehemaligen obersten Managements als Zeugen zur Verfügung stellen.

Ich stufe die Gewinnchancen zu gering ein, als dass sich für mich ein Engagement als Zeuge aufdrängen würde. Ich habe immer noch Aussichten auf Verwaltungsratsmandate, die ich mir keinesfalls verbauen möchte.

Susanne war außer sich.

»Jetzt wissen wir wenigstens, wo wir mit diesem sogenannten Freund stehen«, tröstete ich sie, »die Mail sagt ja nur eines aus: ›Ich bin ein Feigling.‹«

Ein Freund von uns, Hans, der durch eine vergleichbare Lebenskrise wie wir gegangen war, hatte einmal zu mir gesagt: »Die Qualität deiner Beziehungen wird sich dadurch massiv verbessern.«

Er sollte recht behalten.

Meine Abreise zum Prozess stand vor der Tür. Johns und Brendas Freunde, die mir inzwischen ans Herz gewachsen waren, organisierten eine rührende Abschiedsparty für mich. Rindsbraten, Kartoffelstock, gegrillter Rosenkohl und mehrere Bourbons auf Eis ließen mich meine Zeit in Sparta in bester Erinnerung behalten.

SHOWDOWN IN FLORIDA

Sonntag, 5. Oktober 2014 Abflug nach Florida. Dan, der bereits in Fort Lauderdale war, fuhr mich nach meiner Landung zur Pretrial Services Division, wo ich Randall, meinen sympathischen neuen »Betreuer« kennen lernte. Er instruierte mich über die nach wie vor geltenden Ausgangsbeschränkungen und Meldepflichten. Kurz nachdem wir uns verabschiedet hatten, schreckte ich auf. Eine blecherne Computerstimme plärrte aus meiner Fußfessel.

»Rufen Sie sofort Ihren Betreuer an. Rufen Sie sofort Ihren Betreuer an! Rufen Sie sofort Ihren Betreuer an!«

Ich war ziemlich konsterniert, rief Randall aber sofort an.

»Randall, was ist denn das auf einmal für eine Geisterstimme, die mir Befehle erteilt? Das ist mir in New Jersey nie passiert.«

»Nimms locker, die haben die Funktion einfach nie eingesetzt. Wenn ich dich auffordere, mich anzurufen, dann tönt das halt so. Und dann erwarte ich, dass du sofort anrufst! Ich habe dir vergessen zu sagen, dass du ab sofort am besten mit dem Handy unter dem Kissen schläfst, das mache ich auch. Ich will dich jederzeit erreichen können, klar?« Er lachte.

Big brother was really watching me.

Aarons Team hatte im Hotel Ritz-Carlton von Fort Lauderdale eine Suite gemietet und dort auch unsere Kommandozentrale eingerichtet. Durch die acht installierten Computerstationen, mit je zwei Bildschirmen, sah das Ganze aus wie der Handelsraum einer Investment-Bank. Ich selber hatte mich im bescheideneren »Marriott« eingemietet, ich wollte bei den Geschworenen auf keinen Fall den Eindruck eines verwöhnten Bankers erwecken.

Mittwoch, 8. Oktober 2014   Meine Anwälte und ich fuhren ans Gericht, um noch anstehende Anträge zu verhandeln. Während dieser Fahrt erzählte mir Kim eine kleine, ganz große Geschichte, die mich aufbaute. Es war die Geschichte eines Gespräches zwischen ihr und ihrem vierjährigen Sohn Henry. Kim erklärte ihm, warum sie für mehrere Wochen nach Florida reisen musste.

»Henry, ich helfe vor Gericht einem Mann, der ins Gefängnis gesteckt wurde, weil die Polizei glaubt, er habe gewisse Spielregeln verletzt. Aber das stimmt nicht, denn er hat nichts Falsches getan.«

»Aber warum wurde er dann verhaftet?«

»Weil die Leute in unserer Regierung neue Gesetze einführten und Raoul, so heißt der Mann, inhaftierten, weil er diese neuen Abmachungen nicht befolgt haben soll, bevor sie überhaupt gültig waren.«

»Aber Mami, das ist nicht fair!«

»Ich weiß, Henry, und genau deshalb muss ich nach Florida reisen, um dies dem Richter und den Geschworenen zu erklären, damit Raoul nicht ins Gefängnis muss, sondern wieder nach Hause fliegen kann.«

Und Henry verstand. Verstand eine überaus komplexe Angelegenheit, die in den Medien und unter Experten und Laien heftig diskutiert wurde. Seine Mutter hatte es mit ein paar wenigen Worten geschafft, einem Vierjährigen zu erklären, worum es im Steuerstreit mit den USA überhaupt ging. Ja, eigentlich war alles ganz einfach. Eigentlich.

Als wir im Gericht angekommen waren, gab Richter Cohn als Erstes Mike Weekley das Wort.

»Staatsanwalt Weekley, erläutern Sie mir bitte Ihren ersten Antrag im Fall USA gegen Raoul Weil.«

»Euer Ehren, die OSB hat nicht nur Probleme mit den US-Steuerbehörden, sondern auch mit Steuerbehörden in weiteren Ländern. Die Anklage will diese anderen Probleme erläutern und als Beweismittel einbringen, denn es handelt sich bei der OSB um eine notorisch kriminelle Organisation.«

»Herr Marcu, nehmen Sie bitte Stellung für die Verteidigung.«

»Danke, Euer Ehren. Wir verhandeln hier vor einem US-Bundesgericht in Florida und nicht vor einem Gericht in Timbuktu. Wir plädieren für die Ablehnung des Antrages wegen Nicht-Zuständigkeit.«

»Der Antrag der Anklage wird abgelehnt. Staatsanwalt Weekley, Ihr zweiter Antrag, bitte.«

»Euer Ehren – da der Zeuge des Department of Justice, Roland Schneider, bis 2002 bei der OSB Leiter Nordamerika war und mit dem Angeklagten in den Neunzigerjahren zusammengearbeitet hatte, beantragen wir, dass auch die Zeit vor der Klageperiode 2002 bis 2007 am Gericht zugelassen wird.«

»Herr Marcu, nehmen Sie bitte Stellung.«

»Euer Ehren, der Antrag der Staatsanwaltschaft überrascht uns und erfüllt das Kriterium der rechtzeitigen Informationsoffenlegung nicht. Zudem ist der Zeitraum des Tatbestandes in der Anklage klar auf die Periode 2002 bis 2007 fixiert.«

Richter Cohn entschied: »Dem Antrag der Anklage wird nicht stattgegeben.« Und fuhr dann fort: »Meine Damen und Herren, wir diskutieren nun als Nächstes die Beschreibung der ›Deemed Sales‹-Regeln in der Geschworeneninstruktion. Verteidigerin Kimberly Zelnick, erläutern Sie bitte Ihren Antrag.«

»Danke, Euer Ehren.« Kim räusperte sich. »Wie Sie dem Rechtsgutachten entnehmen können, wurden die ›Deemed Sales‹-Regeln mit der Einführung des ›Qualified Intermediary Agreement‹ aufgehoben. Die OSB nahm fälschlicherweise an, dass ›Deemed Sales‹

immer noch gelte und deshalb nicht nur US-Wertschriften, sondern auch Nicht-US-Wertschriften unter das ›Qualified Intermediary Agreement‹ fallen würden. Die Fehlannahme der OSB, dass die abgeschafften ›Deemed Sales‹-Regeln immer noch Gültigkeit hatten, ist für den Prozess irrelevant. Die Regel war rechtlich bereits außer Kraft.«

»Ankläger, nehmen Sie bitte Stellung.«

»Euer Ehren. Die OSB hat diese Regeln trotzdem noch angewandt, weil sie diese zur Verschleierung benutzte; so wollte sie verhindern, dass der Steuerbetrug auffliegt.«

»Verteidigerin Zelnick, haben Sie irgendwelche Ergänzungen?«

»Ja, Euer Ehren. In einem ähnlich gelagerten Fall von Geldwäscherei ging eine Wechselstube fälschlicherweise von der Gültigkeit bestimmter gesetzlicher Regelungen aus, was aber nicht zutraf. Ein US-Bundesgericht entschied in diesem Fall, dass die Verletzung eines Gesetzes, das nicht oder nicht mehr gültig ist, niemandem angelastet werden kann.«

»Ich vertage den Entscheid. Wir schreiten zum nächsten Antrag. Herr Marcu, bitte!«

»Danke, Euer Ehren. Wir beantragen die Zulassung des Untersuchungsberichtes der FINMA, der Eidgenössischen Finanzmarktaufsicht. Es handelt sich dabei um die breitestangelegte Untersuchung des grenzüberschreitenden US-Geschäfts. Die Untersuchung war sogar breiter ausgelegt als jene des Department of Justice. Sämtliche relevanten Zeugen, inklusive der Herren Dieter Dunkel, Maurice Piccard sowie der obersten Führungsebene der OSB und natürlich Herrn Raoul Weil, wurden einvernommen.«

»Ankläger, nehmen Sie bitte Stellung.«

»Danke, Euer Ehren. Das Department of Justice zweifelt sowohl die Zuverlässigkeit als auch die Relevanz dieses Berichtes an. Wie können wir davon ausgehen, dass eine ausländische Behörde unsere amerikanischen Gesetze versteht? Weshalb brauchen wir überhaupt die Einschätzung einer ausländischen Behörde? Die Geschworenen können sich problemlos eine unabhängige Meinung bilden.«

»Herr Marcu, irgendwelche Einwände?«

»Es handelt sich bei der FINMA um eine hoch qualifizierte Behörde vom Kaliber unserer Börsenaufsicht SEC. Es waren Fachanwälte, welche die detaillierte Untersuchung durchführten. Deshalb ist der Bericht erstens glaubwürdig und zweitens relevant. Die FINMA verhörte Zeugen, die vor diesem Gericht nicht aussagen können, weil die Regierung der Vereinigten Staaten ihnen die Zusicherung des freien Geleits und der Immunisierung leider verweigert hat.«

»Danke. Ich erlaube mir eine Bedenkzeit und vertage beide Entscheide.«

Aaron vermutete, dass Richter Cohn bei den »Deemed Sales«-Regeln einen Kompromiss anstrebte, da sein negativer Entscheid uns zu gute Aussichten auf einen Rekurs eröffnen würde. Beim FINMA-Bericht erwartete Aaron keine Zulassung.

Zum genau richtigen Zeitpunkt erreichte mich dann eine Nachricht, die mich tief innen freute: Einen meiner ehemaligen Chefs schienen Gewissensbisse zu plagen, und es bestand – trotz Widerstand seiner Anwälte – eine Chance, dass er als Zeuge via Video in London aussagen würde.

Es war eine Achterbahn der Gefühle, denn kurz darauf erfuhren wir, dass Roland Schneider, der seit 2009 selber unter Anklage stand, als zweiter Hauptzeuge gegen mich aussagen würde und bereits in Miami eingetroffen war. Er hatte sich im Sommer 2013 freiwillig beim DoJ für eine Zeugenaussage gemeldet, um für sich persönlich einen »dirty deal« herausschinden zu können. Das DoJ gewährte ihm Vorzugsbehandlung; so musste er beispielsweise lediglich zehn Prozent an seine Kaution von 500 000 Dollar anzahlen. Für 50 000 Dollar bekäme er also eine Rückreisegarantie in die Schweiz. Damit nicht genug, könnten sämtliche Aussagen, die er in meinem Prozess machen würde, nicht gegen ihn verwendet werden. Und mehr noch: Roland musste sich nicht wie üblich zuerst schuldig bekennen. Je nach Ausgang meiner Verhandlung würde ihm das DoJ einen besseren oder schlechteren Deal anbieten. Als Grundvoraussetzung für seinen Deal musste Roland im Vorfeld meines Prozesses allerdings seine ehemaligen Kunden sowie seine Schweizer Depotbanken anschwärzen.

2015 wurde er dann zu fünf Jahren auf Bewährung und einer Geldstrafe von 150 000 US-Dollar verurteilt.

Freitag, 10. Oktober 2014 Es entstand ein Hickhack um unseren Antrag, die »Deemed Sales«-Regeln, die durch das »Qualified Intermediary Agreement« abgelöst worden waren, grundsätzlich auszuschließen. Richter Cohn entschied, dass dieses inzwischen ungültige Gesetz im Kreuzverhör der Anklage nur in eindeutigen Fällen, wo es zum Zwecke der Verschleierung eingesetzt worden war, erwähnt werden durfte und sonst auszuschließen sei. Ein weiterer historischer Entscheid eines Bundesrichters. Ob ich damit eine Lanze für die noch mit dem DoJ verhandelnden Schweizer Banken gebrochen hatte, würde die Zukunft zeigen.

Am Abend joggte ich im Rahmen meines bewilligten Ausganges durch den schweren Sand am Strand von Fort Lauderdale und wich den von den Wellen angespülten, kuhfladengroßen, toten Quallen aus.

Kaum war ich zurück im Hotel, rief mich Aaron an und lud mich ins »Spazio« am Beach Boulevard zu Fisch-Tacos und Pinot

Grigio ein. Nachdem wir bestellt, angestoßen und ein wenig Small Talk gemacht hatten, wurde Aaron ernst.

»Raoul, wir stehen nun vier Tage vor dem Prozessbeginn, also quasi auf den Treppenstufen des Gerichtsgebäudes. Jetzt ist der Zeitpunkt für einen Deal mit der Regierung gekommen, denn das Department of Justice gewinnt zwar 95 Prozent aller Fälle, es weiß aber auch ganz genau, dass du bessere Karten in der Hand hältst als die Angeklagten in seinen üblichen Fällen. Ich schlage vor, wir nehmen Kontakt auf.«

»Aaron, du kennst ja meine Forderungen. Nur schon ein Kompromiss, den ich rein aus Risikoüberlegungen einzugehen bereit wäre, würde mich eine enorme Überwindung kosten. Nach zwei Monaten Knast in Italien und zehn Monaten striktem Hausarrest ist Gefängnis völlig unakzeptabel! Ich akzeptiere kein Verbrechen, sondern maximal ein Kleinvergehen nach US-Standard, das so in der Schweiz nicht strafbar ist. Zur Not würde ich mich mit einer Geldstrafe abfinden. Aber ich will vor allem meinen Beruf weiterhin ausüben können. Ich war nie kriminell und lasse mich auch jetzt nicht kriminalisieren.«

Aaron Marcu hatte mit dem DoJ schon einige Sträuße ausgefochten. Nun sollte Matt, der bislang den »good cop« gespielt hatte, versuchen, einen Deal für mich auszuhandeln. Staatsanwalt Mike Weekley hatte nicht die Kompetenz, darauf einzugehen, und konsultierte übers Wochenende seine Vorgesetzten im DoJ. Diese blieben stur und »offerierten« mir als letztes Angebot, dass sie mich, wenn ich mich eines Verbrechens schuldig bekannte, mit einem Jahr und einem Tag Gefängnis bestrafen würden. Dann wären sie bereit, mir die zwei Monate Gefängnis in Italien anzurechnen und mir zwei weitere Monate zu erlassen. Netto müsste ich also acht Monate in den Knast. »Life is a rollercoaster« – zu gut Deutsch: Das Leben ist eine Achterbahnfahrt. Ich hatte den Tiefpunkt erreicht.

»F… you!«

Später am Abend saß ich auf meinem kleinen Balkon, trank ein Miller Lite und genoss eine »Romeo y Julieta«-Zigarre. Es war exakt 22 Uhr, als mein Mobiltelefon klingelte.

»Hallo, Weil am Apparat.«

»Sind Sie Raoul Weil?«

»Ja, und wer sind Sie?«

»Mein Name ist Gupta, Grenzwache Flugplatz Newark. Kennen Sie eine Susanne Lerch?«

»Ja, natürlich, sie ist meine Ehefrau.«

»Wo sind Sie, und was machen Sie in den USA?«

»Ich bin in Fort Lauderdale, fechte einen Rechtsstreit aus und lebe seit zehn Monaten unfreiwillig in den Vereinigten Staaten.«

»Weshalb kommt Ihre Frau alle fünf bis sechs Wochen in die USA?«

»Sie kommt mich besuchen, was sonst?«

»Aha.«

Ich hörte, wie der Beamte Susanne entnervt anschnauzte: »Weshalb haben Sie das nicht gleich gesagt?!«

Dann vernahm ich das Knallen des Einreisestempels in Susannes Pass.

Offensichtlich schienen der Einreisebehörde Susannes viele Reisen in die USA suspekt, und sie wurde deshalb einem regelrechten Verhör unterzogen. Irgendwie verständlich, dass Susanne nicht einfach herausplatzte: »Mein Mann ist ein Gefangener Ihrer Regierung, und ich besuche ihn immer wieder.« Sie hielt sich an die etwas unverfänglichere und dennoch wahre Formulierung, dass sie regelmäßig Freunde in New Jersey besuche. Herr Gupta ließ sie während über einer Stunde schmoren, befragte sie zwischendurch immer wieder, durchstöberte E-Mails, SMS-Nachrichten und Fotos auf ihrem iPhone und rief zur Überprüfung ihrer Aussage auch noch Brenda an, die draußen in der Ankunftshalle auf sie wartete. Für eine kurze Zeit saß unsere Familie – mit Ausnahme des Hundes – in amerikanischer »Untersuchungshaft«.

Susanne kam planmäßig am Samstag bei mir in Fort Lauderdale an. Es rührte mich, dass sie mir auch das Briefchen unseres Rinpoche aus Bhutan mitbrachte, das er mir damals mit den Worten übergeben hatte: »Es soll dir und deiner Frau, solltet ihr in eine unüberwindbar scheinende Situation geraten, Kraft verleihen und euch beschützen.« Später wurde ich einmal in einem Interview mit der »Weltwoche« gefragt, ob ich durch meine Erlebnisse im Hochsicherheitsgefängnis von Bologna und durch die Erfahrungen mit der amerikanischen Justiz religiöser geworden sei. Ich antwortete mit: »Ja, aber …« Mein relativierendes »aber« schaffte es leider nicht ins Blatt. Dabei wäre das fürs Verständnis noch wichtig gewesen. Ich begann in der Krise tatsächlich, die Situation, in der ich steckte, als Prüfung zu empfinden, und ich war fest entschlossen, diese so zu nutzen, dass sie meine Einstellung zum Leben positiv verändern würde. Ich wurde dankbarer, nahm die Liebe meiner Frau, unsere Freundschaften, unsere Gesundheit und selbst kleinste Erfolge nicht mehr einfach als selbstverständlich entgegen, sondern als ein Geschenk. Ich beschloss, dass Ängste mein Leben – anders als in den letzten sechs Jahren – in Zukunft nicht mehr dominieren sollten. Ich schöpfte Kraft und Ruhe aus dem Bewusstsein, dass eine höhere Ordnung meine Bestimmung in den Händen trägt. Eine Kraft, die keinen Unterschied zwischen Christen, Juden, Muslimen, Hindus oder Buddhisten macht.

IN DER HÖHLE DES LÖWEN

Dienstag, 14. Oktober 2014 Wir trafen im Gerichtsgebäude am 299 East Broward Boulevard in Fort Lauderdale – in der Höhle oder, besser gesagt, in der Hölle des Löwen – ein und wurden sofort von vier Fernsehteams, einem Dutzend Journalisten aus der Schweiz und einer Handvoll Reportern aus den USA umzingelt, um nicht zu sagen belästigt. Wir wiesen alle mit einem »No comment« ab und passierten den Personenscanner an der Zutrittskontrolle. Diesen Checkpoint würden wir in den kommenden Wochen zweimal pro Tag passieren. Inklusive Bilderfassung.

Der Gerichtssaal konnte all die Geschworenenanwärter, Anwälte, Journalisten und Schaulustigen kaum fassen. Der Gerichtsweibel erhob seine Stimme: »All raise!« – »Erheben Sie sich alle!«

In seiner schwarzen Robe betrat Richter James I. Cohn den Raum. Dieser kleine, drahtige, sympathische Mann, der zusammen mit den zwölf Geschworenen über mein Schicksal entscheiden würde. Er strahlte eine enorme Präsenz und Autorität aus. Beides wurde durch seine sehr leise Stimme und seine überaus bedächtige Überlegtheit noch gesteigert. Er hatte die gedehnte Sprechweise seines Heimatstaates Alabama und einen schalkhaften Humor, der während des Prozesses etliche Male für Erheiterung sorgen sollte.

James I. Cohn eröffnete nun die Auswahl der Geschworenen:

über achtzig Kandidaten. Einige der Anwärter wurden unter anderem wegen Großmutterpflichten, Rückenschmerzen oder eines finanziellen Härtefalls aus ihrer Bürgerpflicht entlassen, für die sie übrigens lediglich mit vierzig Dollar staatlichem Taggeld entschädigt wurden. Die Privatindustrie ist gesetzlich nur verpflichtet, ihren Mitarbeitern, die als Geschworene berufen werden, gerade mal drei Tage Lohnausfall zu bezahlen. Das DoJ schloss Kandidaten mit einer kritischen Einstellung gegenüber dem IRS aus. Ebenfalls eliminierte es Geschworene, die bereits selber einmal angeklagt waren.

Staatsanwalt Mike Weekley stellte bei seiner Auswahl Fragen wie: »Hatten Sie je eine Prüfung durch den IRS?« »Mussten Sie je Steuern nachzahlen?« »Mussten Sie je Strafsteuern nachzahlen oder dem IRS Informationen nachliefern?«

Matt verfolgte eine andere Strategie. Nach unseren Erkenntnissen aus den beiden fiktiven Gerichtsverfahren stellte er Fragen, die auf das Bildungsniveau und die Führungserfahrung der Geschworenenanwärter sowie deren Status in der Gesellschaft abzielten: »Haben Sie eine abgeschlossene Ausbildung?« »Haben Sie je Mitarbeiter geführt?« »Haben Sie Berufserfahrung im Finanz- oder im Revisionsbereich?«

Nach Abschluss der Befragung setzte das DoJ nur gerade drei seiner sechs Joker ein und schloss drei Akademiker aus, was uns aufzeigte, dass die Regierung eher eine emotionale als eine faktenorientierte Kampagne plante. Auch wir setzten unsere Joker ein – und strichen Kandidaten, die über keine gute Ausbildung verfügten. Zur Mittagspause bestand die Jury aus sechs Frauen und sechs Männern, die – mit einer Ausnahme – alle über einen Universitätsabschluss verfügten. Und die Ausnahme war ein Feuerwehrhauptmann, der bis zu seiner Pensionierung reichlich Führungserfahrung gesammelt hatte. Nach der Wahl der vier Ersatzkandidaten schickte Richter Cohn alle noch verbleibenden Anwärter nach Hause. Julie Blackman war sehr zufrieden und überzeugt, dass der komplexe Fall und unsere faktenbasierte Verteidigungsstrategie gute Aussichten hatten, von den auserkorenen zwölf Geschworenen verstanden zu werden.

Nach der Mittagspause – die Geschworenen hatten noch keinen Zutritt zur Verhandlung – erlaubte Richter Cohn eine letzte kurze Anhörung zur Zulassung des FINMA-Berichts. Zuerst war der Staatsanwalt an der Reihe.

»Der Bericht der FINMA hat keinerlei Relevanz. Im Gegenteil, der Bericht lenkt die Geschworenen nur ab und erfüllt das Kriterium der Zuverlässigkeit nicht. Einer ausländischen Instanz fehlt schlicht die Kompetenz, amerikanische Gesetze zu beurteilen.«

Richter Cohn erteilte Aaron das Wort.

»Nun bitte eine letzte kurze Stellungnahme von Herrn Marcu.«

»Ich muss mich leider wiederholen«, begann dieser, »die FINMA führte mehr Interviews durch als das Department of Justice. Wir beantragen die Zulassung aufgrund einer Ausnahmeregelung für die ›Zulassung von Berichten von Regierungsstellen‹.«

Richter Cohn fällte einen salomonischen Entscheid: »Der Bericht ist relevant und wird zugelassen, aber die Einschätzungen der US-rechtlichen Aspekte durch die FINMA müssen im Text geschwärzt werden.«

Meine Anwälte landeten damit zwar noch keinen Kinnhaken zum K. o., aber das DoJ hing nun erstmals richtig in den Seilen. Aufgrund unserer »mock trials« wussten wir, dass der FINMA-Bericht bei den Geschworenen gewisse Wirkung zeigte, ihm aber der Makel einer fremden Regierungsstelle anhaftete. Wir würden ihn also sehr gezielt und nur wo absolut nötig einsetzen.

Um 14 Uhr 15 instruierte Richter James I. Cohn die Jury.

»Meine Damen und Herren, damit keine Missverständnisse entstehen, will ich nochmals betonen, dass eine Anklage lediglich einen Verdacht und *keinen* Schuldspruch bedeutet. Das Department of Justice wird nun zuerst die Anklage verlesen. Anschließend wird die Verteidigung ihre Verteidigungsrede halten. Beide Parteien stellen dabei ihre Sicht der Dinge dar. Bitte beachten Sie: Was immer auch gesagt wird, es handelt sich nicht um Beweise, sondern lediglich um die Interpretation der Vorgänge aus Sicht der jeweiligen Partei. Der Angeklagte ist und bleibt unschuldig, bis das Gegenteil bewiesen werden kann! Und die Beweispflicht liegt bei der Regierung. Die Hürde für einen Schuldspruch ist hoch. Dafür müssen Beweise und Indizien ›jenseits eines vernünftigen Zweifels‹ vorliegen, ansonsten muss ›im Zweifel für den Angeklagten‹ entschieden werden. Der Angeklagte, Raoul Weil, muss gar nichts beweisen. Es ist Ihre Aufgabe, die Zuverlässigkeit der Evidenz zu beurteilen. Die entsprechenden Beweise werden Ihnen in Form von Zeugenaussagen, Dokumenten, Gesetzestexten und Berichten geliefert.«

Richter Cohn machte eine Pause, nahm einen Schluck aus seinem Wasserglas, fasste meine Anklage – »Verschwörung zum Zweck des Steuerbetrugs« – in fünf Minuten allgemein verständlich zusammen und wandte sich dann mit Instruktionen an die Geschworenen.

»Meine Damen und Herren Geschworenen, ich werde Sie jeden Morgen an Folgendes erinnern: Sie dürfen mit niemandem über den Fall, den wir hier verhandeln, reden. Sie dürfen auch nicht mittels Mails, Chats oder Fax über den Fall kommunizieren. Lesen Sie keine Zeitungsartikel und schauen Sie sich keine TV-Sendungen an, die den Fall betreffen. Betreiben Sie keine eigenen Nachforschungen im Internet, und reden Sie nicht mit der Presse. Akzeptieren Sie von niemandem – und schon gar nicht von Reportern – Zahlungen oder sonstige Vergünstigungen für Auskünfte zum Fall. Sollten Sie über irgendwelche Missstände informiert werden, lassen Sie es mich sofort wissen.«

Und dann ging es los. Der Chefankläger Mike Weekley feuerte seine Eröffnungssalve ab. Schulmeisterlich richtete er sich an die Jury.

»Wir haben hier einen ganz einfachen Fall, meine Damen und Herren. 17 000 Mitverschwörer hinterzogen Steuern. Oder halfen einander, Steuern zu hinterziehen. 17 000! Wie machten sie das? Nun, jedes Jahr besuchten die Kundenberater der OSB Tausende ihrer Klienten in den USA. Dabei versteckten sie sich hinter dem Schweizer Bankgeheimnis. Die amerikanischen Steuerhinterzieher bezahlten viel zu teure Bankspesen, aber das war ihnen egal, da sie diese Zusatzkosten durch die Einsparung bei der Steuer mehr als kompensieren konnten. Und dieser Mann hier, Raoul Weil, dieser Mann war der Rädelsführer der ganzen Verschwörung.«

Er zeigte auf mich, holte tief Luft und fuhr weiter.

»Sehr geehrte Geschworene – ich will Ihnen die Vorgänge im Detail schildern: Die Kundenberater der OSB benutzten spezielle Laptops mit Datenschutzvorrichtung, um am Zoll nicht entdeckt zu werden. Als Einreisegrund gaben sie ›Urlaub‹ an. Sie wechselten häufig die Hotels, um nicht entdeckt zu werden. Die Angaben auf ihren Visitenkarten verheimlichten, dass sie als Kundenberater im Private Banking arbeiteten. Sie kannten sich nicht nur im Bankengeschäft aus, sie wurden auch in Verschleierungstaktiken ausgebildet. Es ging der Bank nur um eines: neue Kundengelder zu gewinnen, um das illegale, hochprofitable grenzüberschreitende US-Geschäft auszubauen. Kein Wunder, schließlich brachte dieses Geschäft pro Jahr 200 Millionen Dollar ein. Der Leiter des

OSB-Bereichs ›Westliche Hemisphäre‹, Herr Dieter Dunkel, musste jeweils direkt an ihn« – Weekley zeigte erneut auf mich – »den Rädelsführer, rapportieren. Im Jahr 2000, also kurz vor der Einführung des ›Qualified Intermediary‹-Abkommens, haben besagte Kundenberater ihre Klienten ganz gezielt zur Eröffnung von fiktiven Gesellschaften in Steuerparadiesen animiert, um weiterhin steuerfrei US-Wertschriften halten zu können. Und als die USA 2002 mit Grand Cayman und den Bahamas ein Abkommen zum Steuerinformationsaustausch abschlossen, transferierte die OSB ihre amerikanischen Kunden kurzerhand aus der Karibik hinter den eisernen Vorhang des Schweizer Bankgeheimnisses. Dann erließ der IRS die ›Offshore Voluntary Compliance Initiative‹, kurz OVCI, eine Amnestie für US-Steuerzahler, die mittels Offshore-Investments Steuern hinterzogen hatten – unter anderem mit Kreditkarten. Darauf beschloss die OSB einen Reisestopp für ihre Kundenberater. Warum? Man hatte wohl Angst, dass die Kunden ihre Berater in ihren Amnestieanträgen hätten verpfeifen können. Und dann, kaum war die Amnestie im April 2003 abgelaufen, fingen die unerlaubten US-Geschäftsreisen wieder an. Und dieser Herr hier« – Weekleys Zeigefinger schnellte erneut in meine Richtung –, »dieser Herr hier, Raoul Weil, wusste ganz genau, was gespielt wurde. Mehr noch, er bezeichnete das US-Geschäft sogar als ›Sondermüll‹. Dieter Dunkel stellte den Antrag, eine bei der amerikanischen Börsenaufsicht SEC registrierte Tochtergesellschaft, die Swiss Investment Advisors, für sogenannte W9-Kunden, das heißt Kunden mit deklarierten US-Wertschriften, zu gründen. Damit sollte das Geschäft mit diesen US-Kunden künftig in Einklang mit den US-Wertschriftengesetzen und mit den nötigen Lizenzen abgewickelt werden können. Raoul Weil wehrte sich mit Händen und Füßen dagegen – er wollte dafür ganz offensichtlich kein Geld ausgeben!«

Der Staatsanwalt holte tief Luft und feuerte weiter.

»Die OSB hatte ihre Meldepflichten verletzt und unter dem Deckmantel der Einhaltung der US-Wertschriftengesetze Richtlinien erlassen, die verhindern sollten, dass die US-Regierung die Verschwörung zur Steuerhinterziehung hätte aufdecken können. Der zögerliche Ausstieg aus dem US-Geschäft erfolgte – unter dem Projektnamen ›Segen‹ – erst Jahre später. Tatsächlich, es wäre ein Segen gewesen, das Geschäft loswerden zu können! Herr Weil hatte teuflische Angst, dass die verbotenen Handlungen mit US-Steuerhinterziehern durch einen Verkauf dieses Geschäftsbereichs hätten publik werden können. Kein Wunder, hat sich dieser Mann« – richtig, der Finger kam wieder – »vehement gegen die Anträge von Dieter Dunkel gewehrt, endlich aus diesem illegalen, aber äußerst profitablen Geschäft auszusteigen. Erst als die Geschäftsleitung 2007 von der Untersuchung des Department of Justice erfuhr, entschied die oberste Führungsebene mit den Herren Raoul Weil und seinen beiden Chefs, dieses kriminelle Geschäft unter dem Projektnamen ›Exit‹ einzufrieren und abzuschmelzen. Herr Weil, der CEO der OSB und auch der Chairman: Jeder spielte seine Rolle in dieser kriminellen Verschwörung, und ein jeder überließ die Drecksarbeit seinen Handlangern. Und ganz besonders dieser Herr hier« – Finger! – »dieser Rädelsführer delegierte, koordinierte und förderte die betrügerischen Machenschaften aktiv und wusch seine Hände in Unschuld.

Sehr geehrte Geschworene, ich habe nicht den geringsten Zweifel daran, dass es für Sie nur ein mögliches Urteil geben kann: ›Schuldig!‹«

»Pause von fünfzehn Minuten!«
Ich hatte sie bitter nötig.
Als die Viertelstunde vorbei war, hatte Aaron das Wort.

»Sehr geehrte Geschworene, Herr Raoul Weil kam in Basel zur Welt und studierte dort Wirtschaftswissenschaften. Er begann seine Karriere in der EDV-Abteilung der Vorgängerbank der OSB. Dank harter Arbeit, Intelligenz und großem Einsatz schaffte er den Weg nach ganz oben. Er diente als US-, Asien- und später als Chef Europa, Mittlerer Osten und Afrika. Erst ab Juli 2002 gelangte das fragliche Geschäft unter seine Fittiche. Die FINMA, die Eidgenössische Finanzmarktaufsicht, bewies in ihrer Untersuchung, dass Raoul Weil an der Verschwörung weder beteiligt war noch davon gewusst hat. Weshalb sollte er auch? Weshalb sollte er für ein Geschäft, das lediglich ein Prozent seines Gesamtbereiches – und ich betone nachdrücklich: lediglich ein Prozent seines Gesamtbereichs – ausmachte, Kopf und Kragen riskieren? Im Gegensatz zu ihm hatten sämtliche Zeugen der Anklage ein starkes Motiv und Eigeninteresse. Sie alle waren Teil der kriminellen Machenschaften und versuchen nun, dank einem Deal mit dem Department of Justice, ihren Kopf aus der Schlinge zu ziehen. Hier und heute Herrn Raoul Weil Verschwörung vorzuwerfen, ist völlig falsch, weil unzutreffend! Der IRS war voll im Bild und akzeptierte im QI-Abkommen wissentlich, dass es für ausländische Banken legal war, nicht deklarierte US-Konten zu unterhalten. Es bestand für die OSB lediglich eine Meldepflicht, wenn Amerikaner im Ausland US-Wertschriften halten wollten. In einer fast endlosen Anzahl von Revisionsberichten und Rechtsgutachten bestätigten Experten und Anwälte Herrn Weil, dass das Geschäft mit den amerikanischen Kunden völlig legal war. Raoul Weil klassifizierte das grenzüberschreitende US-Geschäft als ›reifen Markt‹.«

Aaron hielt kurz inne, bevor er mit erhobener Stimme weiterfuhr.

»Dieter Dunkel, der Kronzeuge der Anklage, war der – um es in den Worten der Anklage zu sagen – Rädelsführer, nicht Herr

Weil! Das regulatorische Umfeld wurde mit dem angekündigten ›Levin-Coleman-Obama‹-Gesetzesentwurf noch schwieriger. Dieter Dunkel wollte das Geschäft in einem Management-Buyout, kurz MBO, an Kurt-Emil Segen, bei der OSB Leiter des US-Geschäfts, und sein Management-Team verkaufen. Von Herrn Segen wurde dann auch der Name dieses Projektes abgeleitet. Mit einem Segen, das US-Geschäft loszuwerden, hatte diese Namensgebung nichts zu tun. Dieses von Herrn Dunkel geplante MBO hätte die Bank über mehrere Jahre finanziell riskant in der Verantwortung gehalten. Deshalb versuchte Raoul Weil, zusammen mit dem CEO und dem ersten Rechtskonsulenten, bereits im August 2007, mittels Verkauf des Geschäftes sauber und endgültig auszusteigen.

Meine Damen und Herren, das Department of Justice wird Ihnen kein einziges Dokument oder Mail präsentieren können, das einen nur annähernd schlagenden Beweis gegen Raoul Weil erbringt. Werte Geschworene, nur ein einziges Urteil wird Herrn Raoul Weil gerecht: ›Unschuldig!‹«

Susanne und ich schauten uns an und atmeten tief durch. Die erste Runde war ausgefochten. Wir beendeten diesen ersten Prozesstag, der in aller Regel mit einem klaren Sieg der Anklage ausgeht, mit einem Unentschieden. Kaum hatten wir das Gerichtsgebäude verlassen, wurden wir wieder von einer Schar Kameramänner und Journalisten belagert. Susanne und ich flohen entschlossenen Schrittes in Richtung Parkhaus.

Um 18 Uhr 30 trafen wir uns zur Manöverkritik in unserer Kommandozentrale im »Ritz«, und Aaron eröffnete mir, dass das DoJ darauf verzichtete, seinen Steuerexperten des IRS in den Zeugenstand zu rufen. Ich war etwas perplex.

»Warum jetzt das?«

»Ganz einfach. Der Mann müsste den rechtlichen Rahmen des

QI-Abkommens wahrheitsgetreu darstellen, und das würde dem Department of Justice schaden. Und unser Joker-Zeuge ist ein Steuerexperte, der für den IRS im Jahr 2000 das QI-Abkommen ausgehandelt hatte. Die Rechtslage ist also eindeutig zu unseren Gunsten.«

»Wie schätzt du die Angriffsstrategie des Department of Justice ein?«, wollte ich wissen.

»Es sieht tatsächlich ganz danach aus, als ob sie eine emotionale Kampagne aufziehen wollten. Das Department of Justice versuchte nicht nur, die besser ausgebildeten, in der Tendenz rationaler entscheidenden Geschworenen aus der Jury rauszuhalten, sondern tischte auch noch Räubergeschichten auf.« Aaron lächelte. »Beides ist ihnen nicht wirklich gut gelungen.«

»Und wie werden *wir* uns strategisch ausrichten?«

»Wir werden die Kreuzverhöre dazu nutzen, die Geschworenen immer wieder bezüglich der rechtlichen Faktenlage auszubilden. Da sich dein Fall in den letzten sechs Jahren so oft in eine neue Richtung entwickelt hat, müssen wir in der Prozesstaktik flexibel auf die Aussagen der Zeugen der Gegenseite reagieren können. Aufgrund der Einvernahmeprotokolle können wir zum Glück ziemlich genau voraussagen, wann die Zeugen des Department of Justice nicht die Wahrheit sagen werden. Und klar, wir werden keine Gelegenheit auslassen, sie dann als Lügner zu entlarven und vor den Geschworenen zu diskreditieren.«

Mittwoch, 15. Oktober 2014 Das DoJ beantragte, zusätzliche Mails zuzulassen. Matt intervenierte.

»In all diesen Mails geht es nur um das bereits vom Gericht abgelehnte Thema ›Deemed Sales‹. Die Anklage versucht, diesen nicht zugelassenen Bereich einfach durch die Hintertür wieder in den Fall zu schmuggeln.«

»Das Department of Justice garantiert, die relevanten ›Deemed Sales‹-Paragrafen zu schwärzen und sich ganz auf die Umstände der Verschwörung zu konzentrieren.«

Das sagte nicht Weekley, sondern Paul Parker, einer der beiden anderen Staatsanwälte, die Weekley unterstützten. Der dritte Staatsanwalt hieß Phil Tarantino.

Matt machte klar: »Mit diesen Mails wird lediglich versucht, durch ›hearsay‹, also mittels indirekter Information, zu beweisen, dass ein OSB-Kunde Roland Schneider etwas über Raoul Weil mitgeteilt hat.«

»Es geht in diesen Mails überhaupt nicht um irgendwelche Gerüchte, Herr Kollega, die Regel des ›hearsay‹ trifft nicht zu. Ein Mitverschwörer teilt einem anderen Mitverschwörer etwas mit, und diese Konversation *muss* in diesem komplexen Gerichtsfall rechtlich zugelassen werden!«

Der Richter bewilligte den Antrag der Staatsanwaltschaft.

Nun wussten wir, weshalb die Staatsanwaltschaft eine endlose Verschwörerliste von 17 000 Kunden und 65 Mitarbeitenden der OSB aufgestellt hatte. Das DoJ umging so elegant die ›Hearsay-Regel‹, die mittelbare Information von Nichtbeteiligten vom Verfahren ausgeschlossen hätte.

Als erste Zeugin der Regierung wurde nun die Revisorin der OSB, Mary Bird aus Stamford, Connecticut, in den Zeugenstand gerufen. Sie musste bezeugen, dass sämtliche Protokolle, Mails und so weiter regelkonform aufbewahrt worden waren. Üblicherweise ging man in den USA, genauso wie in der Schweiz, von einer zehnjährigen Aufbewahrungspflicht aus.

Matt hatte nur eine Frage an die Revisorin.

»Was bitte ist Ihre Aufgabe, Frau Bird?«

»Ich bin interne Revisorin. Unser Bereich rapportiert direkt an den Verwaltungsrat. Wir überprüfen, ob die Kontrollprozesse sauber aufgesetzt sind und umgesetzt werden. Wir kontrollieren, ob das Risiko-Management in völliger Übereinstimmung mit den geltenden Gesetzen und Richtlinien durchgeführt wird.«

Matt wollte mit dieser einen Frage lediglich die Glaubwürdigkeit der unabhängigen, direkt an den Verwaltungsrat rapportierenden internen OSB-Revisionsstelle etablieren. Es war ja genau diese Revisionsstelle, auf die ich mich zwischen 2002 und 2007 verlassen musste.

Nun rief Staatsanwalt Paul Parker seinen zweiten Hauptzeugen, Roland Schneider, der bis März 2002 Leiter Nordamerika war, in den Zeugenstand. Kronzeuge Dieter Dunkel sollte seinen Auftritt erst später haben.

»Wo sind Sie geboren, Herr Schneider?«

»In Zürich.«

»Beschreiben Sie uns doch bitte Ihren Bildungsweg.«

»Bereits als Kind musste ich an den Wochenenden in der Küche des Restaurants meiner Eltern mitanpacken.« Ein netter Versuch, die Geschworenen für sich einzunehmen. »Ich wurde dann aber nicht Koch, sondern absolvierte eine Banklehre. Nach der Banklehre ermöglichte mir einer meiner Vorgesetzten ein berufsbegleitendes Hochschulstudium. In den Achtzigerjahren arbeitete ich im Börsenhandel der OSB-Vorgängerbank in New York. Ich besaß damals eine ›Series 7‹-Börsenhändler-Lizenz. Mitte der Neunzigerjahre übernahm ich in Zürich die Nordamerika-Beratungsgruppe. Drei Jahre später wurde – durch eine Fusion – die Bank geformt, die heute als OSB bekannt ist. Auf einmal war ich für dreimal so viele nordamerikanische Kunden wie vor dem Zusammenschluss verantwortlich.«

»Welcher Art war das grenzüberschreitende US-Geschäft?«

»Die Kunden waren allesamt Steuerbetrüger, die den Staat übers Ohr hauen wollten. Alle in der Bank haben das gewusst!«

»Was halten Sie eigentlich vom FINMA-Bericht zum grenzüberschreitenden Geschäft der OSB, Herr Schneider?«

»Ich wurde von der FINMA nie zum grenzüberschreitenden US-Geschäft befragt.«

Der Zeuge des DoJ war der Frage elegant ausgewichen, und der Staatsanwalt vermied es tunlichst, nachzuhaken.

»Was können Sie zu Herrn Weils Involvierung in dieses Geschäft sagen?«

»Mein Kunde Pinkus Rabe, den ich für meinen neuen Arbeitgeber, die Alte Zürcher Bank, von der OSB abzuwerben versuchte, hatte mir und meinem Kollegen Beat Kaufmann im Oktober 2002 gesagt, dass er Herrn Weil zusammen mit dessen Mitarbeiter Reto Wolf in New York getroffen habe. Pinkus Rabe entschied sich, bei der OSB zu bleiben, da ihm bestätigt wurde, dass die OSB sein Vertraulichkeitsproblem lösen könne.«

»Weshalb hatten Sie die OSB im Jahr 2002 eigentlich verlassen?«

»Ich wollte die Compliance mit dem QI-Abkommen verbessern und das Beratungsgeschäft in eine externe Vermögensverwaltungsgesellschaft auslagern. Dieter Dunkel, mein Chef, war dagegen, deshalb brauchte ich einen anderen Supporter und wandte mich an Raoul Weil, den ich von früher kannte. Seine Sekretärin organisierte mir einen Termin. Raoul Weil sprach sich nicht offen gegen mein Projekt aus, aber seine Körpersprache verriet, dass er mich nicht unterstützen würde. Als mein Antrag ans Business-Komitee ging, war Herr Weil denn auch tatsächlich dagegen. Ich sagte ihm anlässlich meines Termins mit ihm, dass die Kunden alle Steuerbetrüger seien.«

»Keine weiteren Fragen der Anklage, Euer Ehren.«

Richter Cohn übergab das Wort Matt.

»Herr Menchel, der Zeuge Schneider steht Ihnen fürs Kreuzverhör zur Verfügung.«

Matt konnte Roland Schneider grundsätzlich nur zu Aspekten befragen, die der Staatsanwalt im direkten Verhör bereits angesprochen hatte. Es sei denn, der Zeuge öffnete von selber weitere Türen, die Matt dann aufstoßen konnte.

»Herr Schneider, ich hab eine Frage an Sie: Sind Sie wirklich sicher, dass sich Raoul Weil und Reto Wolf mit dem Kunden Pinkus Rabe in New York getroffen haben – und nicht vielmehr Reto Wolf und Dieter Dunkel?«

»Ja, da ich bin mir sicher. Pinkus Rabe selbst hat es mir gesagt. Ich hatte ihn ja bereits im März 2002 mit Beat Kaufmann getroffen. Herr Rabe sagte uns damals zu und wollte mit uns zur Alten Zürcher Bank wechseln. Nach dem Treffen mit Herrn Weil entschied er sich aber, bei der OSB zu bleiben. Pinkus Rabe teilte uns das mit, als wir ihn im Oktober 2002 abermals trafen.«

»Herr Schneider, dann schauen wir uns doch am Bildschirm mal den Verlauf dieser E-Mail-Korrespondenz an.«

Alle richteten den Blick auf einen der großen Bildschirme, die von der Decke hingen.

»Erkennen Sie Reto Wolfs Mail an Dieter Dunkel und dessen Sekretärin?«, fragte Matt.

»Ja, das sehe ich.«

»Erkennen Sie, dass Dieter Dunkel zusammen mit Reto Wolf ein Treffen in New York mit dem Kunden Pinkus Rabe vereinbarte?«

»Ja, ich sehe es.«

»Euer Ehren, wir möchten die OSB-Kundenliste zur Zulassung beantragen.«

»Gibt es irgendwelche Einsprüche der Anklage? – Nein? – Dann ist die Kundenliste zugelassen.«

»Herr Schneider, erkennen Sie die Bestätigung des Kundentreffens durch Dieter Dunkels Sekretärin?«

Roland Schneider war offensichtlich auf dem falschen Fuß erwischt worden.

»Ja, aber Pinkus Rabe hatte mir wirklich gesagt, er habe Herrn Weil gesehen«, stotterte er.

»Ich habe für heute keine weiteren Fragen, Euer Ehren«, schloss Matt.

Um Punkt 17 Uhr unterbrach Richter Cohn die Verhandlung. Susanne, Brenda und ich entflohen ins Hotel. Ich brauchte nun dringend einen Gimlet mit viel Wodka und wenig Rose's Lime Juice, ob geschüttelt oder gerührt, spielte keine Rolle. Es ist nervenaufreibend, sich den ganzen Tag mit Mist bewerfen zu lassen und keine Miene verziehen zu dürfen.

Susanne und ich gingen denn auch entsprechend aufgewühlt zu Bett. Aber an Schlaf war nicht zu denken. Mein Kopf war ein Bienenhaus. Schließlich schluckten wir eine Schlaftablette und fanden wenigstens bis 4 Uhr 30 ein bisschen Ruhe.

Donnerstag, 16. Oktober 2014   Roland Schneiders zweiter Tag.

»Guten Morgen, Herr Schneider.«

»Guten Morgen, Herr Menchel.«

»Herr Schneider, Sie hatten gestern ein Business-Komitee-Meeting erwähnt, an dem Ihr Antrag, eine externe Vermögensverwaltungsgesellschaft zu gründen, behandelt wurde. Merkwürdigerweise fanden wir zwar Ihren provisorischen Antrag, aber weder auf einer Einladung noch in irgendeinem Protokoll wird Ihr Traktandum vermerkt. Ist das nicht eigenartig? Herr Schneider, sind Sie sich wirklich sicher, dass Herr Weil an dieser Entscheidungssitzung anwesend war?«

»Nein, ich bin mir nicht zu hundert Prozent sicher, dass Raoul Weil anwesend war. Ich erinnere mich aber ganz klar an zwei andere Personen.«

»Euer Ehren, darf ich Sie bitten, den Hellraumprojektor einzuschalten?«

»Einspruch, Euer Ehren! Wir konnten die Vorlage der Verteidigung nicht vorgängig begutachten«, unterbrach Mike Weekley.

»Einspruch abgelehnt. Herr Staatsanwalt, wir scheinen hier einen Generationenkonflikt überbrücken zu müssen. Der Hellraumprojektor ist zwar der jüngeren Generation nicht mehr geläufig, aber dennoch zulässig. Herr Menchel wird uns mit einem Filzstift etwas aufzeichnen, und das Gericht wird dann nach Fertigstellung seiner Skizze über deren Zulassung entscheiden.«

Matt zeichnete drei Rechtecke.

»Schauen wir uns doch Ihren damaligen Antrag zur Neuorganisation des US-Vermögensverwaltungsgeschäfts an, Herr Schneider, in dem Sie drei Varianten zur zukünftigen Ausrichtung des US-Bereiches vorgeschlagen haben. In der ersten Variante«, Matt zeigte auf das erste Rechteck, »hätte die OSB alle Dienstleistungen, das heißt die Vermögensverwaltung, die Depotbankfunktion *und* den Börsenhandel, liefern sollen. Der Wert oder der ›net present value‹, kurz NPV, dieser ersten Variante liegt bei 421 Millionen Schweizer Franken. Die OSB wollte ihr Angebot damals allerdings ganz auf Vermögensverwaltungsaufträge beschränken und Kundenbeziehungen, die aktiv Wertschriften handelten, auflösen. Bei der zweiten Variante«, Matt wies auf das zweite Rechteck, »würde die OSB die Vermögensverwaltung und -beratung an einen externen Anbieter auslagern. Der Wert oder der NPV für die OSB beliefe sich bei dieser Variante zwei nur noch auf 231 Millionen Schweizer Franken. Können Sie uns erklären, was ein NPV ist, Herr Schneider?«

»Ja, das sind die zukünftigen Profite, die auf den aktuellen Tag abgezinst werden.«

»Wie viele Jahre an zukünftigen Profiten wurden hier berücksichtigt?«

»Vielleicht fünf bis zehn Jahre. Ich weiß nicht genau, was verwendet wurde.«

»Nun schauen wir uns das dritte Rechteck, also Variante drei, an, das Projekt ›Oberland‹. Ist das *Ihr* Vorschlag?«

Schneider bejahte.

»Bei dieser Variante würde Ihre eigene, neu gegründete Gesellschaft die Vermögensverwaltung und -beratung von der OSB übernehmen. Nach Adam Riese wäre die Differenz von 421 Millionen Schweizer Franken minus 231 Millionen, also rund 190 Millionen Franken Profit, in Ihre eigenen Taschen geflossen. Richtig?«

»Wenn man das so einfach betrachtet, schon möglich. Man müsste aber jenes Gesetz berücksichtigen, das mir nicht zu erwähnen erlaubt ist.«

»Sie meinen ›Deemed Sales‹, oder nicht? Nein, dieses Thema dürfen Sie nicht erwähnen, wir haben Regeln an diesem ehrenwerten Gericht! Tatsache ist, Sie hätten sich eine goldene Nase verdienen können! Was soll also falsch daran sein, dass das Management der OSB Ihren Vorschlag ablehnte, Ihre Taschen nicht füllte und stattdessen eine Variante wählte, die nicht nur eine bessere Kontrolle des Geschäfts zuließ, sondern die erst noch profitabler war für die Bank? Aber fahren wir fort: Herr Schneider, hatten Sie beim Department of Justice nicht zugegeben, dass Sie nach Ihrer Zeit bei der OSB den Aufbau eines externen Vermögensverwaltungsgeschäfts bei der Alten Zürcher Bank geführt hatten?«

»Ja.«

»Sie haben also Ihre geplanten kriminellen Machenschaften bei der Alten Zürcher Bank zu Ihrem neuen Geschäftsmodell entwickelt?«

»Ja.«

»Ist das nicht genau das Geschäftsmodell, das Sie bei der OSB bewilligen lassen wollten?«

»Ja.«

»Herr Schneider, das hat doch aber gerade überhaupt nichts mit einer Verbesserung der QI-Compliance zu tun. Oder hat es?«

»Nein.«

»Herr Schneider, Sie sagten, es existierten vor dem Qualified-Intermediary-Abkommen, im Jahr 2000, nur ein bis zwei Dutzend Gesellschaften für US-Kunden.«

»Ja.«

»Weshalb wissen Sie das so genau?«

»Ich hatte Hunderte von Kunden gesehen, Gesellschaften kamen äußerst selten zur Sprache.«

»Sind Sie sich da wirklich sicher?«

»Ja.«

»Wirklich?«

»Ja.«

»Ganz sicher?«

»Ganz sicher!«

»Dann schauen wir uns am Bildschirm folgende Analyse etwas genauer an. Herr Schneider, lesen Sie doch bitte den gelb markierten Abschnitt vor.«

»Es existierten über 700 Gesellschaften von US-Kunden und nochmals über 600 mit einem US-Begünstigten.«

»Können Sie diese Zahlen bestätigen?«

»Ja, es sieht fast so aus, aber ich weiß nicht, ob es sich dabei um globale Zahlen handelt. Ich habe jeweils nur von der Schweiz gesprochen.«

Kim Zelnick reichte Matt auf dessen Fingerzeig hin einen gelben Zettel.

»Schauen wir uns doch dieses Dokument nochmals genau an, Herr Schneider. Heißt es hier nicht ›Buchungszentrum Schweiz‹?«

»Hmm.«

»Herr Schneider, für das Gerichtsprotokoll brauche ich entweder ein klares Ja oder ein klares Nein. Sagen Sie also bitte deutlich ›Ja‹ oder ›Nein‹ und nicht ›Hmm‹, Sir!«

Das war das erste Mal, dass Matt Roland mit »Sir« ansprach – er sollte es noch einige Male mehr tun. Das wirklich Komische daran war, dass Roland dieses »Sir« bei seinen Antworten übernahm.

»Ja, Sir.«

»Hatten Sie dem Department of Justice nicht gestanden, dass Sie für Anna Ellsworth eine kriminelle Struktur errichtet hatten?«

»Ja, Sir, das stimmt, aber Anna war eine Freundin der Familie.«

»Ist das der Grund, weshalb Sie Ihren eigenen Vater bei dieser Operation nicht nur in der Rolle eines Strohmanns, sondern auch noch als Eigentümer von Annas Geldern in einer Lebensversicherungspolice eingesetzt hatten?«

»Ja, Sir. Anna war, wie bereits gesagt, eine Freundin der Familie. Mein Vater musste 14 000 Franken Gebühren verlangen, damit diese Struktur nach Schweizer Recht legal war.«

»Herr Schneider, Ihr Vater musste – Sie meinten wirklich: *musste* – als krimineller Strohmann eine Gebühr verlangen?«

»Ja, Sir, nach Schweizer Recht.«

»Herr Schneider, wir verhandeln hier einen Fall nach US-Recht und nicht nach Schweizer Recht.

»Ja, Sir.«

»Herr Schneider, können Sie sich an die Geschichte mit dem IRS-Agenten erinnern, der in Zürich inkognito Banken auskundschaftete?«

»Ja, Sir, schwach.«

»Hier sehen wir eine Mail von Fritz von Steg, dem Leiter der OSB-Steuerabteilung. Er war richtiggehend pingelig mit der QI-Auslegung und forderte nach dieser IRS-Agenten-Geschichte verschärfte Richtlinien für die Kundenberater. Und was machten Sie, Herr Schneider? Sie als *Chef* dieser Kundenberater? Schauen wir uns doch Ihre Folgemail an die Kundenberater an. Sie verlangten von Ihren Beratern nicht, dass sie absolut keine Beihilfe zur Errichtung von Strukturen leisten sollten, sondern lediglich, dass sie bei Neukunden mit ihren sogenannten innovativen Lösungen etwas vorsichtiger sein sollten. Stimmt das?«

»Ja, Sir, sieht so aus.«

»War das Ihre ureigene Initiative?«

»Ja, Sir.«

»Waren einzelne Kundenberater Gehilfen bei Ihren ›innovativen‹ Lösungen?«

»Ja, Sir.«

»Haben Sie mit Ihren Chefs über Ihre Initiative zur Errichtung ›innovativer‹ Strukturen gesprochen?«

»Nein, Sir.«

»War Dieter Dunkel über Ihre Initiative informiert?«

»Nein, Sir.«

Matt schritt vom Rednerpult quer durch den Gerichtssaal auf mich zu.

»Herr Schneider« – Matt zeigte mit dem ausgestreckten Finger auf mich, im ersten Moment war ich völlig perplex –, »hatte dieser Mann hier, Raoul Weil, etwas mit den Strukturen zu tun?«

»Nein, Sir.«

»Überlegen Sie genau, Sie spielen mit seiner Reputation, Sie spielen mit seiner Zukunft. Hatte Herr Weil etwas mit jenen Strukturen zu tun?«

»Nein, Sir.«

»Herr Schneider! Sie allein haben diese Verbrechen begangen. Nur Sie! Nicht dieser Mann hier, nicht Herr Weil! Haben Sie in Ihrer Einvernahme beim Department of Justice zugegeben, Kunden zum Steuerbetrug animiert zu haben, Herr Schneider?«

»Ja, Sir, aber wir wussten alle vom Steuerbetrug.«

»Nicht wir, Herr Schneider. Wir nicht! *Sie* haben die Kundenberater dazu animiert! Sie, Sie allein haben animiert! Nur Sie! – Wie oft haben Sie übrigens die Leute vom Department of Justice getroffen?«

»Wir hatten ein Treffen in London, im August 2014.«

»War dies das erste Treffen seit Ihrer Anklage 2009?«

»Ja, Sir, aber ich machte mit meiner ehemaligen Anwältin bereits 2013 einen schriftlichen und einen telefonischen Versuch.«

»Hat Sie das Department of Justice auf die heutige Zeugenaussage vorbereitet, hat es Ihre Aussagen mit Ihnen eingeübt?«

»Nein, Sir, das Department of Justice hat mir nur Mails gezeigt.«

»Wissen Sie eigentlich, Herr Schneider«, Matt hielt kurz inne, »wissen Sie, was für einen außergewöhnlichen Spezial-Deal Sie vom Department of Justice erhielten?«

»Nein, Sir.«

»Ist es richtig, dass nichts, absolut nichts, von dem, was Sie während der zwei Tage in London ausgesagt hatten, gerichtlich gegen Sie verwendet werden kann, Sie also Immunität genießen?«

»Ja, Sir, solange ich die Wahrheit sage.«

»Wer entscheidet denn über die Wahrheit?«

»Der Richter.«

»Aha. Wo genau hat denn ein Richter auf Ihrem Vertrag mit dem Department of Justice unterschrieben, Herr Schneider?«

»Nirgends.«

»Dann entscheidet also das Department of Justice, diese drei

Staatsanwälte hier in der ersten Reihe hinter mir, ob Sie eine Aussage machen, die das Department of Justice befriedigt?«

»Hmm.«

»Sagen Sie bitte deutlich ›Ja‹ oder ›Nein‹, Sir!«

»Ja, Sir.«

»Ist es richtig, dass Sie für alle Aussagen, die Sie hier an diesem Gericht machen, ebenfalls immunisiert sind?«

»Nur, wenn ich die Wahrheit sage. Ich habe die Absicht, meine eigene Anklage gerichtlich auszufechten.«

»Wirklich? Garantierte Ihnen das Department of Justice dennoch die freie Rückreise in die Schweiz, Herr Schneider?«

»Ja, Sir.«

»Dann haben Sie also einen direkten Anreiz, Herr Schneider, diese Leute hier«, Matt deutete mit dem Daumen über seine rechte Schulter nach hinten Richtung Weekley, Parker und Tarantino, »diese Leute in der ersten Reihe hinter mir, zufriedenzustellen?«

»Ich muss die Wahrheit sagen.«

»Sie müssen immer die Wahrheit sagen, Herr Schneider. Nur die Wahrheit. Sie sind ja schließlich unter Eid! Was erwarten Sie als Gegenleistung, wenn Sie das Department of Justice zufriedenstellen?«

»Auf jeden Fall mildernde Umstände.«

Die erste, kurze Woche war überstanden, die erste Schlacht gewonnen. Es würden unzählige weitere Runden bis zur Entscheidung folgen. Roland Schneider musste am Montag nochmals zum Kreuzverhör antreten. Bis dahin würde er wohl schlaflose Nächte verbringen.

Samstag, 18. Oktober 2014 Meine Anwälte wurden langsam nervös. Nicht wegen des Verlaufs des Prozesses, sondern wegen meiner von der Rechtsschutzversicherung noch nicht beglichenen Rechtsanwaltskosten. Und jeder Prozesstag kostete mehrere zehntausend Schweizer Franken. Ich musste 2,5 Millionen Dollar meiner bei Gericht hinterlegten Kaution rechtlich an meine Anwälte abtreten, stand nun also völlig mit dem Rücken zur Wand. Ich fühlte mich endgültig im Film »High Noon« angelangt.

Der finanzielle Druck besorgte Susanne und mich zutiefst. Wir fuhren nach Las Olas und versuchten uns in der Trata Greek Taverna, am East Las Olas Boulevard, vom Auf und Ab der emotionalen Achterbahn zu erholen. Dimitrios Tsiakanikas oder »Jimmy the Greek«, wie ihn die Gäste nennen, verwöhnte uns mit traditioneller griechischer Küche und herzlicher Gastfreundschaft. Welche Wohltat – für ein paar Stunden war ich nicht der Angeklagte Weil, sondern einfach nur Gast.

Sonntag, 19. Oktober 2014 Ich drängte Kim zu einem Entscheid, ob wir meinen Freund und Gastgeber John als Zeugen aufrufen sollten, der aus privater Sicht Auskunft über mich und meinen Charakter geben könnte.

»Wir sind uns noch nicht sicher, ob wir einen Charakterzeugen aufrufen wollen oder nicht. Normalerweise ist das eine Notlösung der Verteidigung, wenn sich sonst keine Zeugen zur Verfügung stellen. In deinem Fall haben sich aber bereits ein Dutzend Freiwillige zu einer Zeugenaussage bereit erklärt, was für dich als Person spricht; von so einem ›Andrang‹ können andere Angeklagte nur träumen.« Sie lächelte. »Aber liefere mir doch etwas Hintergrundinformation zu John, und erzähl mir, wie ihr euch kennen gelernt habt, bitte.«

»Es war Susanne, die John 2002 zufällig während einer Reise nach Istanbul kennen lernte, auf einer Fähre. Danach trafen wir uns alle vier, Brenda, John, Susanne und ich, regelmäßig in unserer Wohnung in New York und liefen gemeinsam den Neujahrslauf im Central Park. Es entstand eine Freundschaft, sodass wir Brenda und John zu Johns Siebzigsten auf eine Reise durch die Schweiz einluden.«

»Was machte er beruflich?«

»John absolvierte die Marine-Akademie und arbeitete dreißig Jahre lang als Kapitän auf einem Schleppboot. Nach einem zweijährigen, gewerkschaftlich organisierten Streik hängte er seinen Job an den Nagel und wurde – als Kapitän auf dem Gefängnisschiff der Stadt New York – Gefängnisangestellter.«

»Und wie sieht sein Privatleben aus?«

»Brenda und John haben zwei Kinder. Der Sohn schaffte es bis zum Major in der Luftwaffe. Nach einem sechsmonatigen Einsatz in Afghanistan wechselte er zum FBI. Und die Tochter ist stellvertretende Rektorin an einer Schule in Neuengland.«

»Und du denkst, John würde sich als Zeuge eignen?«

»Klar. Er ist intelligent, hat viel Humor, ist sehr besonnen. Er bevorzugt es, sich schriftlich auszudrücken, und schreibt öfters politische Leserkommentare im ›New Jersey Herald‹. Ich bin überzeugt, dass John als Zeuge sehr glaubhaft rüberkäme.«

»Tja, es sieht ganz so aus, als ob man den Zeugen John erfinden müsste, wenn es ihn nicht schon gäbe!«

»Ja, das finde ich eben auch.«

»Komm, wir machen das mit John wie mit unseren anderen Zeugen: Wir nehmen ihn in ein hartes Probekreuzverhör und stellen ihm die potenziell schädlichsten Fragen, die ihm der Staatsanwalt stellen würde; dann sehen wir, wie geeignet er wirklich ist. Okay?«

»Einverstanden.«

Montag, 20. Oktober 2014   Um Punkt neun Uhr morgens setzte sich Roland Schneider wieder in den Zeugenstand, und Richter James I. Cohn erinnerte ihn daran, dass er noch immer unter Eid stand und verpflichtet war, die Wahrheit zu sagen und nichts als die Wahrheit.

Matt stand auf.

»Guten Morgen, Herr Schneider.«

»Guten Morgen, Herr Menchel.«

»Herr Schneider, Sie hatten erwähnt, dass Sie nie von der FINMA einvernommen wurden. Sind Sie sich dessen sicher?«

»Ja, ich bin mir sicher!«

»Absolut sicher?«

»Absolut sicher!«

»Kennen Sie Personen, die von der FINMA einvernommen wurden?«

»Ja, einige meiner damaligen Mitarbeiter wurden befragt.«

»Was wissen Sie über den FINMA-Bericht?«

»Ich habe ihn nicht gelesen, sondern lediglich die Zeitungsberichte dazu aufmerksam verfolgt.«

»Was halten Sie denn als Zeitungsleser von dem Bericht?«

»Wollen Sie wirklich die Wahrheit wissen?«

»Selbstverständlich, Herr Schneider. Wir sind hier vor Gericht, und Sie wissen, Sie sind verpflichtet, nichts als die Wahrheit zu sagen.«

»Okay, die Wahrheit ist, dass dieser Bericht ein absoluter Witz ist. Alle bei der OSB wussten vom Steuerbetrug und der aktiven Beihilfe der Mitarbeiter.«

»Und Sie wurden wirklich nicht von der FINMA einvernommen?«

»Ich habe Ihnen das doch eben gerade gesagt: Nein!«

»Euer Ehren«, wandte sich Matt an den Richter, »darf ich mich dem Zeugen nähern?«

»Stattgegeben.«

»Herr Schneider, dann darf ich Sie bitten, folgende zwei Seiten dieses Dokumentes genauestens zu studieren.«

Roland griff nach dem Papier, das ihm Matt entgegenhielt.

»Ich benötige ein paar Minuten, um das zu lesen.«

»Kein Problem, Herr Schneider, lassen Sie sich Zeit.«

Roland begann zu lesen, und Matt fasste freundlich nach.

»Herr Schneider, sind Sie sich immer noch sicher, dass Sie von der FINMA im Jahr 2008 nicht einvernommen wurden?«

Roland wurde kreidebleich.

»Können Sie Ihre Aussagen wiedererkennen, Herr Schneider?«

»Es sieht fast so aus, als ob ich von der FINMA einvernommen wurde. Aber ich kann mich wirklich nicht mehr daran erinnern.«

Ein Raunen ging durch die Reihen der Geschworenen.

»Keine weiteren Fragen an den Zeugen, Euer Ehren!«

Das Abendessen genossen Susanne und ich zusammen mit Matt. Wir ließen das ganze Kreuzverhör noch einmal Revue passieren und wollten von Matt hören, worin das Geheimnis seiner Verhörtechnik liege.

»Es gibt kein Geheimnis«, lachte er, »ich mache einfach alles anders, als es in den juristischen Lehrbüchern steht. Während des Jurastudiums lernten wir, den Zeugen strikte zu führen und ihn auf Ja- oder Nein-Antworten hin zu drängen. Ich aber lasse den Zeugen reden und abschweifen und erhalte so wichtige zusätzliche Informationen, mit denen ich nachfassen kann. Manchmal fordere ich den Zeugen richtig heraus, mir seinen Standpunkt darzustellen: ›Komm, Junge, gib es mir! Ja, gib es mir!‹« Mit erhobenen Fäusten mimte Matt einen Boxer, der seinen Kontrahenten animiert, zuzuschlagen. »Die eigentliche Kunst liegt jedoch im Tempowechsel. Das ist ähnlich wie im Profitennis. Auf Passagen mit lockeren, offenen Fragen folgen schnelle, geschlossene Ja-Nein-Fragen. Bei denen toleriere ich dann absolut null Abschweifung. Ich insistiere und presse ein Ja oder ein Nein buchstäblich aus dem Zeugen heraus.«

»Und was war Aarons Feedback auf dein Kreuzverhör mit Schneider?«

»Er machte sich vor Angst fast in die Hose, als ich Roland Schneider am zweiten Tag fragte, ob du etwas mit den Strukturen zu tun hattest. Aaron meinte, dass ich mit dem Feuer gespielt hätte. Aber ich fand meine strenge Frage an Schneider überhaupt nicht riskant. Ich wollte einfach demonstrativ den Nagel einschlagen.«

»Aha, dann fand dich Aaron zu aggressiv?«

»Zwei-, dreimal. Da hatte er aber auch recht. Ich war manchmal ein bisschen sehr forsch. Aber gerade dieses emotionale Wechselbad von aggressiver Offensive und leiseren, beschwichtigenden Tönen gehört zur Sinfonie des Kreuzverhörs.«

»Diesen Eindruck erhielt ich beim Zuhören ebenfalls, und ich verstehe heute auch, weshalb Richter Cohn das Kreuzverhör als zentrales Element der Wahrheitsfindung definierte: Die Lügengebäude fallen wie Kartenhäuser in sich zusammen.«

»Das ist so, es setzt aber voraus, dass der Verteidiger nicht einfach seine Fragenliste abhakt. Die hohe Schule eines gut geführten Verhörs liegt im unauffälligen Auslegen von Stolperfallen und Schlingen. Und plötzlich, zack!, steht der Zeuge mit abgesägten Hosen da!«

»Mir ist aufgefallen, dass du, im Gegensatz zur Staatsanwaltschaft, immer zu den Geschworenen gesprochen hast und kaum zum Zeugen.«

»Gut beobachtet, Raoul. Weißt du, ich muss ja nicht den Zeugen überzeugen, sondern die Geschworenen. Ich will ihnen in die Augen sehen, will ihren Puls fühlen. Ich will in ihrer Körperhaltung erkennen, ob sie mir folgen können, ob meine Botschaften ankommen. Ich will spüren, ob ich ihre Zustimmung erhalte. Sie sind es, die über Schuld oder Unschuld entscheiden – sie allein und nicht der Zeuge!«

»Wie bist du eigentlich Verteidiger geworden?«

»Nun, ich wollte zunächst unbedingt Staatsanwalt werden, was ich dann ja auch war. Neun Jahre im Staat New York und acht Jahre beim Bund in Florida. Aber irgendwann realisierte ich, dass ich die Außenseiterrolle, den Kampf gegen die übermächtige Staatsgewalt liebe und dass Strafverteidiger mein Traumberuf ist. Es geht nichts über einen Sieg ›David gegen Goliath‹!«

»Du wirkst am Gericht immer sehr entspannt, bist du es auch?«

Matt lachte herzhaft auf.

»Der Schein trügt. Die Kreuzverhöre laugen mich völlig aus. Sie saugen die letzte Kraft aus meinem Körper. Auf der anderen Seite meint meine Frau, die schon einige Male im Gerichtssaal anwesend war, sie erlebe mich nie so lebendig, so energiegeladen, so absolut erfüllt und in meinem Element wie während eines Kreuzverhörs.«

Dienstag, 21. Oktober 2014 Die Staatsanwaltschaft rief den Zeugen Jochen Heer in den Zeugenstand. Mike Weekley übernahm die Befragung.

»Herr Heer, wie alt sind Sie?«

»72. Leider schon 72.«

»Herr Heer, waren Sie Kunde der OSB?«

»Ja. Ich machte 1989 eine Erbschaft von meinem Vater in Deutschland und eröffnete dann ein Konto bei der OSB in Zürich.«

»Haben Sie dieses Konto je beim IRS deklariert, Herr Heer?«

»Nein, nicht vor 2009. Für mich war dieses Erbschaftskonto immer eine Pensionsvorsorge. Ich beabsichtigte ja eigentlich, anlässlich meiner Pensionierung nach Deutschland zurückzukehren.«

»Hatten Sie Ihr Geld als Privatperson oder durch eine Gesellschaft angelegt?«

»Mein Kundenberater, Reto Wolf, hat mich beim Zürcher Anwalt Rafael Habegger eingeführt. Habegger half mir, eine in Hong Kong domizilierte Gesellschaft zu gründen, und ich nutzte das Konto dieser Gesellschaft als Sicherheit für kommerzielle Kredite an meine operative Rohstoff-Handelsgesellschaft.«

»Wie viel Geld hatten Sie auf Ihrem Konto?«

»Sechs Millionen Dollar.«

»Und wie viel ist Ihnen nach Ihrem Vergleich mit dem IRS verblieben?«

»Nach Abgeltung aller Nachsteuern, der Geldstrafe und meiner Anwaltskosten ist mir noch eine halbe Million geblieben.«

»Euer Ehren, keine weiteren Fragen.«

Mike Weekley setzte sich, und Richter Cohn gab das Wort weiter.

»Herr Marcu, der Zeuge Jochen Heer steht Ihnen zum Kreuzverhör zur Verfügung.«

Aaron erhob sich langsam, fast schon bedächtig, knöpfte sein Jackett zu, streckte den Rücken durch, räusperte sich kurz, nahm einen Schluck Wasser und richtete sich dann an den Zeugen.

»Herr Heer, hatten Sie 2010 in Ihrer freiwilligen Selbstanzeige beim IRS nicht Konten in sechs weiteren Ländern angegeben?«

»Das waren alles Gesellschaftskonten, keine persönlichen!«

»Sind Sie sich sicher?«

»Absolut sicher!«

»In Ihrer Selbstanzeige beim IRS hatten Sie diese Konten aber trotzdem aufgelistet, Herr Heer.«

»Hören Sie, ich habe Ihnen doch schon einmal gesagt, dass es sich um Geschäftskonten handelte und ich mir dessen sicher bin. Einfach, um es klarzustellen, wenn wir in Deutschland ›sicher‹ sagen, dann meinen wir auch sicher, absolut sicher!«

»Danke für die hilfreiche Erklärung, Herr Heer. Sagen Sie, kennen Sie diesen Herrn hier, Raoul Weil?«

»Welchen meinen Sie, bitte?«

Jochen Heer schaute sich um.

Aaron lächelte, machte einen Schritt in meine Richtung und zeigte mit seiner Linken auf mich.

»Diesen Herrn.«

»Nein, ich kenne ihn nicht.«

»Haben Sie von Herrn Weil schon einmal gehört?«

»Nein, ich hatte seinen Namen bis vor zwei Tagen noch nie gehört.«

»Keine weiteren Fragen, Euer Ehren.«

Es folgten vier weitere Kreuzverhöre mit ehemaligen OSB-Kunden, die Kim führte. Deren Wortlaut gebe ich nicht im Detail wieder, umreiße hier aber die Fälle, auf die sie sich bezogen.

Erstens: Reza Hosseini, ein Biologe mit einer Software-Firma in Kalifornien. Er hatte von seinem iranischen Vater Geld geerbt, das dieser während der Islamischen Revolution vor den Ayatollahs bei der OSB in Sicherheit gebracht hatte. Reza Hosseini hatte das geerbte Geld von der OSB erst zu einer Liechtensteiner Bank transferiert. Danach führte er es mithilfe seines Anwalts Beat Sänger – via eine Liechtensteiner Stiftung im Namen seiner Schwiegermutter – als Schenkung an seine Ehefrau in die USA zurück. Hosseini erzählte dem Gericht Räubergeschichten von Bargeldtransporten seines OSB-Kundenberaters. Für seine Geldwäscherei zahlte er schließlich eine Nachsteuer von lächerlichen zehn Prozent seines Erbes, wohlverstanden inklusive der Geldstrafe.

Zweitens: Bruce Hochfelder, ein Texaner. Er bekannte sich schuldig. Hochfelder betrieb mit seinen Freunden ein Kompensationskomplott. Sie schoben sich gegenseitig überflüssiges Bargeld in den USA zu und entschädigten sich dafür auf ihren Offshore-Konten. Dieses System betrieben sie zuerst auf den Bahamas und später in der Schweiz bei der OSB. Unter anderem soll Hochfelder von einem OSB-Kundenberater Bargeld in Dallas entgegengenommen haben: 13500 Dollar, in Zeitungspapier eingewickelt. Der heute 85-Jährige versteuerte das Geld, das er in die USA zurückführte, als Einkommen. Er schuldete dem IRS für seine Vergehen über all die Jahre lediglich 13000 Dollar.

Drittens: Antonio Rossi, Anfang sechzig, ein in Italien geborener Amerikaner. Er arbeitete in Venezuela für einen italienischen Versicherungskonzern, als er 1985 von seinem Vater ein OSB-Konto erbte. Rossi hatte dieses Konto, nachdem er von Venezuela in die USA zog, nie angegeben. 2009 nahm er an der US-Steueramnestie teil. Nach allen Nachsteuern, Geldstrafen und Anwaltskosten blieben ihm von seinen ursprünglich 340000 Dollar noch 60000.

Und viertens: Alan McAfee, Immobilienhändler, Ende vierzig und wohnhaft in Los Angeles. Er machte den Eindruck eines ziemlich durchtriebenen Zeitgenossen und war zu sechs Monaten Hausarrest verurteilt worden. McAfee hatte Geld aus seinen amerikanischen Immobilienprojekten nach Grand Cayman und in die Schweiz verschoben. Er erzählte von konspirativen Treffen mit seinem Kundenberater im »Beverly Wilshire«-Hotel. Zusammen mit seinen Anwälten hatte er in Hong Kong eine Aktiengesellschaft errichtet. Er nutzte das Gesellschaftskonto aber wie sein Privatkonto und handelte aktiv mit US-Wertschriften. Diese Kombination stellte den Straftatbestand einer aktiven Umgehung des QI-Abkommens dar, doch sein damaliger Kundenberater tolerierte das illegale Verhalten. Als die OSB aus dem grenzüberschreitenden Geschäft ausstieg, folgte McAfee genau diesem Kundenberater zur Alten Zürcher Bank.

Kim stellte allen vier Zeugen dieselben drei Fragen, und die Antworten darauf waren immer dieselben.

»Kennen Sie Herrn Raoul Weil?«

»Nein.«

»Haben Sie je mit ihm gesprochen?«

»Nein.«

»Haben Sie sich je zum Steuerbetrug mit ihm verschworen?«

»Nein.«

»Keine weiteren Fragen, Euer Ehren.«

Mittwoch, 22. Oktober 2014 Dieser Tag gehörte Jürg Spälti und Remo Fragola, zwei ehemaligen OSB-Kundenberatern. Der Richter eröffnete die Verhandlung.

»Staatsanwalt Tarantino, Jürg Spälti steht Ihnen zur Einvernahme zur Verfügung.«

»Guten Morgen, Herr Spälti. Beschreiben Sie uns bitte Ihren Werdegang.«

»Ich absolvierte eine Banklehre bei der OSB in einem Vorort von Zürich. 1989 stieß ich zum US-Geschäft, und da bin ich dann auch bis Anfang 2008 geblieben.«

»Sie hatten bei der OSB für Ihre Kundenreisen nach Amerika einen speziellen Laptop mit Datenschutzvorrichtung; nennen wir ihn Reise-Laptop. Wozu haben Sie diesen Reise-Laptop benutzt, Herr Spälti?«

»Um ohne Risiko in die USA einzureisen und Kundeninformationen vor den US-Behörden zu verheimlichen.«

»Ging es nur um die Verheimlichung von Verstößen gegen das Wertschriftengesetz oder auch um Steuerhinterziehung?«

»Es ging um beides.«

»Was genau war der Grund, dass US-Kunden ihr Geld in der Schweiz deponierten?«

»Ganz einfach: geopolitische Diversifikation. Die Schweiz galt als stabil, und die Schweizer Banken hatten damals den Ruf, besonders sicher zu sein.«

»Herr Spälti, haben Ihre Kunden Strukturen wie Gesellschaften und Stiftungen zur Umgehung von US-Steuern eingesetzt?«

»Einzelne möglicherweise schon. Strukturen wurden im Allgemeinen aber für völlig legale Nachfolgeregelungen oder Wohltätigkeitszwecke definiert.«

»Beklagten sich die US-Kunden je über die Höhe der Bankgebühren?«

»Nein, eigentlich nicht.«

»Wie hoch waren denn die jährlichen Gebühren, Herr Spälti?«

»Auf den Vermögenswerten waren es pro Jahr zwischen 0,8 und 1,2 Prozent. Zusätzlich fielen je nachdem noch Gebühren für ein Nummernkonto und zurückbehaltene Post an.«

»Haben Sie für Kunden je Bargeldtransporte unternommen?«

»Nein.«

»Sagen Sie, Herr Spälti, wie funktionierte eigentlich dieser Reise-Laptop?«

»Er hatte zwei Festplatten: eine unverschlüsselte für den persönlichen Gebrauch und eine verschlüsselte für die Kundendaten. Zu diesem hatte man nur via Speicher-Stick und Passwort Zugang. Mittels dieses Zuganges konnte auch ein zentraler Server angesteuert werden, auf dem meine Assistentin die Vermögensauszüge meiner Kunden abgelegt hatte. Um diese Daten bei einer brenzligen Situation vor dem Zugriff der US-Behörden zu schützen, gab es ein ›Codewort‹, um sie zu löschen.«

»Haben Sie Reise-Laptops benutzt, um Kundendaten vor der amerikanischen Steuerbehörde IRS zu verstecken?«

»Ja.«

»Als Ihr Chef, Marco Glanzmann, 2002 kündigte und sich dann

selbständig machte, versuchten Sie, seine Kunden bei der OSB zu halten, richtig?«

»Ja, selbstverständlich.«

»Mit welchen Argumenten versuchten Sie, die Kunden bei der Stange zu halten?«

»Ich sagte ihnen, dass sie bei einer QI-Inspektion in einem großen Teich schwieriger zu finden seien als in einem kleinen.«

»Hatten Sie je Kundentermine zusammen mit Herrn Weil?«

»Ja, im Jahr 2002 habe ich im ›Mandarin Oriental‹ in Miami zusammen mit Herrn Weil zwei-, dreimal Kunden getroffen.«

»Können Sie sich an die Kunden erinnern?«

»Es waren zwei bis drei Kunden von Marco Glanzmann, der ja eben gekündigt hatte und seine Kunden in sein neues Unternehmen mitnehmen wollte. Wir versuchten, sie davon zu überzeugen, bei der OSB zu bleiben.«

Matt fing hörbar an zu schnauben, die Wut stand ihm ins Gesicht geschrieben.

Sofort nach der morgendlichen Pause stellte er einen Antrag zur Einstellung des Verfahrens gegen mich. Seine Argumente: Irreführung und Amtsmissbrauchs.

»Euer Ehren, das Department of Justice hat den Zeugen Spälti gezielt in eine Richtung gelenkt und zwei voneinander unabhängige Ereignisse zu einem irreführenden Gesamten verknüpft. Staatsanwalt Phil Tarantino hat ihn bezüglich eines angeblichen Kundenmeetings mit Herrn Weil befragt und dabei absichtlich und irreführend vor den Geschworenen den Eindruck erweckt, dass Jürg Spältis Ausspruch, ›in einem großen Teich sei man schwieriger zu finden als in einem kleinen‹, Teil dieses Gesprächs mit Herrn Weil war – das aber trifft nicht zu!«

»Herr Menchel, das war Teil eines ganz normalen Verhörs. Die

Verteidigung wird Gelegenheit erhalten, die Situation im Kreuz-verhör zu klären. Antrag abgelehnt. Staatsanwalt Tarantino, fahren Sie bitte mit dem Zeugen Jürg Spälti weiter.«

»Herr Spälti, hatten Sie mit Herrn Weil weiteren Kontakt bei der OSB?«

»Ja, er war Gastgeber an Weihnachts- und Beförderungsfeiern.«

»Euer Ehren, keine weiteren Fragen.«

Tarantino setzte sich. Jürg Spälti suchte auf seinem Stuhl im Zeu-genstand eine etwas bequemere Stellung, und Richter Cohn wand-te sich an Aaron, der das Verhör führen sollte.

»Herr Marcu, der Zeuge Jürg Spälti steht Ihnen zum Kreuzver-hör zur Verfügung.«

Aaron erhob sich, verschränkte die Hände und machte ein paar Schritte auf den Zeugenstand zu.

»Herr Spälti, können Sie mir bitte die Namen Ihrer Kunden nennen?«

»Muss ich wirklich Kundennamen nennen?«

»Einspruch!« Das kam von Tarantino.

»Stattgegeben.« Das vom Richter, leider.

Aaron suchte einen anderen Weg.

»Herr Spälti, sind Ihre Kunden Ihr Geschäftskapital? Kann man das so sagen?«

»Ja, das kann man so sagen.«

»Kannten Sie das sogenannte Länderpapier USA, die OSB-in-ternen Richtlinien für ein rechtskonformes Geschäftsgebaren der Kundenberater?«

»Ja.«

»Haben Sie aktiv gegen diese Richtlinien verstoßen, um Ihre Kunden zufriedenzustellen?«

»Ja.«

»Haben Sie aktiv gegen US-Wertschriftengesetze verstoßen und entgegen den OSB-Richtlinien Börsenaufträge akzeptiert, die von Ihren Kunden auf US-Boden erteilt wurden?«

»Ja.«

»Haben Sie US-Kunden aktiv dabei geholfen, Steuern zu hinterziehen?«

»Ja, das habe ich.«

»Als die OSB 2007 beschloss, das grenzüberschreitende US-Geschäft einzufrieren, kündigten Sie bei der OSB und folgten Roland Schneider, einem Ihrer früheren Vorgesetzten, zur Alten Zürcher Bank. Haben Sie da weitere Kunden zur Steuerhinterziehung animiert?«

»Ja, aber nur bis Mitte 2009. Dann habe ich, mit Partnern zusammen, die Firma EWV gegründet und dort keine unversteuerten Kunden mehr akzeptiert.«

»Sagen Sie, Herr Spälti«, sagte Aaron und machte eine kurze Pause, »steht die Abkürzung EWV für ›Erfolgreiche Wertschriften-Verwaltung‹?«

»Nein, die Abkürzung steht für ›Ethik, Werthaltigkeit und Vertrauen‹.«

»Ethik?«

»Ja, Ethik.«

»Sie sagten, dass Sie zusammen mit Herrn Weil im ›Mandarin Oriental‹ in Miami zwei bis drei Kunden getroffen hatten?«

»Ja.«

»Können Sie sich an die Namen dieser Kunden erinnern?«

»Nein, aber ich weiß, dass es Kunden meines ehemaligen Chefs waren, und wir wollten sie, wie schon gesagt, zum Verbleib bei der OSB animieren.«

»Können Sie sich an die Größe des Vermögens dieser zwei bis drei Kunden erinnern?«

»Nein, das kann ich nicht.«

»Wissen Sie, ob Sie erfolgreich waren? Oder anders gefragt: Blieben diese zwei bis drei Kunden bei der OSB, oder folgten sie Marco Glanzmann zu seinem neuen Arbeitgeber?«

»Nein, ich weiß nicht, ob die Kunden bei der OSB blieben.«

»Können Sie sich an den Inhalt der Kundengespräche erinnern?«

»Nein, daran erinnere ich mich nicht mehr.«

»Verstehe ich Sie richtig, Herr Spälti? Sie erinnern sich also weder an die Namen dieser zwei bis drei Kunden noch an die Größe von deren Vermögen, noch daran, ob diese zwei bis drei Kunden der OSB treu blieben, und Sie können sich auch nicht an den Inhalt der Gespräche erinnern?«

»Nein, das ist zu lange her, ich kann mich nicht erinnern. Aber ich sage die Wahrheit.«

»Aber daran, dass Herr Weil dabei gewesen sein soll, daran erinnern Sie sich ganz genau?«

Aaron erwartete gar keine Antwort und fuhr, ohne Atem zu holen, sofort weiter.

»Herr Spälti, Sie haben mit dem Department of Justice einen Deal, ein sogenanntes Abkommen zur Nicht-Strafverfolgung, abgeschlossen. Und dies vor exakt einer Woche, am 15. Oktober, zu einer Zeit also, als dieser Prozess bereits voll im Gange war. Sie sind also frei, solange Sie bereit sind, die Staatsanwaltschaft gegen Herrn Weil zu unterstützen. Sehe ich das richtig?«

»Ich werde nicht verfolgt, solange ich die Wahrheit sage.«

»Ist es richtig, dass diese drei Staatsanwälte, die hier hinter mir sitzen, darüber entscheiden, ob Sie die Wahrheit sagen?«

»Ja, aber ich muss die Wahrheit sagen.«

»Die Wahrheit, ›die Wahrheit‹!« – Aaron zeichnete mit den Zeige- und Mittelfingern Gänsefüßchen in die Luft – »ich weiß, dass

›die Wahrheit‹« – wieder die Gänsefüßchen – »wichtig ist für Sie. Aber schauen Sie gefälligst mich an, wenn wir zusammen reden und nicht die Staatsanwälte hinter mir, für die Sie *Ihre ureigene Wahrheit* präsentieren!«

Aaron war etwas laut geworden und schien sehr verärgert. Jetzt drehte er sich von Spälti ab, machte ein paar Schritte, hielt sich die Schläfen, blieb stehen und wandte sich dann wieder ganz ruhig, fast sanft an Jürg Spälti.

»Fahren wir weiter, Herr Spälti. Sie waren ein erfolgreicher Banker, oder nicht?«

»Ja, das war ich.«

»Schauen wir uns doch einmal Ihren Leistungsausweis in der OSB-internen Statistik an. Ist das Ihr Name hier auf dem ersten Platz im grenzüberschreitenden US-Geschäft? Und der auf Platz zwei aller 237 Kundenberater im Bereich ›Westliche Hemisphäre‹, heißt der auch Jürg Spälti?«

»Ja.«

Aaron nickte anerkennend.

»Nach welchen Kriterien wurde Ihre Leistung denn bewertet?«

»Maßgebend war der ›Ertrag in Prozent der Kundenvermögen‹ sowie das ›Netto-Neugeld von Kunden‹.«

»Akquirierten Sie viele Neukunden?«

»Eigentlich nicht.«

»Eigentlich nicht. Aha. Weshalb haben Sie dann das Neugeldziel im Jahr 2006 um 1451 – ich wiederhole: tausend-vier-hundert-und-ein-und-fünfzig! – Prozent übertroffen?«

»Ich hatte einen großen Kunden auf den Bahamas gewonnen – er machte in diesem Jahr einen großen Anteil meines Neugeldes aus und hatte absolut nichts mit den USA zu tun.«

»Herr Spälti, war es das Neugeld von Kunden, das Ihren Bonus maßgeblich beeinflusste?«

»Ja, doch, aber der Ertrag war ebenfalls wichtig.«

»Weniger wichtig als das Neugeld, Herr Spälti?«

»Ja, weniger wichtig, aber trotzdem wichtig.«

»Herr Spälti, wie viel haben Sie bei der OSB verdient?«

»Eine viertel Million Schweizer Franken pro Jahr.«

»Sind Sie ganz sicher, dass es 250 000 Schweizer Franken waren?«

»Ja, so ungefähr.«

»So ungefähr? Ist es richtig, dass es im Jahr 2005 etwas mehr, nämlich 346 000 Schweizer Franken, waren?«

»Möglich, ich kann mich nicht erinnern.«

»Ist es möglich, dass es ein Jahr später, nämlich 2006, noch ein bisschen mehr, nämlich 389 000 Schweizer Franken, waren?«

»Möglich, ich kann mich nicht erinnern.«

»Herr Spälti, Sie wiederholen sich. Ist es möglich, dass es im Jahr 2007 fast 500 000 oder – um ganz exakt zu bleiben – 497 000 Schweizer Franken waren, die Sie verdienten?«

»Ich mag mich nicht erinnern. Ein Teil wurde auf jeden Fall in gesperrten Aktien ausbezahlt und kann deshalb so nicht angerechnet werden.«

»Gut, aber gehen wir doch einfach einmal davon aus, dass der Wert dieser Aktien angerechnet werden kann. Haben Sie dann 2007 eine halbe Million Schweizer Franken verdient und nicht, wie Sie vor zwei Minuten sagten, eine viertel Million?«

»Möglich, ich kann mich nicht erinnern.«

»Keine weiteren Fragen, Euer Ehren.«

Aaron wandte sich ab, und ich beobachtete einen Geschworenen, wie er demonstrativ zur Decke starrte. Danach blickte ich Jürg Spälti an, der sich erneut auf seinem Stuhl zurechtrückte und den Blickkontakt mit mir vermied.

Richter Cohn wandte sich an Phil Tarantino.

»Staatsanwalt Tarantino, der Zeuge Jürg Spälti steht Ihnen zur Neuausrichtung zur Verfügung.«

Tarantino erhob sich.

»Herr Spälti, wandten Sie, um die Kunden von Marco Glanzmann bei der Stange zu halten, immer die gleichen Verkaufsargumente an?«, fragte er.

»Ja, ich glaube … im Allgemeinen schon.«

»Setzten Sie in den Kundentreffen mit Herrn Weil die gleichen Verkaufsargumente ein?«

»Ich kann mich nicht mehr erinnern, aber es ging bei den drei Kundentreffen darum, die Kunden bei der Bank zu halten. Da bin ich mir ganz sicher.«

»Keine weiteren Fragen, Euer Ehren.«

Nun wurde der zweite ehemalige OSB-Kundenberater, Remo Fragola, in den Zeugenstand gerufen.

Mike Weekley eröffnete dessen Befragung für die Staatsanwaltschaft.

»Herr Fragola, schildern Sie uns doch bitte Ihren Hintergrund?«

»Ich wuchs in Südamerika und später in Italien auf, bevor meine Familie in die Schweiz zurückkehrte. Während meiner Studienzeit in den USA erwarb ich an der George Washington University einen ›Master of Business Administration‹. Von 1996 bis 2000 arbeitete ich in San Francisco im US-Domestic Private Banking der OSB. Ab 2000 war ich Kundenberater in der Westküstengruppe in Zürich. Ich verwaltete damals vier- bis fünfhundert Millionen Dollar an Kundengeldern.«

»Herr Fragola, wie viele Ihrer Kunden haben ihr Geld nicht versteuert?«

»Ich schätze, die Mehrheit.«

»Benutzten Sie einen Reise-Laptop?«

»Nein.«

»Dann waren Sie also ein sogenannter Papiermann?«

»Ja.«

»Wie haben Sie denn Ihre Kundendaten vor den US-Behörden verheimlicht?«

»Die Auszüge wurden in anonymisierter Form via Fed-Ex in das Hotel in Amerika geschickt, in dem ich logierte.«

»Haben Sie auf Ihren Geschäftsreisen öfters die Hotels gewechselt, damit Sie nicht entdeckt wurden, Herr Fragola?«

»Nein. Ich blieb immer in denselben Hotels.«

»Sie wurden schließlich festgenommen und verurteilt, nicht wahr?«

»Ja, das war aber nach meiner Zeit bei der OSB. Ich hatte meinem ehemaligen Partner, Marco Glanzmann, einen Freundschaftsdienst erwiesen und einen seiner Kunden besucht. Bedauerlicherweise habe ich dem Kunden geraten, nicht an der US-Steueramnestie teilzunehmen« – Remo Fragola machte eine Pause, schluckte leer –, »doch der Kunde kooperierte bereits mit dem IRS und war mit einem Mikrofon verkabelt. Ich begann danach ebenfalls, mit dem Department of Justice zu kooperieren, und wurde zu fünf Jahren auf Bewährung verurteilt.«

»Herr Fragola, bereuen Sie das Verbrechen, das Sie begangen haben?«

»Ja, aber ich habe schwer dafür gebüßt und muss mich heute als Tennislehrer über die Runden bringen.«

»Keine weiteren Fragen an den Zeugen, Euer Ehren.«

Mike Weekley setzte sich wieder.

Richter Cohn übergab Remo Fragola der Verteidigung zum Kreuzverhör.

»Herr Marcu, bitte, Ihr Zeuge.«

»Danke, Euer Ehren. Herr Fragola, waren Sie in der Schweiz wegen Verletzung des Bankgeheimnisses nicht ebenfalls angeklagt und schuldig gesprochen worden?«

»Nicht wegen Verletzung des Bankgeheimnisses, sondern wegen verbotener Handlungen für einen fremden Staat.«

»Herr Fragola, Sie hatten gesamthaft vierzehn Sitzungen mit dem Department of Justice. In keiner dieser Sitzungen wurde der Name Raoul Weil je genannt. Sie mussten Herrn Weil heute nicht einmal im Gerichtssaal identifizieren. Hatten Sie überhaupt je mit ihm zu tun?«

»Ich kannte ihn als Chef des lokalen Private Banking in den USA, als ich in den Neunzigerjahren in San Francisco arbeitete.«

»Hatten Sie je Kontakt zu ihm, während Sie im grenzüberschreitenden US-Geschäft in Zürich arbeiteten?«

»Nein.«

»Euer Ehren, keine weiteren Fragen.«

Donnerstag, 23. Oktober 2014 Dieter Dunkel wurde erstmals in den Zeugenstand gerufen. Bevor er sich setzen konnte, bat ihn Richter Cohn, zu schwören, dass er nichts als die Wahrheit sagen werde. Dieter hob die rechte Hand.

»Ich schwöre!«

»Staatsanwalt Weekley, beginnen Sie bitte mit Ihrem Verhör!«

»Herr Dunkel, wie alt sind Sie?«

»53 Jahre.«

»Wie viele Sprachen sprechen Sie, und wie gut verstehen Sie Englisch?«

»Ich bin zweisprachig aufgewachsen. Französisch und Deutsch. Zusätzlich spreche ich Spanisch, Portugiesisch und Englisch. Entschuldigen Sie, wenn ich zwischendurch Verständnisprobleme habe, Englisch ist wirklich nur meine dritte oder vierte Sprache.«

»Herr Dunkel, nennen Sie mir bitte Ihren Ausbildungsweg und Ihren Karriereverlauf bis zu dem Moment, als Sie die OSB verlassen haben.«

»Ich absolvierte eine Banklehre in Biel und arbeitete danach im Private Banking. In den Achtzigerjahren war ich bei der OSB für zwei Jahre im Private Banking New York und danach zwei Jahre in Miami tätig. Anschließend kehrte ich in die Schweiz zurück. Meine Frau ist leider viel zu jung an Krebs verstorben, weshalb ich meinen Job wechseln musste; ich wollte mehr Zeit für die Kinder haben.«

Dieter Dunkel kämpfte mit seiner Fassung.

»Das tut mir außerordentlich leid, Herr Dunkel.«

Mike Weekley ließ ihm Zeit, sich wieder zu fangen.

»Als Witwer mit Kindern konnte und wollte ich nicht mehr so oft nach Übersee reisen«, fuhr Dieter mit tränenerstickter Stimme fort, »und war froh, dass mir die OSB ermöglichte, Regionalleiter des Private Banking Westeuropa zu werden. Ab 2000 rapportierte ich an Raoul Weil, der damals Chef von Europa, dem Mittleren Osten und Afrika war. Im März 2001 wurde ich zum Leiter Private Banking Westliche Hemisphäre befördert und rapportierte direkt an Hugo Parafin, den damaligen CEO des Private Banking. Ab 2002 leitete Raoul Weil das Wealth Management International, und ich rapportierte für die nächsten Jahre wieder direkt an ihn.«

»Hatten Sie je ein Problem, mit Herrn Weil oder anderen Senior-Managern über unversteuerte Vermögen zu sprechen?«

»Nein, nie.«

»Wann und wie oft hatten Sie Gelegenheit, mit Herrn Weil über das unversteuerte US-Geschäft zu kommunizieren?«

»Auf Empfehlung zweier amerikanischer Berater hatten wir beschlossen, die E-Mail-Flut einzuschränken«, antwortete Dieter ausweichend.

»Herr Dunkel, wann und wie oft hatten Sie Gelegenheit, mit Herrn Weil über das unversteuerte US-Geschäft zu sprechen?«

»Raoul war ein Freund von mir. Ich hatte mein Büro direkt neben ihm im sogenannten Aquarium, einer Glasbüro-Landschaft an der Zürcher Bahnhofstraße. Ich ging einfach zu ihm ins Büro, wenn ich etwas mit ihm anschauen wollte, oder wir besprachen uns anlässlich unserer sogenannten bilateralen Meetings, die alle drei bis vier Wochen stattfanden. Raoul Weil hatte die Idee dieser Sitzungen von seinem Vorgänger Hugo Parafin übernommen.«

»War die US-Steueramnestie ›Offshore Voluntary Compliance Initiative‹, kurz OVCI genannt«, wollte Weekley nun wissen, »eine wichtige Angelegenheit für Sie?«

»Ja, selbstverständlich. Ich war damals relativ neu in leitender Funktion und wollte absolut nichts falsch machen.«

»Haben Sie Herrn Weil Ende 2002 über die OVCI informiert?«

»Heute hier sitzend und mich erinnernd, habe ich Herrn Weil in einer unserer bilateralen Sitzungen sofort über die OVCI informiert.«

Heute hier sitzend und mich erinnernd ... Diese von Dieters Anwalt offensichtlich mit ihm einstudierte Floskel sollten wir in den nächsten Tagen noch so oft zu hören bekommen, dass sie bald schon den ganzen Gerichtssaal erst belustigte, später dann allen auf die Nerven fiel. Insbesondere der Gerichtsschreiberin, die jedes einzelne gesagte Wort festhalten musste und bei diesen Worten schon bald die Augen verdrehte.

Aber zurück zum Kreuzverhör.

»Herr Dunkel, wurde ein Reisestopp verfügt, um die Kundenberater vor einer potenziellen Verhaftung zu schützen?«, lautete Weekleys nächste Frage.

»Ja, er wurde von der Rechtsabteilung zusammen mit Maurice Piccard, dem damaligen Leiter Nordamerika, beschlossen. Ich habe

Raoul sofort darüber informiert. Er ärgerte sich über die dauernden Probleme mit dem grenzüberschreitenden US-Geschäft und nannte es ›Sondermüll‹.«

»Herr Dunkel, wozu waren Reise-Laptops gut, und wie funktionierten sie?«

»Ich weiß nicht, wie sie funktionierten. Ich hatte nie einen benutzt. Ich weiß nur, dass weltweit Reise-Laptops eingesetzt wurden. Der Zweck war, dass aus Bankgeheimnisgründen niemals der Name eines Kunden, seine Kundennummer oder sein Vermögensauszug miteinander verbunden werden konnten, denn diese Verknüpfung hätte in der Schweiz eine Gesetzesverletzung dargestellt.«

»Gab es andere Gründe, Daten vor US-Regierungsstellen zu verheimlichen?«

»Nein, nur das Schweizer Bankgeheimnis war der Grund.«

»Herr Dunkel, was wissen Sie über die SIA, die Swiss Investment Advisors?«

»Die Lancierung der SIA wurde von Herrn Weil mehrfach verzögert. Daniel Roth, sein Stabschef, frustrierte uns mit der Hinterfragung unserer Beweggründe, diese neue Gesellschaft aufzubauen.«

»War Herr Roth Raoul Weils Stabschef? War er Herrn Weil unterstellt?«

»Er war um ihn herum.«

»Weshalb wollten Sie denn unbedingt diese SIA-Gesellschaft aufbauen, Herr Dunkel?«

»Wir planten, US-Kunden, die ihr Geld nicht deklariert hatten und an der Steueramnestie teilnahmen, in die Swiss Investment Advisors, die Gesellschaft für W9-Kunden, zu überführen.«

Dieter hob seine linke Hand und ließ sie dann langsam nach unten gleiten, um mit seiner Handfläche über das Seitengeländer des Zeugenstandes zu fahren. Eine Bewegung, die an ein landendes Flugzeug erinnerte und die er im Laufe der Befragung immer und immer wieder machen sollte, als wolle er damit seine Aussagen bekräftigen.

»Reden wir doch nun über das Projekt ›Segen‹«, fuhr Staatsanwalt Weekley weiter. »Wofür steht das Wort Segen, Herr Dunkel?«

»Segen hat eine doppelte Bedeutung. Es steht einerseits für Kurt-Emil Segen, welcher der Leiter des US-Geschäfts war, und andererseits wäre es ein Segen gewesen, wenn wir das Geschäft möglichst schnell losgeworden wären.«

»Worum ging es im Projekt ›Segen‹?«

»Ich habe unter anderem den Kauf der Privatbank Märklin Pfister vorgeschlagen, um das Problem zu lösen. Mein Vorschlag war es, eine Privatbank zu kaufen, ihr unser US-Geschäft beizumischen und das Ganze dann als Paket weiterzuverkaufen. Raoul Weil und der CEO der OSB wollten jedoch kein Geld in die Hand nehmen, um das Problem zu lösen, und blockierten mich. Raoul war sich nicht sicher, wie man den Analysten einen Ausstieg möglichst schadlos kommunizieren könnte. Er war besorgt, dass das Geschäft in seiner ganzen Dimension an die Öffentlichkeit kommen könnte. Ich wollte das US-Geschäft später dann an Kurt-Emil Segen und sein Management weitergeben. In der OSB hätten wir eine neue Gesellschaft gegründet und für sie eine neue, zusätzliche FINMA-regulierte Wertschriftenhändlerlizenz beantragt. Raoul wollte das US-Geschäft jedoch in seiner damaligen Form verkaufen. Er verlangte zwei Milliarden Schweizer Franken dafür. Also das Zehnfache des Jahresgewinnes dieses OSB-Zweiges von circa 200 Millionen Schweizer Franken. Als klar wurde, dass kein Käufer gefunden werden konnte, beschlossen der Leiter des Rechtsdienstes, der CEO und Raoul Weil Ende August 2007, das Geschäft einzufrieren und runterzufahren.«

»Was war die Motivation für diese Kehrtwende?«

»Wir waren alle in Sorge wegen eines anonymen Briefes, der mit Al-Hani unterschrieben war. Dieser Herr Al-Hani deutete an, dass der Whistleblower Barney Buchacker in unserem grenzüberschreitenden US-Geschäft mit dem Department of Justice in Kontakt getreten sei.«

»Was machten Sie, als Sie hörten, dass die Anwaltsfirma Seinfeld, Aartman, Ulysses & Levine, kurz SAUL genannt, die für die OSB eine interne Untersuchung des US-Geschäftes durchführte, Ihre persönlichen E-Mails durchsuchte?«

»Ich geriet in Panik und rief sofort die Chefin des Rechtsdienstes unserer Division an. Sie bestätigte mir, dass bis zu diesem Zeitpunkt nur meine Mails, jedoch nicht die von Herrn Weil und auch nicht die seiner Chefs untersucht wurden. Ich war am Boden zerstört. Sollte ich für diese Mitwisser den Kopf hinhalten müssen?«

»Was haben Sie dann unternommen?«

»Ich begann, wichtige Dokumente zum US-Geschäft in einem Ordner abzulegen. Ich wollte im Falle einer Untersuchung die nötigen Unterlagen zu meiner Verteidigung bereithalten. Den Ordner deponierte ich bei meiner Sekretärin.«

»Herr Dunkel, Sie wurden im April 2008 in Florida festgenommen. Wie ging es Ihnen in dieser Zeit? Waren Sie gestresst während Ihrer vier Monate Hausarrest in Miami?«

»Natürlich war ich gestresst! Ich wurde in Miami im Flugzeug verhaftet, von Polizisten, die Maschinenpistolen trugen, und verbrachte danach eine ganze Nacht im Gefängnis, dann noch volle vier Monate unter Hausarrest.«

Dieter Dunkel verlor seine Fassung erneut und fing wieder zu weinen an.

»Ich war ganze vier Monate von meiner zweiten Ehefrau und unseren Kindern getrennt«, fuhr er nach einer Weile schluchzend weiter, »und sollte nun diese Affäre für meine Chefs ausbaden?

Wohlverstanden für Typen, die voll im Bild waren. Mir wurde der Schwarze Peter zugespielt! Mir, der ich über Jahre versucht hatte, die Compliance in diesem Geschäft zu verbessern.«

»Keine weiteren Fragen, Euer Ehren.«

Die ganze Zeit, während Mike Weekley ihn befragte, schaute ich Dieter genauso ostentativ an, wie er es vermied, in meine Richtung zu blicken. In mir brodelte es, nein, mehr noch – es kochte. Als Susanne und ich ins »Marriott« zurückkehrten, waren wir völlig erschöpft und warteten, dennoch wie auf Nadeln sitzend, auf den nächsten Tag. Ich wachte um Viertel vor fünf schweißgebadet auf und warf die Kaffeemaschine an.

Freitag, 24. Oktober 2014 Aarons Assistentin fuhr Susanne und mich zum Gerichtsgebäude, wo mich Kim über Matts Kreuzverhörstrategie mit Dieter Dunkel aufklärte.

»Du darfst nicht enttäuscht sein, Raoul, wir werden heute nur die Saat legen. Matt wird das Kreuzverhör so führen, dass er es bis in den Montag hineinziehen kann, damit das Department of Justice keine Zeit hat, übers Wochenende die Erwiderung auf unsere Angriffstaktik vorzubereiten. Werde also nicht ungeduldig, wie gesagt, wir legen heute nur die Saat und lancieren sehr bewusst noch keinen Frontalangriff.«

»Kim, ich weiß nicht, ob ich das gut finden soll.«

»Wir haben die Strategie und Taktik des Langen und Breiten diskutiert und heute Morgen um ein Uhr schließlich beschlossen, die Schlacht langsam anzugehen und unser großes Geschütz erst am Montag aufzufahren. Bitte vertrau uns.«

Obwohl ich nicht glücklich mit dem war, was mir Kim eben eröffnet hatte, nickte ich und setzte mich rechts außen neben meine Anwälte.

Richter Cohn erhob seine Stimme.

»Verteidiger Menchel, Herr Dunkel steht Ihnen zum Kreuzverhör zur Verfügung.«

Matt stand auf.

»Danke, Richter Cohn. Herr Dunkel, haben Sie das QI-Abkommen je gelesen?«

»Nicht im Detail.«

»Stellte das QI-Abkommen für Ihre Region nicht eines der wichtigsten Dokumente dar?«

»Doch, eigentlich schon, aber ich habe die Oberleitung über die ganze westliche Hemisphäre ja erst nach Einführung von QI übernommen und war nie Mitglied der Projektgruppe.«

»Wenn ich Sie richtig verstehe, hatten Sie eine außerordentlich wichtige Funktion als Vorsteher einer riesigen Region?«

»Ja. Die war schon groß.«

»Von Alaska bis Feuerland?«

»Ja. Von Nord- und Südamerika.«

»Sie sind sicherlich viel gereist, Herr Dunkel, richtig?«

»Ja, bestimmt zwei bis drei Wochen pro Monat.«

»Bei allem Respekt, Herr Dunkel, hatte Herr Weil nicht einen noch wichtigeren Job inne? Die ganze Welt? Und ist Herr Weil ähnlich viel gereist wie Sie, Herr Dunkel?«

»Ja, das kann man so sagen.«

»Schauen wir uns diese Mail zur OVCI-Steueramnestie an. Sie hatten Maurice Piccard, den Leiter Nordamerika, und den Leiter der OSB-Steuerabteilung aufgefordert, absolut nichts über diese amerikanische Steueramnestie schriftlich festzuhalten. Ist das richtig so?«

»Hmm.«

Matt lächelte und wiederholte, was er bereits Roland Schneider gesagt hatte.

»Herr Dunkel, für das Gerichtsprotokoll brauche ich entweder ein klares Ja oder ein klares Nein. Sagen Sie also bitte deutlich ›Ja‹ oder ›Nein‹ und nicht ›Hmm‹, Sir!«

Und auch Dieter fiel auf dieses ›Sir‹ herein, mit dem Matt ihn angesprochen hatte.

»Ja, Sir!«, antwortete er.

»Erkennen Sie diese E-Mails wieder, Herr Dunkel?«, fuhr Matt weiter und zeigte auf einen der Bildschirme.

»Ich kann mich nicht mehr daran erinnern.«

»Sie sagten gestern im Verhör mit Staatsanwalt Weekley, Sie könnten sich genauestens daran erinnern, was Sie mit Herrn Weil in einer bilateralen Sitzung vor zwölf Jahren besprochen hatten, aber Sie mögen sich nicht mehr an einen Mailverkehr erinnern, der in Ihrer ganzen Karriere sicher zu einem der wichtigsten gehört?«

»Heute hier sitzend und mich erinnernd, sind mir die Details entfallen.«

»Sie können sich aber bestens an jene ›bilateralen Meetings‹ mit Herrn Weil erinnern, die vor zwölf Jahren stattfanden? Dummerweise ist keine dieser bilateralen Unterhaltungen in irgendeiner Form dokumentiert. Ist das nicht merkwürdig? Herr Dunkel, Sie haben gerade wahrheitsgetreu zu Protokoll gegeben, dass Sie zwei bis drei Wochen im Monat auf Geschäftsreise waren und dass Herr Weil ein ähnliches Reiseprogramm hatte. Herr Dunkel, Hand aufs Herz: Sie und Herr Weil, sie beide waren ja gar nie gleichzeitig in Zürich, konnten all diese Ad-hoc-Besprechungen und bilateralen Sitzungen also gar nie durchführen!«

Matt erwischte Dieter voll auf dem linken Fuß. Dieter war zu baff, um irgendetwas zu sagen, und Matt erwartete auch gar keine Antwort, ließ den Geschworenen, bevor er weiterfuhr, aber Zeit, zu beobachten, wie sich Dieters Gesichtsfarbe leicht veränderte.

»Herr Dunkel. Schauen wir uns als Nächstes Ihr Projekt mit der bei der amerikanischen Börsenaufsicht registrierten Schweizer Vermögensverwaltungsgesellschaft Swiss Investment Advisors im Detail an. Diese wollten Sie für amerikanische Kunden mit deklarierten Wertschriften, sogenannte W9-Kunden, gründen. Herr Dunkel, Sie gaben zu Protokoll, dass Raoul Weil Sie daran gehindert habe und Sie deshalb die Compliance mit den amerikanischen Wertschriftengesetzen während Jahren nicht verbessern konnten. Ist das richtig?«

»Hmm.«

»Sagen Sie ›Ja‹, Sir!«, blaffte Matt.

»Ja, Sir.«

»Ich weiß zwar nicht, weshalb diese SEC-Geschichte vor den Geschworenen so lange diskutiert wurde. Herr Weil ist ja schließlich nicht wegen Bruchs des US-Wertschriftengesetzes angeklagt, sondern wegen Verschwörung zum Zwecke der Steuerhinterziehung. Nichtsdestotrotz diente diese endlose Diskussion vor den Geschworenen wohl dazu, Herrn Weil zu beschuldigen, Profit vor Compliance zu stellen. Also gehen wir auch dieser Sache auf den Grund. Herr Dunkel, Sie sagten aus, dass Herr Weil Ihren Drang zur Compliance-Verbesserung aufgehalten, Sie buchstäblich daran gehindert habe. Richtig?«

»Ja, Sir.«

»Hatte die OSB nicht im Jahr 2000 für rund elf Milliarden Dollar einen der führenden US-Vermögensverwalter, Wayne Weaver, gekauft? Die größte Akquisition in den USA, die die OSB in ihrer Geschichte je getätigt hatte?«

»Das war nicht die einzige große Akquisition.«

»Kennen Sie eine größere, Herr Dunkel?«

»Heute hier sitzend und mich erinnernd, bin ich mir nicht sicher, ob es eine größere gab.«

»Wäre es völlig verwegen gewesen, vorzuschlagen, diese US-Kunden, die ihre Anlagen deklariert hatten, ganz einfach in die Neuakquisition Wayne Weaver zu transferieren, und zwar ohne zusätzlich 25 Millionen für die Gründung dieser neuen Gesellschaft Swiss Investment Advisors investieren zu müssen?«

»Denkbar. Aber wir hatten Familienväter, die diese Kunden in der Schweiz betreuten, und deren Arbeitsplätze wollten wir auch in Zukunft in der Schweiz behalten.«

»Steht das so im Beschlussfassungsprotokoll des Business-Komitees, Herr Dunkel?«

»Heute hier sitzend und mich erinnernd, war das der Hauptgrund.«

»Dann schauen wir uns das Protokoll doch an.«

Matt kam an unseren Tisch, wo ihm Kim ein Blatt reichte, das er dann Dieter vorlegte.

»Steht das so im Protokoll, Herr Dunkel? Schauen Sie es sich genau an.«

»Nein, ich sehe nichts, aber die Protokollführer machen auch Fehler.«

»Ist im Protokoll nicht die Wachstumsopportunität als Hauptgrund für diese neue Gesellschaft vermerkt? War das nicht der Hauptgrund?«

»Ein Grund, aber nicht der Hauptgrund. Der Hauptgrund war das Auffangbecken für künftige Kunden, die ihre Konten deklarieren wollten.«

Dieter wiederholte die Landebewegung eines Flugzeuges.

»Steht das so im Protokoll, Herr Dunkel?«

»Nein.«

Dieter ließ das »Sir« wieder weg.

»Steht die Wachstumsopportunität im Protokoll, Herr Dunkel?«

»Ja.«

»Herr Dunkel, war es gemäß QI-Abkommen denn überhaupt verboten, als Schweizer Bank US-Kunden mit undeklarierten Konten zu führen?«

»Nein, das war es nicht.«

»Dann sind wir uns ja einig, Herr Dunkel, dass das Führen von US-Kunden mit undeklarierten Konten gemäß dem damaligen QI-Abkommen zwischen den USA und der OSB völlig legal war.«

»Ja.«

»Schauen wir uns doch das Protokoll des Business-Komitee-Meetings vom Oktober 2002 an. Das Komitee verlangte von Ihnen damals einen Businessplan und eine Darstellung, worin der ›einzigartige Kundennutzen‹ dieser Vermögensverwaltungsgesellschaft, von Swiss Investment Advisors, aus Ihrer Sicht liege. Hatten Sie denn im Oktober 2002 schon einen Geschäftsplan, Herr Dunkel?«

»Heute hier sitzend und mich erinnernd, bin ich mir nicht mehr ganz sicher.«

Matt lehnte sich weit nach vorn und zeigte mit beiden Händen auf seine eigene Brust.

»Dann zeigen Sie Ihren Geschäftsplan doch bitte *mir*, Herr Dunkel!«

»Ich kann den Plan im Augenblick im Anhang zum Protokoll nicht finden.«

»Dann fahren wir halt mit einem weiteren Business-Komitee-Meeting, dem vom Dezember 2002, weiter. Damals präsentierten Sie Ihren Geschäftsplan, inklusive fünf unterschiedlicher Varianten für die neue Gesellschaft. Richtig?«

»Heute hier sitzend und mich erinnernd, bin ich mir nicht sicher, aber es sieht so aus.«

»Dann schauen wir uns doch diese Folie im Detail an. Wenn ich das richtig verstehe, werden die fünf Varianten hier bewertet, und die am besten bewertete ist die dritte. Richtig?«

»Ja, sieht so aus.«

»Variante drei weist die höchste Profitabilität aus, ist aber auf der Compliance-Seite schwach. Richtig?«

»Richtig.«

»Bitte antworten Sie mit: ›Ja‹, Sir!«

»Ja, Sir.«

Innerlich lächelte ich, es tat mir gut.

»Hier, in Ihrer eigenen Präsentation, steht, dass der Bereich, für den Sie zuständig waren, eben ›Westliche Hemisphäre‹, diese dritte Variante, die Profitabilität *vor* Compliance stellte, zur Annahme empfahl.«

»Das machten Maurice Piccard und ich nur, weil Raoul Weil das so wollte.«

»Sind Sie sich da absolut sicher, Herr Dunkel?«

»Heute hier sitzend und mich erinnernd, bin ich mir absolut sicher.«

»Dann schauen wir nun doch den Beschluss im Protokoll an. Herr Dunkel, dort steht, dass Raoul Weil und sein damaliger Stellvertreter, Benjamin Sanders, tatsächlich nicht die Variante drei mit hoher Profitabilität und schwacher Compliance bewilligten. Vielmehr befürworteten Weil und Sanders die Variante eins. Variante eins würde zwar weniger Profit abwerfen als Ihr Vorschlag, war aber die Variante mit der besten Compliance. Ist das richtig, Herr Dunkel?«

»Es steht so im Protokoll. Es ist aber nicht, was am Ende eingeführt wurde.«

»Möglich, Herr Dunkel, aber so wurde es von den Herren Weil und Sanders beschlossen. Stimmt das, Herr Dunkel?«

»Es steht so im Protokoll.«

»Ich brauche ein ›Ja‹, Sir!«, reklamierte Matt.

»Ja, Sir.«

»Herr Dunkel, Sie hatten sich darüber beschwert, dass Herr Weil Sie zu Verkaufsinitiativen gezwungen habe, die das Gesetz verletzten. Richtig?«

»Ja.«

»Dann schauen wir uns doch die Mail im Zusammenhang mit der Einholung der Anlagerisikoprofile für US-Kunden genauer an. Steht hier nicht ausdrücklich, dass der Ablauf dieser Initiative derart gestaltet wurde, dass die Richtlinien des US-Länderpapiers eingehalten werden konnten?«

»Sieht so aus. Wir…«

»Wir, das sind Maurice Piccard und Sie, richtig?«, unterbrach ihn Matt.

Dieter nickte und fuhr fort: »Wir mussten aber auch lange genug mit Raoul Weil kämpfen, damit wir die US-Länderpapier-Richtlinien berücksichtigen durften.«

»Möglich, aber die Einhaltung der Richtlinien wurde von Herrn Weil bewilligt. Ja oder Nein?«

»Ja.«

Nun wandte sich Richter Cohn an Matt und wies ihn darauf hin, dass es bereits 17 Uhr sei und das Kreuzverhör an dieser Stelle unterbrochen werde.

»Verteidiger Menchel, Sie können am Montag weitermachen. Ich wünsche allen ein schönes Wochenende.«

Samstag, 25. Oktober 2014 Susanne und ich zogen uns zurück, wir wollten einen Tag lang nichts hören, ließen die Anwälte machen. Ich schrieb an meinem Buch.

Sonntag, 26. Oktober 2014 Aaron, Kim und ich trafen uns in unserer Kommandozentrale im »Ritz«. Aaron eröffnete mir, dass das DoJ ihn darüber informiert habe, zwei seiner Zeugen, nämlich

Hanna Bryce, meine ehemalige Stabschefin, sowie Marcus Robben, den ehemaligen CEO von OSB US Wealth Advisors, meinen einstigen Konzernleitungskollegen und ehemaligen Stellvertreter, definitiv nicht als Zeugen aufzurufen.

»Raoul, sie haben mich gefragt, ob wir Interesse an der Einvernahme von einem der beiden hätten. Wir haben die Pros und Kontras gegeneinander abgewogen und kamen zum Schluss, dass uns nur Hanna einen Nutzen bringen könnte. Bist du einverstanden, wenn wir Marcus Robben ziehen lassen?«

Ich antwortete mit »Ja, Sir!«, was Kim und ihn herzlich lachen ließ.

»Das Department of Justice kündigte außerdem an, dass es eventuell auch den Zeugen Maurice Piccard, den ehemaligen Nordamerika-Leiter, fallen lässt. Raoul, was meinst du zu Maurice Piccard? Du hast ja all seine Einvernahmeprotokolle studiert. Sollten wir ihn von unserer Seite in den Zeugenstand aufrufen?«

»Er wird mir kaum schaden, ich sehe aber auch wenig positives Potenzial. Er kann nichts Entlastendes beitragen, was wir nicht auch durch die Aussagen unserer anderen Zeugen bekommen können. Wenn ich alle Aspekte gegeneinander abwäge, dann sollten wir ihn eher nicht aufrufen.«

»Okay, das sagen wir dem Department of Justice aber noch nicht, wir sollten unsere Karten verdeckt halten. Ich werde ihnen folgenden Bluff mitteilen: ›Es tut uns sehr leid, wir können heute zu Maurice Piccard leider noch keine Stellung beziehen. Entlasst ihn aber bitte noch nicht in die Schweiz, wir möchten uns gern das Recht vorbehalten, ihn – je nach Verhandlungsverlauf – doch noch in den Zeugenstand zu rufen‹«, schauspielerte Aaron mit ausladenden Gesten und lächelte mich an – fast schon ein wenig siegessicher.

Montag, 27. Oktober 2014 Bevor wir den Gerichtssaal betraten, erläuterte mir Matt seine Verteidigungstaktik für den Rest des Kreuzverhörs mit Dieter Dunkel.

»Raoul, wir wollen gegenüber der Staatsanwaltschaft keine Flanke öffnen und schleifen Dunkel durch den ganzen Montag und den halben Dienstag; so bieten wir dem Department of Justice keine Gelegenheit, über Nacht oder während der Mittagspause eine optimale Abwehr zu organisieren. Wir müssen Dunkel morgen vor elf Uhr blitzartig niederstrecken, damit die Staatsanwaltschaft gezwungen ist, unsere Attacke aus dem Stegreif zu parieren. Wir zerlegen ihn also nicht heute, sondern erst morgen in seine Einzelteile – dafür aber komplett!«

Bevor die Geschworenen den Gerichtssaal betraten und Matt wieder ins Kreuzverhör mit Dieter Dunkel einsteigen konnte, wollte Richter Cohn noch unseren Antrag behandeln, ein externes Rechtsgutachten der Anwaltsfirma Pitbull Partners Law Group zuzulassen. Aaron und ich hatten dieses Gutachten bereits 2008 – vor meiner Anklage – in unzensierter Form von der OSB erhalten, und wir wussten, dass es unserer Sache helfen würde. Da meine Anwälte den Antrag schriftlich und für alle Parteien transparent eingegeben hatten, schaltete sich für die Entscheidung über unseren Antrag auch Jack Stefani ein. Stefani war einer der leitenden SAUL-Anwälte, die die OSB im Rechtsstreit 2008 beraten und die damalige Beschwichtigungsstrategie gegenüber dem DoJ vorgeschlagen hatten. Stefani war jetzt ebenfalls anwesend, allerdings nicht, um den Richter davon zu überzeugen, das Gutachten zuzulassen; im Gegenteil, er wollte dafür kämpfen, dass Richter Cohn unserem Antrag nicht folgte. Ich dürfe es auf keinen Fall persönlich nehmen, hatte mir Aaron im Vorfeld klarzumachen versucht, wenn die OSB sich dafür einsetze, dass dieses Gutachten nicht zugelassen werde. Es gehe bei dieser Angelegenheit nicht um meinen Fall, sondern vielmehr um eine prinzipielle Verteidigung des OSB-Anwaltsprivilegs und darum, keinen Präzedenzfall für andere OSB-Rechtsfälle zu schaffen.

Richter Cohn gab Aaron das Wort.

»Herr Marcu, begründen Sie bitte Ihren Antrag.«

»Danke, Euer Ehren. Wir sind uns einig, dass das Anwaltsprivileg in der Gerichtspraxis grundsätzlich immer Vorrang hat. Bestehen jedoch begründete Zweifel, dass dem Angeklagten aufgrund eines nicht zugelassenen Dokumentes ein fairer Prozess garantiert werden kann, dann erhält das in der Verfassung verankerte Recht des Angeklagten bekanntlich den Vorzug. Wir beantragen deshalb, das entlastende Rechtsgutachten der Anwaltskanzlei Pitbull Partners Law Group zum Prozess zuzulassen.«

Jetzt war Jack Stefani an der Reihe. Er knöpfte die Goldknöpfe seines Blazers zu und gab sich als politisch versierter Staranwalt, der sich auf Vergleiche zwischen Banken und der US-Regierung spezialisiert hatte – und so direkte Konfrontationen vor Gericht vermeiden konnte. Über seine juristischen Fähigkeiten schieden sich die Geister, doch Aaron bewunderte sein Verhandlungsgeschick. Ein anderer im Gerichtssaal anwesender Anwalt hingegen nannte ihn, auf gut Amerikanisch, »an empty five thousand dollar suit« – einen leeren Fünftausend-Dollar-Maßanzug. Staatsmännisch auftretend, mit schlohweißem Haar und goldgeränderter Brille, eröffnete Stefani sein Plädoyer.

»Wertes Gericht, ich bin Partner bei der Kanzlei Seinfeld, Aartman, Ulysses & Levine, kurz SAUL, und vertrete die Interessen der OSB sowie jene unserer Freunde von der Regierung.«

Er machte eine Kunstpause, und mir drehte sich bei seinen Worten »unserer Freunde bei der Regierung« beinahe der Magen um.

»Es ist bundesrechtlich unbestritten, dass das Anwaltsprivileg ein hohes Gut darstellt«, fuhr Stefani fort, »in zahlreichen Fällen wurde dieses Recht von Bundesrichtern immer wieder bestätigt. Wir beantragen deshalb im Namen der OSB, das besagte Rechtsgutachten der Pitbull Partners Law Group dem Anwaltsprivileg zu unterstellen und es nicht zuzulassen.«

Richter James I. Cohn bat um eine kurze Bedenkzeit. Er rieb sich erst das frisch rasierte Kinn, dann den Hals und lehnte sich schließlich mit geschlossenen Augen in seinem Richterstuhl zurück. Die Stille im Gerichtssaal war beängstigend – Richter Cohn unterbrach sie mit besonnener Klarheit.

»Im Zweifelsfall überwiegt das Recht des Individuums auf einen fairen Prozess gegenüber den Partikularinteressen eines Unternehmens. Das Anwaltsprivileg wird für das besagte Rechtsgutachten nicht anerkannt. Das Rechtsgutachten wird jedoch versiegelt und kann ausschließlich in diesem und in keinem anderen Fall verwendet werden. Wir machen zehn Minuten Pause.«

Ich musste dringend frische Luft schnappen, und so traf ich im Vorraum des Gerichtssaal auf Jack Stefani, der, von seinen Höflingen umzingelt, referierte. Diese einmalige Gelegenheit konnte ich mir nicht entgehen lassen. Entschlossenen Schrittes steuerte ich auf ihn zu und schob seine Bewunderer zur Seite. Als ich vor ihm stand, bohrte sich mein Blick in den seinen.

»Guten Morgen, Jack, wie geht es Ihnen?«, sagte ich und hielt ihm freundlich lächelnd meine ausgestreckte Hand hin.

Peinlich berührt und völlig verdattert schüttelte er meine Hand und schaute dabei verlegen auf seine hochglanzpolierten, rahmengenähten Schuhe.

Im Gerichtssaal gab es, bevor Matt sein Kreuzverhör mit Dieter Dunkel fortführen konnte, nochmals eine kurze Unterbrechung.

Richter James I. Cohn informierte die Geschworenen, dass einer der ihren im Krankenhaus war, da er am Wochenende einen Herzinfarkt erlitten hatte.

»Meine Damen und Herren, es geht ihm den Umständen entsprechend gut, der Gerichtsweibel wird Ihnen seine Telefonnummer mitteilen, falls Sie sich bei ihm über sein Wohlergehen erkundigen wollen. Es wird nun also der erste Ersatzmann nachrücken.«

Richter Cohn erinnerte Dieter Dunkel noch einmal daran, dass er nach wie vor unter Eid stehe und die Wahrheit zu sagen habe, die Wahrheit und nichts als die Wahrheit. Dann lud er Matt ein, mit seinem Kreuzverhör fortzufahren. Matt schien sich darauf zu freuen und rieb sich die Hände.

»Guten Morgen, Herr Dunkel. Mögen Sie sich noch an die QI-Datenbereinigungsaktion erinnern, die Herr Weil im dritten Quartal 2007 initiierte?«

»Ich erinnere mich schwach daran, dass ich irgendwelche Listen kontrollieren musste.«

»Können Sie sich daran erinnern, dass Herr Weil eine Null-Toleranz-Devise für dieses QI-Projekt befohlen hatte und dass Sie gemäß Kompetenzordnung Kunden mit mehr als fünfzig Millionen Schweizer Franken Vermögen im System persönlich als in Ordnung quittieren mussten, Sie also quasi für Ihre Kunden zu bürgen hatten?«

»Ich kann mich vage daran erinnern, dass wir Einträge in der Kundenberater-Werkbank im Computersystem überprüfen mussten. Heute hier sitzend und mich erinnernd, fallen mir beim besten Willen keine weiteren Details mehr ein.«

»Herr Dunkel, reden wir doch über Telly Adler, einen Ihrer Kunden. Adler war anscheinend der Erste, der Ihnen von Roland Schneiders Plan, zur Alten Zürcher Bank zu wechseln, erzählte.«

»Ich erinnere mich an keinen Kunden namens Telly Adler. Ich

kenne nur einen Kunden mit dem Codenamen ›Telly‹; er lebt nahe der Park Avenue in New York.«

»Es handelt sich bei Telly Adler um einen älteren Herrn jüdischer Herkunft, der in Wien geboren wurde und in Manhattan wohnhaft ist.«

»Das könnte möglicherweise der Kunde mit dem Codenamen ›Telly‹ sein.«

»Ist es nicht etwas seltsam, um nicht zu sagen dumm, jemandem, der Telly heißt, den Codenamen ›Telly‹ zu geben?«

Matt legte eine Kunstpause ein, faltete seine Hände wie zum Gebet und legte den rechten Zeigefinger fragend an seine Lippen.

Dann, an die Geschworenen gewandt, und als ob ihm grad ein Licht aufgegangen wäre, sagte er: »Warten Sie mal – vielleicht ist es gar nicht so dumm, sondern überaus intelligent, ja geradezu genial! Wer würde schon vermuten, dass jemand, der den Codenamen ›Telly‹ trägt, tatsächlich auch Telly heißt?«

Die Geschworenen und die Zuschauer im Gerichtssaal lachten schallend, und selbst der Richter musste schmunzeln.

»Okay, dieser Telly mit Codenamen ›Telly‹« – Matt hob seine Augenbrauen – »rief Sie bereits im November 2001 an. Er ließ Sie wissen, dass ihn Roland Schneider angegangen war, weil dieser sich mit ein paar Kollegen zur Konkurrenz absetzen wollte.«

»Sieht so aus.«

»Sie sagten dann aus, dass Sie sofort nach Eingang der Kündigung von Roland Schneider in das Büro von Raoul Weil, ihrem Chef, gerannt seien und ihn darüber informiert hätten, richtig?«

»Ja, Roland und Raoul kannten sich von früher. Ich befürchtete, dass man mir Führungsschwäche vorwerfen könnte, wenn ich einen meiner besten, mir direkt unterstellten Direktoren an die Konkurrenz verlieren würde.«

»Wann genau war das?«

»An Ostern 2002.«

»Wann war 2002 Ostern, Herr Dunkel?«

»Heute hier sitzend und mich erinnernd, kann ich das nicht mehr mit Sicherheit sagen, liegt ja schließlich auch schon über zwölf Jahre zurück.«

Dieter Dunkel wirkte leicht genervt.

»Sie haben also diese kritische Kündigung unbedingt mit ihrem damaligen Chef Raoul Weil besprechen wollen?«

»Ja, sag ich doch.«

»An Ostern 2002?«

»Ja, habe ich doch schon gesagt.«

»Wann nochmals genau war 2002 Ostern?«

Dieter Dunkel war nun wirklich genervt.

»Weiß ich nicht mehr, aber Sie haben sicherlich recherchiert und werden es mir gleich verraten.«

»O ja, das tue ich, Herr Dunkel, das tue ich: Ostersonntag 2002 war am 31. März« – Matt drehte sich von Dieter ab, kam mit Riesenschritten auf mich zu, den Arm ausgestreckt, den Zeigefinger auf mich gerichtet, und sagte, jedes Wort einzeln betonend: »Am 31. März 2002 war dieser Mann hier, Raoul Weil, Chef Europa, Mittlerer Osten und Afrika und somit – nicht – Ihr – Chef!«

Nun merkte auch Dieter, dass er sich in eine Sackgasse manövriert hatte. Aber er wäre nicht Dieter Dunkel, hätte er nicht sofort die Wahrheit zu seinen Gunsten zurechtgebogen.

»Heute hier sitzend und mich erinnernd, weiß ich nicht mehr so genau, wann Herr Weil zum Chef der internationalen Vermögensverwaltung befördert wurde. Ich weiß aber ganz bestimmt, dass ich bereits *vor* seiner Nominierung davon wusste und dass ich eine kritische Kündigung wie die von Roland Schneider unbedingt mit meinem zukünftigen Chef besprechen wollte.«

»Sie meinen mit Herrn Weil, Ihrem Freund?«

»Herr Weil und ich hatten ein gutes Verhältnis.«

»Ein solch gutes Verhältnis, dass Sie seit drei Tagen keine vier Meter von ihm entfernt sitzen und ihn noch nicht ein einziges Mal angeschaut haben.«

Matt hatte diesen Satz direkt an die Geschworenen gerichtet, wandte sich dann wieder Dieter zu.

»Sie wollen also sagen, Sie waren nicht eifersüchtig, dass *er* befördert wurde und nicht *Sie*? Sie rapportierten doch schon einmal an ihn, vor 2001. Nun sollte er Ihnen ein weiteres Mal vor die Nase gesetzt werden?«

»Herr Weil und ich hatten, wie schon gesagt, ein freundschaftliches Verhältnis. Ich machte eine einfache Banklehre und habe, ohne akademischen Hintergrund, karrieremäßig mehr erreicht, als ich mir je erträumen durfte. Ich hatte keinen Grund zur Eifersucht.«

»Okay, Herr Dunkel. Rekapitulieren wir: Zu jenem Zeitpunkt, als Sie von der Kündigung Schneiders erfahren haben, war also nicht Raoul Weil, sondern Hugo Parafin, Ihr Mentor innerhalb der Bank, Ihr Chef, richtig?«

»Hugo Parafin hatte...«

Matt fiel ihm ins Wort:

»Ich will ein Ja oder Nein, Sir!«

Dieter schluckte leer.

»Ja, Sir – aber Hugo Parafin hatte mich in einem bilateralen Meeting vor Ostern 2002 bereits über Raoul Weils bevorstehende Beförderung informiert.«

»In einer jener mysteriösen, nicht dokumentierten bilateralen Sitzungen und nicht anlässlich eines Business-Komitee-Meetings, von dem es ja ein Protokoll gäbe.«

Bevor Dieter antworten konnte, wandte sich Matt von ihm ab und an den Richter: »Für heute keine weiteren Fragen, Euer Ehren!«

Um 18 Uhr waren Susanne und ich zurück im »Marriott«. Um unseren Adrenalinspiegel zu senken, setzten wir uns auf den Balkon, sahen dabei zu, wie die Sonne zwischen den Hochhäusern Fort Lauderdales feuerrot unterging, und tranken eine eisgekühlte Flasche weißen Zinfandel. Ich zündete eine Romeo y Julieta an, und Susanne ließ auf ihrem iPad Shaggy rappen: »It Wasn't Me!« – »Ich war es nicht!« Ich musste grinsen, weil ich genau wusste, dass sie das Stück nicht zufällig, sondern in Gedanken an Dieters Motto gewählt hatte. Trotz der entspannten Atmosphäre ließ der innere Druck nicht im Geringsten nach. Im Gegenteil. Susanne und ich hatten eine weitere unruhige Nacht. Und ich musste schließlich abermals zu einer Schlaftablette greifen.

Dienstag, 28. Oktober 2014 Dieter Dunkels vierter Tag im Kreuzfeuer. Susannes iPhone weckte mich um 6 Uhr 15 aus meinem Betäubungsschlaf. Bobby McFerrin sang seinen Superhit »Don't Worry, Be Happy« – wenn das kein gutes Omen für die zehnte Runde vor dem Gericht von Fort Lauderdale war!

»Guten Morgen, Herr Dunkel.«

»Guten Morgen, Herr Menchel.«

»Herr Dunkel, Sie haben gegenüber dem Department of Justice verlauten lassen, dass Sie Herrn Weil schon jahrelang vorgeschlagen hatten, aus dem US-Geschäft auszusteigen. 2006 insistierten Sie dann noch eindringlicher auf einem Ausstieg, richtig?«

»Ja, das ist richtig.«

»Schauen wir uns doch heute eines dieser Ausstiegsprojekte an, das Projekt ›Segen‹ von 2007. Sie haben erwähnt, dass Sie ein Management-Buyout, kurz MBO genannt, mit Herrn Segen als CEO anstrebten. Ist das richtig?«

»Ja.«

»Herr Weil hat sich gegen ein MBO gestellt. Weshalb meinen

Sie, könnte er dagegen gewesen sein? Weil er der Überzeugung war, dass der Kredit an das kaufende Management riskant und die OSB noch Jahre über den Kreditvertrag hinaus ins Risiko eingebunden gewesen wäre?«

»Das wäre nicht passiert, wenn wir das Geschäft einfach so übergeben hätten.«

»Einfach so? Wollen Sie damit allen Ernstes behaupten, Herr Dunkel, dass Sie das Geschäft an Kurt-Emil Segen und seine Truppen verschenkt hätten? Sie wollten es ›for free‹ abgeben?«

»Ich war der Meinung, dass ein allfälliger Verkaufserlös eine künftige Geldstrafe nicht aufwiegen würde.«

»Sie schlugen nun also genau jene externe Vermögensverwaltungslösung vor, die Sie 2002 bei Herrn Roland Schneider als äußerst risikobehaftet beurteilt hatten?«

»Es kommt darauf an, wo letztlich die Depotstelle der Vermögenswerte ist.«

»Sie haben ebenfalls erwähnt, dass Raoul Weil und der CEO Ihre geplante Märklin-Pfister-Akquisition nicht unterstützen wollten. Ist das nicht eine Bank, die rund 200 Millionen Schweizer Franken gekostet hätte?«

»Das kann ich nicht beurteilen, wir machten damals keine Bewertung.«

»War es nicht so, dass die OSB in ihrer ›One-Bank-Strategie‹ beschlossen hatte, sämtliche Einheiten entweder in OSB umzubenennen oder sie zu verkaufen? Ist es da nicht völlig unlogisch und komplett gegen die Strategie, eine neue Tochterbank mit eigenem Namen zu kaufen? Ist es nicht unlogisch, ein großes, nicht verkaufbares Geschäft mit einem kleinen, teuren und verkaufbaren Geschäft zu mischen und dann zu hoffen, dass die Mischung nun auf einmal verkaufbar wird? Ist es nicht so, dass Ihre Vorgesetzten, darunter natürlich Raoul Weil, *Sie* für völlig verrückt hielten?«

»Wir hätten eben das US-Geschäft zusammen mit den OSB-Privatbanken bereits im September 2005 an die Bank Jules Pfau mitverkaufen sollen.«

»Herr Dunkel, Sie haben am Donnerstag erwähnt, dass Herr Weil auf einem Verkaufspreis von zwei Milliarden Schweizer Franken für das grenzüberschreitende US-Geschäft beharrte und dass unter der Prämisse dieses irrwitzigen Verkaufspreises gar kein Verkauf zustande kommen konnte. Sind Sie sich sicher, dass Herr Weil tatsächlich zwei Milliarden vorgeschlagen hatte?«

»Ja, ich bin mir sicher.«

»Herr Dunkel, sind Sie *absolut* sicher, dass Herr Weil zwei Milliarden Schweizer Franken verlangte?«

»Ja, ich bin mir absolut sicher.«

»Sind Sie zu hundert Prozent sicher, Herr Dunkel, dass Herr Weil *zwei Milliarden Schweizer Franken* verlangte?«

»Ja, ich bin mir zu hundert Prozent sicher.«

»Herr Dunkel, dann schauen wir uns doch einmal das ›Segen‹-Dokument an, auf dem Sie anlässlich Ihrer Befragung durch das Department of Justice die Handschrift von Herrn Weil zu erkennen glaubten.«

Matt kam an unseren Tisch, und Kim übergab ihm, was er brauchte.

»Beginnen wir doch mit der ersten Seite. Herr Dunkel, sehen Sie hier, wohlgemerkt in Herrn Weils Handschrift, das Wort ›Ausstieg‹?«

»Ja.«

»Herrn Weils Wort ›Ausstieg‹ – das, was ich betonen möchte, zudem noch unterstrichen ist – wurde von Staatsanwalt Mike Weekley während Ihres Verhörs doch überhaupt nicht erwähnt? Oder?«

»Ich kann mich nicht erinnern.«

»Fahren wir weiter, Herr Dunkel. Wissen Sie, was eine ›Handgelenk mal Pi‹-Bewertung ist?«

»Ja, eine grobe Schätzung.«

»Lesen Sie doch bitte mal diese von Herrn Weil gemachte handschriftliche Notiz hier vor.«

»Vierhundert bis fünfhundert.«

»Ich nehme an, das bedeutet vierhundert bis fünfhundert Millionen Schweizer Franken? Berechnet auf einer Basis von sieben Jahren Restlaufzeit für dieses Geschäft, oder nicht?«

»Ich kann mich nicht erinnern. Wir diskutierten damals verschiedene Varianten, unter anderem den Wert bei Schließung der US-Gruppe in Genf oder den Wert, wenn wir nur die kleineren Kunden verkaufen, und so weiter.«

»Okay, Herr Dunkel. Dann gehen wir jetzt mal eine Seite weiter, hier« – Matt hatte eine Seite umgeblättert – »hier sehen Sie die tatsächliche, detaillierte Bewertung der OSB-Investment-Banker. Und hier, hier hat der kleinliche Herr Weil als Restlaufzeit für die Bewertung *handschriftlich* fünf bis zehn Jahre vermerkt, was im Schnitt ungefähr sieben Jahren entspricht.«

»Kann schon sein.«

»Und der exakt berechnete Wert, hier sehen Sie ihn schwarz auf weiß, ist 297 Millionen Schweizer Franken! Herr Weil hat tatsächlich nur einen Bruchteil der von Ihnen behaupteten zwei Milliarden als Verkaufspreis verlangt. Ist das nicht so, Herr Dunkel?«

»Ich kann mich nicht erinnern.«

»Herr Dunkel, Sie haben bestritten, dass die Aussage im Dokument für das Projekt ›Segen‹, das Geschäft sei ›in voller Compliance mit allen US-Gesetzen‹, von Ihnen stammt?«

»Die Aussage ist falsch und stammt nicht von mir.«

»Ist es richtig, Herr Dunkel, dass Ihnen der Investment-Banker René Baumann verschiedene Versionen der Präsentation dieses

›Segen‹-Papiers zur Bewilligung unterbreitet hatte, bevor diese jeweils mit Herrn Weil in den Sitzungen besprochen wurden?«

»Ja, aber ich habe die Präsentation nicht geschrieben, das war Herr Baumann.«

»Mögen Sie sich daran erinnern, Herr Dunkel, dass nach dem Ausstiegsentscheid im Projekt ›Exit‹ im August 2007 die Bank Jules Pfau auf einmal ein Kaufinteresse anmeldete?«

»Ja, aber ich war nicht direkt in die Verhandlungen involviert.«

»Ist es nicht so, dass ein Käufer normalerweise eine detaillierte Due Diligence, eine Überprüfung des Kaufobjekts mit gebührender Sorgfalt, vornimmt?«

»Das ist richtig.«

»Herr Dunkel, Sie behaupteten, dass Herr Weil auf einem Verkauf insistierte. Wie lässt sich dies mit Ihrer Behauptung vereinbaren, dass Herr Weil Angst vor der Veröffentlichung der Verkaufstransaktion hatte? Eine Due Diligence hätte doch sämtliche Ungereimtheiten offengelegt, oder nicht?«

Matt sah Dieter eindringlich an.

»Herr Weil hatte Bedenken, die Transaktion den Finanzanalysten erklären zu müssen. Die Größe der Transaktion wäre bei der Veröffentlichung der Quartalsresultate aufgefallen.«

»Ist es richtig, dass Sie jegliche Garantien als Verkäufer gegenüber der Bank Jules Pfau ausschließen wollten?«

»Hier sitzend, kann ich mich nicht mehr erinnern.«

»Schlossen Sie die Garantien aus, weil nun auf einmal das ›Levin-Coleman-Obama‹-Gesetz eingeführt werden sollte, den Steueroasen damit der Kampf angesagt wurde und Sie die künftige Werthaltigkeit nicht mehr garantieren wollten?«

»Ich kann mich nicht erinnern.«

»Dann schauen wir doch Ihre Verkaufsgarantien in Ihrem ein Jahr älteren Vorschlag an. Damals gaben Sie für dasselbe Geschäft noch sämtliche Garantien ab. Hat nicht der ›Levin-Coleman-Obama‹-Gesetzesvorschlag die Zukunftsaussichten massiv verschlechtert, und ist das nicht der Grund, weshalb die Führungsriege der OSB nur eine Woche nach der internen Vorstellung des Gesetzesentwurfs am 21. August 2007 den Ausstieg aus dem US-Geschäft beschlossen hatte?«

»Möglich, ich kann mich nicht erinnern.«

»Herr Dunkel, Sie sagten, dass die Aussage, das US-Geschäft sei in voller Compliance, nicht von Ihnen stammt. Richtig?«

»Ja.«

»Weshalb schreibt dann Daniele Generali von der M&A-Abteilung der OSB, dass sämtliche Textabschnitte betreffend die Compliance dieses Geschäfts in der Präsentation von Ihrem Management-Team geliefert wurden? Können Sie mir das bitte erklären, Herr Dunkel?«

Matt hatte seine Hände auf dem Rücken verschränkt und sich ganz leicht auf die Zehenspitzen gestellt.

»Ich weiß nicht, weshalb Daniele Generali das behauptete.«

»Schauen wir uns doch nochmals Ihren viermonatigen Miami-Aufenthalt von 2008 im Detail an. Mögen Sie sich vielleicht erinnern, dass Sie sich mit dem Department of Justice mehr als zehn Mal getroffen hatten?«

»Ich kann mich nicht an die genaue Zahl der Treffen erinnern.«

»Beunruhigte Sie die Anklage des ehemaligen OSB-Kundenberaters und Whistleblowers Barney Buchacker Mitte Mai 2008 durch das Department of Justice? Hat die Regierung Ihren Status als Kronzeuge, den Sie im Juli erhielten, nicht auf einmal hinterfragt, und bestand aufgrund der Anschuldigungen, die Buchacker machte, nicht plötzlich die Gefahr, dass Sie selber nun doch auch noch angeklagt würden?«

»Natürlich war ich beunruhigt, aber nicht wegen der Dinge, die das Department of Justice Buchacker vorwarf. Ich hatte seine Anklageschrift ja gar nie gelesen.«

»Verstehe ich Sie richtig? Sie haben Buchackers Anklageschrift gar nie gelesen?«

»Nein.«

»Ist Ihr Anwalt ein guter Anwalt?«

»Ja, das ist er.«

»Und er hat Ihnen Buchackers Anklageschrift nie zum Lesen empfohlen?«

»Nein.«

»Aha. Anfang Juli 2008 machten Sie mit dem Department of Justice einen Deal, wurden zum Kronzeugen und erhielten einen Strafverfolgungsverzicht?«

»Ja, aber nur, solange ich die Wahrheit sage.«

»Herr Dunkel, haben Sie sich beim Verwaltungsrat der OSB, dem höchsten internen Bankorgan, je über die unversteuerten US-Kunden beschwert?«

»Nein.«

»Herr Dunkel, hatten Sie vor Ihrer Verhaftung je mit dem Department of Justice Kontakt aufgenommen, um sich über diese Kunden mit unversteuerten Konten zu beschweren?«

»Nein.«

»Haben Sie je bei der OSB gekündigt, weil Sie wegen der Situation mit diesen unversteuerten Geldern Gewissensbisse bekamen?«

»Ich war 2008 in Verhandlungen mit Konkurrenten, wollte aber die OSB in der Finanzkrise nicht im Stich lassen.«

»Keine weiteren Fragen, Euer Ehren.«

Matt setzte sich, er war jetzt sichtlich erschöpft, und auch Dieter Dunkel machte im Zeugenstand einen sehr ausgelaugten Eindruck.

»Ankläger Weekley, der Zeuge Dunkel steht Ihnen für die Neuausrichtung zur Verfügung.«

Mike Weekley erhob sich.

»Herr Dunkel, hatte die OSB die Reisevorschriften nur erlassen wegen der Angst vor Verletzungen der Wertschriftengesetze oder auch aus anderen Gründen?«

»Die OSB hatte Angst davor, dass die Größe und die Natur des US-Geschäfts bekannt werden könnten, weil das wahrscheinlich zu einer Untersuchung der Steuerbehörde IRS geführt hätte.«

»Herr Dunkel, haben Sie irgendetwas Gutes über Herrn Weil zu sagen?«

»Ich habe es sehr geschätzt, dass er mich während meiner Zeit in Florida alle zwei Wochen angerufen hat. Die Anrufe haben zwar nach meinem Abkommen mit dem Department of Justice aufgehört, trotzdem habe ich sie geschätzt, und ich habe das Herrn Weil, nach meiner Rückkehr in die Schweiz, auch wissen lassen.«

»Keine weiteren Fragen, Euer Ehren.«

»Herr Dunkel, Sie dürfen den Zeugenstand nun verlassen.«

Ich musste anerkennen, dass sich Dieter Dunkel hartnäckig gewehrt hatte. Er versuchte in erster Linie, mich in die Pfanne zu hauen und jegliche Verfehlungen seitens der OSB auf mich abzuwälzen. Dabei ging er weiter, als es seine Verpflichtungen gegenüber dem DoJ nötig gemacht hätten. Ganz offenbar schien er mich für seine Situation verantwortlich zu machen. Sein Hass auf mich muss auch für die Geschworenen ersichtlich gewesen sein. Selbst seine seriöse Bankeruniform mit goldenen Manschettenknöpfen, Seidenkrawatte und Einstecktuch konnte nicht über diese Tatsache hinwegtäuschen.

Dieter wirkte abgelöscht, war aufgedunsen, hatte einen starren Blick und schnüffelte, wann immer es brenzlig wurde, an einem

Inhalierstift. Unser Gerichtsbeobachter, ein Kollege von Julie Blackman, fand Dieter Dunkel zu Beginn sympathisch, manchmal mitleiderregend, aber auch übertrieben charmant. Je länger, je mehr hinterließ Dieter jedoch einen arroganten Eindruck und verlor zunehmend an Glaubwürdigkeit.

Nach der Mittagspause wurde Maurice Piccard in den Zeugenstand gerufen. Unser Bluff war ganz offensichtlich nicht aufgegangen. Das DoJ hatte ihn nicht in die Schweiz abreisen lassen.

Staatsanwalt Phil Tarantino begann, wie immer, mit den Routinefragen.

»Herr Piccard, geben Sie uns doch bitte Ihr Alter an, und schildern Sie uns Ihren beruflichen Werdegang.«

»Ich bin 53 und absolvierte eine Banklehre bei einer Schweizer Bank in Baden.«

»Meinen Sie Baden-Baden?«

»Nein, Baden-Baden liegt in Deutschland. Ich meine Baden in der Schweiz. Beide Ortschaften bieten ausgezeichnete Heilbäder an. Aber ich komme aus dem schönen Baden bei Zürich.«

Wir auf der Verteidigungsbank staunten uns gegenseitig an, alle runzelten die Stirn – was sollte dieser geografische Ausflug der Anklage?

»Was machten Sie anschließend?«

»1985 bis 1987 erhielt ich die Gelegenheit, in New York als Volontär zu arbeiten. Dort habe ich auch Dieter Dunkel kennen gelernt. Nach meiner Rückkehr wechselte ich zur Credit Suisse. Anfang 2002 rief mich Dieter Dunkel an und brachte mich bei Roland Schneider ins Gespräch, der mich daraufhin telefonisch kontaktierte und mich schließlich als seinen Stellvertreter und Leiter für das Swiss-Investment-Advisors-Projekt einstellte. Als ich meine neue Stelle am 15. Mai 2002 antrat, war Roland allerdings bereits weg. Dieter Dunkel beförderte mich dann im Herbst 2002 zum Regionalmanager Nordamerika.«

»Dann werfen wir doch jetzt einmal einen Blick auf das Projekt ›Planet‹ vom Februar 2006. Worum handelte es sich bei diesem Projekt, Herr Piccard?«

»Ich erhielt vom damaligen Leiter des Rechtsdienstes der OSB den Auftrag, einen Statusrapport zum ›nicht deklarierten, grenzüberschreitenden US-Geschäft‹ zu präsentieren. Ich klärte genau ab, was inhaltlich verlangt war, und besprach meine Präsentation mit meinem Stabschef und meinem Boss, Dieter Dunkel.«

»Was passierte dann, Herr Piccard?«

»Wir trafen uns zu einer circa einstündigen Sitzung im Hauptsitz.«

»Wer war anwesend?«

»Der Leiter des Rechtsdienstes der Gruppe, die Chefjuristin der Vermögensverwaltung sowie unser Fachjurist, der mich normalerweise unterstützte.«

»Was haben Sie präsentiert?«

»Ich habe das Zahlengerüst vorgestellt.«

»Wie haben die Juristen darauf reagiert?«

»Gar nicht. Ich wurde bis zum Traktandum ›Fragen und Antworten‹, am Schluss der Sitzung, nicht unterbrochen.«

»Was stellten Sie weiter vor?«

»Ich präsentierte die Reiseaktivität und zeigte auf, dass die größeren Kunden öfter besucht wurden als die kleineren.«

»Sie machten der Juristenrunde anscheinend Vorschläge, oder nicht? Hatte Sie jemand dazu aufgefordert, oder war das Ihre eigene Idee?«

»Das war meine Idee. Sie sehen meine Vorschläge auf der Folie Nummer vierzehn« – Maurice Piccard wies auf die von der Decke hängenden Bildschirme –, »ich machte Vorschläge, wie wir das

Geschäft Compliance-mäßig verbessern könnten. Ich habe die einzelnen Vorschläge danach bewertet, wie groß die finanzielle Einbuße bei einer allfälligen Einführung sein würde.«

»Was haben Sie schlussendlich empfohlen, Herr Piccard?«

»Da niemand intervenierte oder den Drang verspürte, meinem Geschäft eine Zwangsjacke anzulegen, schlug ich jene Maßnahmen vor, die einen geringen oder unerheblichen Bremseffekt auf mein Geschäft hatten.«

»Wurden diese Vorschläge mit geringer Profiteinbuße akzeptiert?«

»Ja, meine Vorschläge wurden per Mail vom Chefjuristen akzeptiert.«

Unsere Blicke kreuzten sich. Ich erkannte in Piccards Augen, dass er keine bösen Absichten hegte und mir auch nicht schaden wollte. Er musste halt einfach mit dem geringstmöglichen Risiko seine vertraglichen Verpflichtungen gegenüber dem DoJ einlösen.

»Schauen wir uns doch die Analyse des Rechtsdienstes von 2004 an, Herr Piccard. Kennen Sie sie?«, fuhr Phil Tarantino mit der Befragung weiter.

»Kann ich eine Kopie des Dokumentes sehen?«

»Ja, selbstverständlich.« Tarantino reichte Piccard ein Papier und fragte: »Erkennen Sie dieses Dokument?«

»Nein, nicht wirklich.«

»Blättern wir zur Seite zwölf. Erkennen Sie diese Zahlen zur Reisehäufigkeit?«

»Nein, die sagen mir nichts. Ich kann nicht beurteilen, ob sie akkurat sind oder nicht.«

»Herr Piccard, Sie erwähnten, dass Sie einmal an einem Kundenanlass an der ›Art Basel Miami‹ teilgenommen hatten. Wann war das?«

»Das war 2005. Die OSB war seit Jahren der Hauptsponsor für diese Kunstmesse.«

»Sie sind auf dieser Mail hier namentlich erwähnt, Herr Piccard. Ist das die offizielle Einladung an die Kundenberater für die ›Art Basel Miami‹?«

»Ja, sieht ganz so aus.«

»Haben Sie persönlich Kunden eingeladen?«

»Nein.«

»Haben Ihre Schweizer Kundenberater Kunden eingeladen?«

»Ja, ich glaube schon.«

»Fahren wir weiter: Wann haben Sie Ihr Nicht-Strafverfolgungs-Abkommen mit der Regierung abgeschlossen?«

»Das war Anfang November 2008.«

»Herr Piccard, erzählen Sie uns doch bitte etwas über Ihre Entlassung bei der OSB.«

»Ich wurde im April 2009 von der Personalchefin und einem Juristen in ein Sitzungszimmer gebeten. Die Personalchefin eröffnete mir, dass mein Arbeitsvertrag aufgrund meiner Involvierung ins Nordamerika-Geschäft aufgelöst würde. Ich war total geschockt und vor den Kopf gestoßen. Ich erhielt eine Abfindung und erreichte, dass die OSB nicht auf einem Konkurrenzverbot beharrte.«

»Keine weiteren Fragen, Euer Ehren.«

Der Richter schaute auf die Uhr – es war Punkt 17 Uhr –, dann richtete er seinen Blick auf Aaron, der aufstand und einen kurzen Antrag stellte.

»Euer Ehren. Herr Piccard hat Raoul Weil in seiner Aussage mit keinem Wort erwähnt, und wir haben noch nicht entschieden, ob wir ihn am Donnerstag zum Kreuzverhör aufrufen werden. Wir haben morgen einen gerichtsfreien Tag. Darf ich Ihnen und der Staatsanwaltschaft daher bis morgen Abend via Mail mitteilen, ob wir Herrn Piccard ins Kreuzverhör nehmen wollen oder nicht?«

»Antrag stattgegeben.«

Mittwoch, 29. Oktober 2014 Pünktlich um acht Uhr rief ich Randall, meinen Betreuer der Pretrial Services, an.

»Guten Morgen, Randall, Raoul Weil am Apparat. Ich rufe für meinen wöchentlichen Kontrollanruf an. Nächste Woche gilt mein normales Programm mit Gerichtsterminen von 7 Uhr 30 bis 18 Uhr und meinen vier mal vier Stunden Freizeit. Ich hoffe, dass Dan Ihnen das Programm bereits per Mail zur Bewilligung eingereicht hat?«

»Ja, danke. Ich habe es bereits bewilligt. Wie waren die Krabben im ›Rustic Inn‹ am letzten Sonntag?«

»Fantastisch. Ich hatte die Knoblauch-Krabben. Woher wissen Sie, dass ich dort war?«

Er lachte kurz auf.

»Ganz einfach, ich habe Sie mit dem GPS auf dem Computer verfolgt!«

Das ›Rustic Inn‹ liegt gleich hinter dem internationalen Flughafen von Fort Lauderdale. Randalls Alarm ging vermutlich los, als wir, Susanne, Brenda und ich, uns mit dem Auto dem Flugplatz näherten.

Um zehn Uhr machte ich mich auf den Weg zu unserer Kommandozentrale im »Ritz«, wo mir Kim Matts Vorschlag eröffnete, unsere Zeugenliste massiv zusammenzustreichen. Matt und Aaron hatten die Glaubwürdigkeit der Zeugen der Anklage in ihren Kreuzverhören stark angekratzt, ihre Lügen systematisch entlarvt und ihre Anschuldigungen glaubhaft widerlegt. Unsere Strategie, möglichst viele Zeugen zu meiner Verteidigung aufzurufen, meinte Kim nun, verwandle sich bei unserem momentanen Vorsprung eher in ein taktisches Risiko.

»Jeder Zeuge kann mit seiner Aussage zwar Lücken in unserer Verteidigung schließen, er eröffnet der Anklage aber auch die Möglichkeit, die Konturen des vom Department of Justice gezeichneten Bildes von dir gegenüber der Jury zu schärfen. Wir möchten jedoch in gewissen Bereichen bewusst Unschärfe erzeugen und den Nebel des Zweifels im Raum stehen lassen. Verstehst du?«

Ich sah Kim mit gerunzelter Stirn und zusammengekniffenem Mund an, bat um etwas Bedenkzeit und stellte mich ans Fenster. Ich hatte mit dieser Idee schwer zu kämpfen. In harter Überzeugungsarbeit und mit großem Aufwand hatten wir ehemalige Arbeitskollegen von mir dazu motiviert, sich für meine Verteidigung als Zeugen einzusetzen, und viele hatten Ja gesagt, hatten das Risiko in Kauf genommen, sich der Presse auszusetzen und sich einem äußerst nervenaufreibenden Kreuzverhör der Staatsanwaltschaft zu stellen. Zudem hatten wir uns mit dem DoJ unerbittliche Schlachten geliefert, um für unsere Zeugen freies Geleit, ihre Immunisierung und die Bewilligung von Videoübertragungen, zuerst aus der Schweiz und später aus London, zu erlangen. Und nun sollten wir diese Zeugen, die für mich einstehen wollten, vom Schlachtfeld abziehen?

Ich stand da und schaute nach draußen auf den Jachthafen von Fort Lauderdale. Nach circa fünf Minuten trat Aaron neben mich ans Fenster und versuchte, mir die 180-Grad-Kehrtwende nochmals zu erklären.

»Raoul, nicht *du* musst Beweise für deine Unschuld bringen, die Beweislast liegt einzig und allein bei der Regierung. Versuche es einmal so zu sehen: Zeugen sind wie Stürmer. Sie können zwar Tore schießen, sind in der Regel aber schlechte Verteidiger. Wir qualifizieren uns mit einem Unentschieden für die nächste Runde.

Bis jetzt steht es null zu null, und wir halten uns gut. Spielen wir nun aber ein wenig taktischer: Nehmen wir unsere Stürmer vom Feld und spielen ›Catenaccio‹.«

»Du meinst das von den Italienern praktizierte Zumauern in der Verteidigung?«

Aaron nickte. Ich kannte ihn, den ehemaligen Junioren-Fußballtrainer, nun schon über sechs Jahre und wusste, dass er garantiert nicht leichtsinnig handeln würde, und so willigte ich schweren Herzens, aber längst nicht wirklich überzeugt ein, neun unserer zwölf Zeugen abzuziehen.

Aaron bedankte sich für mein Vertrauen und eröffnete mir dann, dass er die Chance nutzen und Maurice Piccard nun doch ins Kreuzverhör nehmen wolle. Dessen Aussagen von gestern böten einige Angriffsflächen. Im Übrigen würden die Warterei und der Stress, sich einem aggressiven Kreuzverhör aussetzen zu müssen, statt nach Hause reisen zu dürfen, Piccard psychisch ziemlich aufgerieben haben.

Donnerstag, 30. Oktober 2014 Richter Cohn eröffnete die Verhandlung und stellte Aaron den sichtlich nervösen Maurice Piccard fürs Kreuzverhör zur Verfügung.

»Guten Morgen, Herr Piccard.«

Piccard erwiderte den Gruß.

»Herr Piccard, Sie haben erwähnt, dass Sie an der ›Art Basel Miami‹ waren.«

»Ja, im Jahr 2005.«

»Können Sie bestätigen, dass die meisten anwesenden Schweizer Kundenberater lateinamerikanische Kunden betreuten?«

»Möglich.«

»Wissen Sie, dass die OSB im Jahr 2000 für rund elf Milliarden Dollar Wayne Weaver gekauft hatte?«

»Ich mag mich nicht an den Akquisitionspreis für Wayne Weaver erinnern.«

»Könnte es sein, dass die OSB wegen Wayne Weaver vermehrt
Werbung im amerikanischen Markt machte und die ›Art Basel
Miami‹ als hochwertiges Werbeinstrument genutzt wurde, um
Kundenakquisitionen zu tätigen?«

»Ich weiß es nicht, aber die Vorgänge könnten sich durchaus so
abgespielt haben.«

»Ist es richtig, dass Wayne Weaver über 8000 Kundenberater
hatte, sprich, über hundertmal mehr Berater, als bei Ihnen im
grenzüberschreitenden US-Geschäft tätig waren?«

»Ich kann mich nicht an die genauen Zahlen erinnern, aber Ihre
Angabe könnte durchaus hinkommen.«

»Können Sie bestätigen, dass an der ›Art Basel Miami‹ viel mehr
Wayne-Weaver-Kundenberater anwesend waren als Kundenberater
aus dem grenzüberschreitenden Schweizer US-Geschäft?«

»Das war höchstwahrscheinlich schon so.«

»Reden wir nun über Ihr Projekt ›Planet‹, Herr Piccard. Sie un-
terbreiteten dem Chefjuristen Vorschläge, wie Ihr Geschäft mit
unwesentlichen Einschränkungen weiterbetrieben werden sollte.
Auf Folie Nummer vierzehn erwähnten Sie aber auch ausdrücklich
die Option Ausstieg aus dem US-Geschäft. Ist es richtig, dass Sie
in Absprache mit Ihrem Chef, Dieter Dunkel, dem Chefjuristen
der OSB diese Ausstiegsoption im Februar 2006 *nicht* vorgeschlagen haben?«

»Wir hatten gar nicht die Kompetenz, über einen Ausstieg zu
entscheiden.«

»Ob Sie die Entscheidungskompetenz hatten oder nicht, ist nicht
meine Frage, Herr Piccard. Meine Frage ist«, Aaron wurde ein wenig
lauter: »Haben Sie den Ausstieg vorgeschlagen oder nicht?«

»Wir hatten keine Kompetenz dazu.«

»Wir drehen uns im Kreis, das ist nicht meine Frage, Herr Piccard! Aber ich wiederhole sie gern: Schlugen Sie und Dieter Dunkel den Ausstieg vor?!«

Aaron hatte seine Stimme noch etwas mehr gehoben.

Maurice Piccard lief rot an und fing an zu stottern.

»N-ein, ähm, n-ein, die Option Ausstieg aus dem US-Geschäft haben wir nicht vorgeschlagen.«

»Reden wir nun über das sogenannte Länderpapier USA. Dieses musste ja nach der bankinternen Buchacker-Whistleblower-Untersuchung, Mitte 2006, viel restriktiver ausgelegt werden. Sie setzten sich persönlich stets für striktere Compliance ein und müssten die speditive Einführung ja unterstützt haben, oder nicht?«

»Ja, im Prinzip schon.«

»Dann schauen wir uns doch einmal diesen E-Mail-Verkehr an. Hier wird vom OSB-Rechtsdienst, das war Ende 2006, das überarbeitete Länderpapier bewilligt. Richtig?«

»Ja, richtig.«

»Im Januar 2007 verlangten Sie eine schrittweise Einführung per 1. April 2007 mit einer Übergangsfrist von einem Jahr. Gehe ich recht in der Annahme, dass Sie persönlich, und niemand anders, dass *Sie* persönlich die Einführung der strengeren Richtlinien um volle sechzehn Monate verzögerten, um Ihr Geschäft möglichst lange nicht einzuschränken? Ja oder nein?«

»Ja.«

»Keine weiteren Fragen, Euer Ehren.«

Nun führte die Staatsanwaltschaft mit Maurice Piccard eine fünf Minuten dauernde Neuausrichtung durch und versuchte so, bei den Geschworenen den eben erhaltenen Eindruck zu verwischen. Vergeblich. Am Schluss war klar: Aaron hatte das DoJ ausgedribbelt.

Nachdem Maurice Piccard den Zeugenstand verlassen hatte, rief Mike Weekley den letzten Zeugen der Regierung, den OSB-Kunden Egon Lehman, auf. Lehman betrat den Zeugenstand in Jeans und einem ausgeleierten Poloshirt. Mit seinen strähnigen, langen Haaren hinterließ er einen – gelinde gesagt – ungepflegten Eindruck. Unsere Nachforschungen hatten ergeben, dass er in den Siebzigerjahren als Strafverteidiger tätig gewesen war und in dieser Funktion die Drogenmafia vertreten hatte.

»Herr Lehman, nennen Sie bitte Ihren vollen Namen, Alter, Geburts- und Wohnort sowie Ihren Beruf.«

»Mein Name ist Egon Lehman, ich bin 75 Jahre alt. Aufgewachsen bin ich in der Bronx. Heute lebe ich in Boca Raton. Ich war ursprünglich Anwalt und bin heute hauptsächlich im Immobiliengeschäft tätig.«

»Wie haben Sie Ihr Offshore-Vermögen angehäuft, Herr Lehman?«

»Ich war zwischen 1968 und 1980 Strafverteidiger in New Jersey und erhielt meine Anwaltshonorare oft in Bargeld ausbezahlt. So häuften sich im Verlauf der Jahre 750 000 Dollar an, die ich in drei Bankschließfächern aufbewahrte. Während eines Ferienaufenthaltes auf Grand Cayman hielt ein Steuerexperte in dem Hotel, wo ich wohnte, einen Vortrag, wie man auf den Caymans legal und diskret Geld anlegen konnte. Ich eröffnete daraufhin ein Bankkonto.«

»War das bei der OSB?«

»Nein, das war bei einer lokalen Bank.«

»Wie haben Sie Ihr Bargeld denn auf Grand Cayman gebracht?«

»In den Achtzigerjahren existierten noch keine scharfen Grenzkontrollen. Ich transportierte das Bargeld im Jackett oder in der Tennistasche auf die Insel.«

»Weshalb deponierten Sie all das Geld auf Grand Cayman, Herr Lehman?«

»Ich wollte mein Geld vor meiner geschiedenen Frau und dem IRS verstecken.«

»Investierten Sie in Wertschriften?«

»Ursprünglich nicht, aber im Laufe der Zeit investierte ich in amerikanische ›Blue Chip‹-Aktien.«

»Wann haben Sie Ihr Konto in die Schweiz verschoben?«

»Das war so um 2003.«

»Weshalb haben Sie Ihr Konto in die Schweiz verschoben, Herr Lehman?«

»Mein Kundenberater sagte mir, dass es auf Grand Cayman neuerdings verboten sei, US-Kunden zu betreuen. Die Schweiz sei mit ihrem Bankgeheimnis aber eine gute Alternative. Ich war allerdings verärgert, weil ich in der Schweiz meine US-Aktien hätte verkaufen müssen.«

Egon Lehman machte eine Pause und holte tief Luft.

»Und was passierte dann?«, fragte Weekley.

»Mein Kundenberater sagte mir, es gäbe eine Lösung in der Schweiz, die es mir erlaube, trotzdem US-Aktien zu halten, und führte mich beim Zürcher Anwalt Rafael Habegger ein.«

»Ist es richtig, dass der Anwalt Habegger eine in Hong Kong domizilierte Aktiengesellschaft namens Ship International eröffnete, um so mit einem Umgehungskonstrukt US-Aktien steuerfrei halten zu können?«

»Ja, das ist richtig.«

»Ist es richtig, Herr Lehman, dass Sie im Jahr 2005 18 360 Dollar aus Zürich auf die Bahamas transferierten, um diese Summe dort als Bargeld entgegenzunehmen?«

»Ja.«

»Weshalb machten Sie das?«

»Es war einfacher, auf die Bahamas zu fliegen, als in der Schweiz zu bleiben.«

»Machten Sie das öfter?«

»Ich holte vielleicht zwei- bis dreimal Bargeld auf den Bahamas ab.«

»Wann kamen Sie mit dem IRS ins Reine, Herr Lehman?«

»Mein Konto bei der OSB wurde vor sechs oder sieben Jahren für eine gewisse Zeit blockiert. Mit der Hilfe von Anwalt Habegger transferierte ich mein Konto schließlich zur Bank Jules Pfau in Zürich.«

»Haben Sie an der Steueramnestie teilgenommen, Herr Lehman?«

»Ja, ich fand 2009 glücklicherweise einen Steueranwalt, der meine Situation lösen konnte.«

»Wie viel Geld war bei Höchststand auf Ihrem Konto?«

»Etwa 3,5 Millionen Dollar.«

»Haben Sie auf dieses Geld je Steuern bezahlt?«

»Ich rapportierte dem IRS jedes Jahr 25 000 Dollar als ›diverses Einkommen‹.«

»Wie hoch waren die Geldstrafen und Nachsteuern, die Sie bezahlen mussten?«

»Alles in allem 1,7 Millionen Dollar.«

»Keine weiteren Fragen.«

Richter Cohn gab Kim das Wort.

»Verteidigerin Zelnick, der Zeuge Lehman steht Ihnen zum Kreuzverhör zur Verfügung.«

Kim stand auf und schritt aufs Rednerpult zu.

»Herr Lehman, kennen Sie den Angeklagten Weil?«

»Nein.«

»Haben Sie je mit dem Angeklagten Weil gesprochen?«

»Nein.«

»Haben Sie mit Herrn Weil konspiriert, um den IRS um US-Steuern zu betrügen?«

»Nein. Ich habe ja schon gesagt, dass ich ihn gar nicht kenne.«

»Herr Lehman, kennen Sie andere Kunden oder Personen mit Konten in der Schweiz?«

»Nein.«

»Herr Lehman, ist es richtig, dass Sie dem IRS bereits in den Neunzigerjahren eine Nachsteuer von 200 000 Dollar bezahlen mussten?«

»Das war wegen einer Immobilientransaktion.«

»Ist es richtig, dass Sie zurzeit eine weitere Geldstrafe von 12 000 Dollar schuldig sind?«

»Ja.«

»Ist es richtig, Herr Lehman, dass Sie von Beruf Anwalt sind?«

»Ja.«

»Keine weiteren Fragen, Euer Ehren.«

Nun meldete sich Mike Weekley noch einmal.

»Euer Ehren, die Anklage hat ebenfalls keine weiteren Fragen an Herrn Lehman. Die Anklage schließt die Beweisführung ab!«

Mit diesen Worten hatte Weekley offiziell angekündigt, dass die Staatsanwaltschaft mit ihren Einvernahmen fertig war und nun die Verteidigung ihre Zeugen aufrufen konnte. Sobald die Anklage die Beweisführung für abgeschlossen erklärt, stellt die Verteidigung beim Richter normalerweise den Antrag, die Anklage fallen zu lassen. Charlie Jacob, Anwalt bei Freshfields, hatte diesen Antrag bereits seit vier Wochen vorbereitet. 95 Prozent dieser Anträge, eine Klage fallen zu lassen, werden von den Richtern abgelehnt. In seltenen Fällen wartet der Richter mit seinem Entscheid über diesen Antrag aber bis nach der Urteilsverkündung, denn er hat die Kompetenz, die Anklage – selbst nach einem Schuldspruch – aus formellen Gründen und wegen juristischer Unstimmigkeiten immer noch für ungültig zu erklären. Eine derartige Klageablehnung des Richters eröffnet der Anklage jedoch, im Gegensatz zum Freispruch durch die Geschworenen, die Möglichkeit eines Rekurses. Meine Verteidigung stellte den Antrag aus zwei Gründen: Erstens setzte der Antrag auch für uns einen weiteren Anker für einen Rekurs unsererseits, und zweitens musste die Anklage, indem sie den Antrag bekämpfte, ihre Angriffsstrategie für das Schlussplädoyer offenlegen.

Nachdem Richter Cohn die Geschworenen gebeten hatte, den Saal für den kommenden juristischen Schlagabtausch zu verlassen, wandte er sich an Kim.

»Verteidigerin Zelnick, bitte erläutern Sie den Antrag der Verteidigung, die Anklage fallen zu lassen.«

»Danke, Euer Ehren. Gemäß Gerichtspraxis ist es unzulässig, jemanden für mehrere, sich überlappende Verschwörungen anzuklagen. Im vorliegenden Fall sind die Mitbeteiligten völlig unabhängig voneinander und haben eine unterschiedliche Motivation. Keiner der Kunden kannte Herrn Weil. Keiner hatte je mit ihm gesprochen. Keiner hatte sich je mit ihm verschworen. Keiner der Kunden kannte einen der anderen Kunden. Nur einer von sechs Kunden kannte andere Personen mit einem Konto in der Schweiz. Die Grundlage für eine Verschwörung ist demnach nicht gegeben. Außerdem hatten die Kunden eine völlig andere Motivation als die Bank und ihre Mitarbeiter. Die Kunden wollten Steuern hinterziehen, die Bank ihre Profite optimieren. Die Kunden hatten keinerlei Interesse an den Bankprofiten. Die Bank hatte keinerlei Interesse, den IRS zu betrügen. Es besteht keine einheitliche, gemeinsame Motivation für eine Verschwörung. Eine weitere Grundlage für eine Verschwörung ist demnach nicht gegeben. Wie Herr

Roland Schneider bestätigte, bestand absolut keine Verbindung zwischen den ›innovativen‹ Strukturen von amerikanischen Kunden und Herrn Weil.«

Kim räusperte sich und trank einen Schluck Wasser.

»Der IRS erlaubte im QI-Abkommen ausdrücklich ›undeklarierte‹ Bankkonten und sogar ›formell sauber geführte Gesellschaftsstrukturen‹. Der IRS müsste demnach selbst Teil dieser Verschwörung sein. Der IRS kann nicht um einen Umstand betrogen werden, den er selbst gekannt oder vertraglich absegnet hat.«

Nach einer kurzen Atempause fuhr Kim fort.

»Es besteht kein Anhaltspunkt, dass Herr Weil mit irgendeinem Steuerbetrüger in irgendeiner Form kooperiert hätte. An dem fraglichen Business-Komitee-Meeting, an dem beschlossen wurde, die US-Konten von den Bahamas und Grand Cayman in die Schweiz zu verlegen, war Herr Weil nicht einmal anwesend. Herr Weil stützte sich auf den Rat interner und externer Anwälte. Selbst im August 2007, dem letzten hier zur Verhandlung stehenden Jahr, garantierten die Anwälte Herrn Weil noch, dass dieses Geschäft völlig gesetzeskonform sei. Herr Weil kann demnach nicht wissentlich Teil einer Verschwörung gewesen sein.«

Kim sah zuerst mich, dann die drei Staatsanwälte und schließlich den Richter an.

»Aus all diesen Gründen liegt im vorliegenden Fall keine juristisch gültige Verschwörung vor, denn Raoul Weil ist ganz einfach nicht Teil einer kriminellen Verschwörung. Euer Ehren, wir stellen deshalb den Antrag, die Klage fallen zu lassen.«

»Danke, Verteidigerin Zelnick. Ankläger Parker, ich erteile Ihnen das Wort zur Rückweisung der Regierung.«

Paul Parker erhob sich sehr langsam und schritt majestätisch zum Rednerpult.

»Danke, Euer Ehren. Die Verteidigung versucht, die vorliegende Verschwörung mit vielen unwichtigen Details wegzudiskutieren. Aber seien wir ehrlich; es handelt sich doch um einen ganz klassischen Fall von Verschwörung. So wie wir ihn zum Beispiel aus dem Drogenhandel kennen. Der Drogenhändler optimiert seinen Profit. Der Konsument konsumiert seine Drogen. Gemäß der juristischen Definition einer Verschwörung muss Herr Weil über keine Detailkenntnisse der Machenschaften der Kundenberater und ihrer Kunden verfügen. Er muss nur *gewollt* an der Verschwörung teilgenommen haben. Spätestens seit Roland Schneider Herrn Weil Ende 2001 auf den Steuerbetrug hingewiesen hatte, war Herr Weil Teil der Verschwörung. Weiter hat Herr Weil mit Herrn Jürg Spälti an konspirativen Kundentreffen in Hotelzimmern in Miami teilgenommen. Er ist demnach wissentlich *und* willentlich Teil der Verschwörung.«

Parker räusperte sich.

»Herr Weil wurde von Herrn Dieter Dunkel wiederholt in den bilateralen Sitzungen über die Verschwörung aufgeklärt. Herr Weil hat aber willentlich nicht aufgehört, an der Verschwörung teilzunehmen. Es bestand außerdem eine ununterbrochene Befehlskette zwischen den Kundenberatern und Herrn Weil. Herr Weil hatte zudem generelle Kenntnisse der Existenz der US-Strukturen. Das reicht, er musste nicht persönlich darin involviert sein. Herr Weil hat direkt keine persönliche Beratung von externen Anwälten erhalten, die ihn gegebenenfalls hätten entlasten können. Wir hörten alle von den geheimdienstartigen Verschleierungsmethoden der Bank. Die Verteidigung versucht, diese als ›zum Schutze des Bankgeheimnisses‹ notwendig darzustellen. Tatsache ist, dass diese Methoden gleichzeitig zur Beihilfe in der Steuerhinterziehung eingesetzt wurden. Es handelte sich hier nicht um eine Fata Morgana. Die Co-Verschwörer und die Spitze der OSB, der CEO und sogar der Leiter des Rechtsdienstes waren Teil dieser Verschwörung. Allein die Errichtung der Gesellschaft Swiss Investment Advisors für Kunden, die ihr Vermögen versteuern, verdeutlicht, dass auf höchster Führungsstufe Kenntnis über das andere, das Geschäft mit unversteuerten Geldern, bestand. Herr Weil nahm an dieser Verschwörung wissentlich *und* willentlich teil. Er verfügte in weiten Bereichen gar über detaillierte Kenntnisse. Die Regierung ist der Meinung, dass die Frage des Zutreffens einer Verschwörung von der Jury problemlos beurteilt werden kann und auch beurteilt werden soll! Der Antrag, die Anklage fallen zu lassen, sollte deshalb abgelehnt werden.«

»Danke für Ihre Stellungnahme, Staatsanwalt Parker. Ich will die Argumente im Detail studieren und werde meinen Entscheid in dieser Angelegenheit deshalb vertagen.«

Nun wurde – immer noch in Abwesenheit der Geschworenen – die detaillierte Anweisung für die Jury besprochen, die ihr während ihrer Beratung zur Urteilsfindung behilflich sein sollte.

Richter Cohn schlug den beiden Parteien eine Standardvorlage für die Beurteilungsrichtlinien vor und betonte, er werde die Geschworenen in dieser Instruktion darüber informieren, dass die Beweislast allein bei der Regierung liege. Dass ich ferner als Angeklagter nicht aussagen müsse. Dass »Deemed Sales« rechtlich nicht relevant sei und dass Aussagen von Zeugen, die mit der Regierung ein Abkommen geschlossen hatten, mit einer gewissen Vorsicht zu beurteilen seien. Und dass die Vergleichszahlung der OSB im Jahr 2009 in einem »Deferred Prosecution Agreement« *kein* Schuldeingeständnis darstelle.

Nun stritten sich die Regierung und meine Verteidigung um die Ergänzungen dieser Vorlage. Vor allem darüber, was im FINMA-Bericht geschwärzt werden sollte. Denn dieser wurde zusammen mit meiner Anklageschrift und den anderen zum Prozess zugelassenen Dokumenten der Instruktion beigelegt. Die Regierung reduzierte, nach unserer Aufdeckung zahlreicher Falschaussagen ihrer Zeugen, die Anzahl meiner Anklagepunkte. Unter anderem wurde der Anklagepunkt, ich hätte 2006 den Ausstiegsvorschlag abgelehnt, nach der Aussage Maurice Piccards, dass ein solcher Antrag weder von ihm noch von Dunkel im Projekt »Planet« von 2006 je gestellt wurde, gestrichen.

Richter Cohn bedankte sich beim DoJ und bei der Verteidigung für die kooperative Zusammenarbeit und fragte: »Meine Damen und Herren, haben Sie noch irgendwelche Anmerkungen?«

Aaron nickte und sagte: »Euer Ehren, die Verteidigung verzichtet auf Zeugenaussagen via Video aus London. Wir werden dem Gericht und der Anklage am Sonntag Namen von maximal drei Zeugen bekannt geben, die sich hier in Amerika befinden.«

»Ankläger Weekley, haben Sie Anmerkungen vonseiten der Regierung?«

»Das Department of Justice wird aller Voraussicht nach *keine* Rückweisungsrunde anstreben, sodass nach den Verteidigungszeugen direkt zu den Schlussplädoyers geschritten werden kann.«

»Danke. Ich möchte die Parteien daran erinnern, dass ihnen maximal je zwei Stunden für ihre Plädoyers zur Verfügung stehen. Zwei Stunden und keine Minute länger.«

Der nächste Prozesstag wurde auf Montag, den 3. November festgelegt.

Freitag, 31. Oktober 2014 Meine Anwälte vertieften sich übers Wochenende ganz in ihr Schlussplädoyer. Mein Team würde, da wir durch den Verzicht auf die Zeugenaussagen in London viel Zeit gewonnen hatten, bereits am Montag oder Dienstag die Mutter aller Schlachten schlagen müssen. Die Staatsanwaltschaft hatte bei ihrem Angriff den Vorteil, dass sie ihr Plädoyer aufteilen durfte.

Das hieß konkret, dass das DoJ eröffnete, wir den Mittelteil übernahmen und die Regierung dann das letzte Wort – oder viel eher
die letzten Worte – haben würde. Dem nicht genug, hatte der
Richter dem DoJ auch noch bewilligt, dass die beiden Teile auf
zwei Ankläger verteilt werden durften, was den beiden Staatsanwälten erlaubte, ihre Plädoyers optimal vorzubereiten.

Susanne und ich saßen wie auf Nadeln. Ich hielt es im »Marriott« nicht aus und verbrachte die Tage in der Kommandozentrale. Um meinen Anwälten nicht im Weg zu stehen, aber immer
abrufbereit zu sein, setzte ich mich auf den Balkon. Dort versuchte ich mich damit abzulenken, meine Handnotizen aus dem Gerichtssaal auf meinem PC in Buchform niederzuschreiben, um die
Unmittelbarkeit des Erlebten zu bewahren. Das Schreiben ging
mir zum ersten Mal nicht leicht von der Hand, meine Konzentrationsfähigkeit, die vor allem in Ausnahmesituationen eine meiner
großen Stärken war, wurde auf eine harte Probe gestellt.

Aaron und Matt schieden am Samstag zwei weitere Zeugen aus;
jetzt war es nur noch einer. Unser amerikanischer Joker, der heutige Steuerexperte und ehemalige IRS-Vertreter in den QI-Verhand-
lungen mit den internationalen Banken im Jahr 2000. Mit diesem
letzten Zeugen führte Matt am Sonntag das obligate Probekreuzverhör, danach organisierten wir eine Telefonkonferenz mit Julie
Blackman. Wir wollten auch noch ihre Meinung dazu hören, ob
wir diesen einen Zeugen nun wirklich aufrufen sollten oder nicht.
Aaron, Matt, Kim und ich saßen um den Tisch und hörten ihr
über das rauschende Konferenztelefon zu.

»Es ist ganz wichtig, dass du, Raoul, dir bewusst bist, dass du
absolut gar nichts zu beweisen hast. Die Beweislast liegt ganz allein
bei der Regierung, und nur bei der Regierung. Ein Prozess ist
keine normale Verhandlung auf Augenhöhe. Ein Prozess charak-
terisiert sich durch eine asymmetrische Verhandlungssituation.

Wir stehen oben auf dem Hügel, und das Department of Justice muss sich eine glitschige Rampe hochkämpfen. Das ist der Grund, weshalb der Angeklagte in den allerwenigsten Strafprozessen selber in den Zeugenstand tritt und weshalb auch wir dich nicht in den Zeugenstand rufen möchten. Wir müssen uns nun wirklich gut überlegen, ob wir unseren letzten verbleibenden Zeugen überhaupt aufrufen sollen. Matt, wie beurteilst du die Situation?«

Matt hatte eine klare Meinung.

»Julie, wir sind eindeutig in Führung. Der Bazillus der Lüge hat sämtliche Aussagen der Regierungszeugen infiziert. Ich bin überzeugt, dass wir deshalb auch den letzten noch verbleibenden Zeugen *nicht* aufrufen sollten! Was auf den ersten Blick risikoreich erscheinen mag, verringert in der Realität die Gefahren. Ich weiß, dass mein Vorschlag unserer Intuition widerspricht, weil bisher absolut niemand für Raoul eine Lanze gebrochen hat, aber wir sind hier nicht an einer Schönheitskonkurrenz; um zu gewinnen, müssen wir niemanden präsentieren – im Gegenteil.«

Matt, Aaron und Kim schauten mich fragend an, sie wussten, ich hatte große Mühe mit der Idee, dass ich all den Dreck, mit dem ich beworfen worden war, stoisch ignorieren sollte und mich weder selbst noch durch einen Zeugen verteidigen durfte. Nach kurzer Bedenkzeit stimmte ich – sachlich zwar überzeugt, emotional aber absolut widerwillig – zu.

»Einverstanden, ziehen wir auch unseren letzten Zeugen ab. ›All gloves off‹, die finale Runde wird mit bloßen Fäusten bis zum K. o. ausgetragen!«

Es war Sonntagnacht, um 23 Uhr 55, als Matt Richter Cohn und der Regierung mitteilte, dass wir keine Zeugen aufrufen würden.

Es wurde eine sehr, sehr kurze Nacht, in meinem Kopf jagten sich die Gedanken – und auch Susanne fand keine Ruhe.

Montag, 3. November 2014 Punkt 8 Uhr 30 begann die letzte Runde. Meine Anwälte waren wild entschlossen, mich als Sieger aus dem Ring zu führen. »Let's rumble!«

Bevor die Geschworenen ihre Plätze einnehmen durften, behandelte Richter Cohn noch unsere letzten Anträge.

»Herr Marcu, stellen Sie bitte Ihren ersten Antrag.«

»Euer Ehren, wir haben am Donnerstag in Windeseile die schriftliche Anweisung für die Geschworenen erstellt. Dabei übersahen wir leider die QI-Definition mit dem entscheidenden Hinweis, dass *undeklarierte* Konten legal sind. Wir möchten Ihre ursprüngliche Instruktion an die Geschworenen in diesem Sinne noch nachbessern.«

»Herr Marcu, wir hatten die Abmachung, dass die Geschworenenanweisung am Donnerstag fertiggestellt wird. Wie viele Anwälte beschäftigen Sie in diesem Gerichtssaal eigentlich, fünf oder zehn?«, reagierte Richter Cohn gereizt. »Antrag abgelehnt!«

Aaron gab noch nicht auf.

»Euer Ehren, dürfen wir mindestens Ihre ursprüngliche Aussage betreffend die Legalität von undeklarierten Konten mündlich im Plädoyer einsetzen?«

»Selbstverständlich! Nächster Antrag, Herr Marcu.«

»Euer Ehren, wir möchten dem Gericht zuhanden der Geschworenen eine Sammlung von fünfzig Seiten redigierter Rechtsgutachten zur Verfügung stellen. Wir wollen damit demonstrieren, dass Herr Weil seine Entscheide auf externe Rechtsgutachten abgestützt hatte.«

»Staatsanwalt Mike Weekley, was ist Ihre Meinung dazu?«

»Euer Ehren, wir haben diese Unterlagen erst vor zwanzig Minuten erhalten und konnten sie unmöglich studieren. Wegen unzeitgemäßer Lieferung sind wir gegen eine Zulassung.«

»Möchte die Verteidigung weitere Argumente vorbringen?«

Aaron schaute Matt an, der wegen dieses nicht ausschlaggebenden Punktes keinen weiteren unnötigen Streit vom Zaun brechen wollte, und gab deshalb klein bei.

»Nein, Euer Ehren. Wir ziehen unseren Antrag zurück.«

Ganz offensichtlich erwischten wir einen suboptimalen Start in die letzte Runde. Unsere Anträge in letzter Minute kamen beim Richter schlecht an, mehr noch, sie schienen ihn extrem zu nerven. Ich wurde unruhig.

»Haben die Parteien noch irgendwelche Anliegen, bevor wir zu den Schlussplädoyers schreiten? Ja, Verteidiger Menchel?«

Matt formulierte wie immer klar und selbstbewusst; seine Nerven schienen dick wie Drahtseile.

»Euer Ehren. Die Regierung wird die Schlussdebatte eröffnen und auch schließen. Normalerweise darf der zweite Teil des Plädoyers der Regierung nicht länger dauern als der erste, um der Verteidigung eine faire Chance zu geben, die Argumente des Department of Justice zu widerlegen. Wir beantragen daher ausdrücklich, dass der zweite Teil des Regierungsplädoyers auch in diesem Fall nicht länger sein darf als der erste.«

»Antrag stattgegeben.«

Nun wurden die Geschworenen in den Saal gebeten. Gleich nachdem sie Platz genommen hatten, richtete Richter Cohn sein Wort an sie.

»Werte Geschworene, als Erstes werde ich Ihnen die Anweisungen für Ihre Beratung vorstellen. Anschließend folgen die Schlussplädoyers der beiden Parteien. Danach werden Sie sich zu Ihrer Beratung zurückziehen. Die Anweisungen werden Sie gleich auch noch schriftlich erhalten.«

Zügig verlas Richter Cohn nun die Anweisungen.

»Die Beweispflicht liegt allein bei der Regierung. Die Beweiskraft muss über das Maß eines vernünftigen Zweifels hinausgehen.

Ein vernünftiger Zweifel ist ein ernsthafter Zweifel. Sie dürfen nur Beweise in Betracht ziehen, die hier im Raum präsentiert wurden. Blenden Sie Informationen aus der Presse, dem Fernsehen oder dem Internet strikte aus. Eine Anklage ist kein Beweis von Schuld. Der Angeklagte muss zu seiner Verteidigung keinerlei Beweise liefern. Er hat weder eine Verpflichtung, selbst eine Aussage zu machen, noch hat er eine Verpflichtung, eigene Zeugen aufzurufen. Beweise können in Form von direkten Zeugenaussagen oder indirekt durch Beweisketten geliefert werden. Setzen Sie zur Beurteilung Ihre Intelligenz ein, aber auch Ihren gesunden Menschenverstand. Wenn Sie die einzelnen Zeugenaussagen beurteilen, ziehen Sie zum Beispiel folgende Aspekte in Betracht: Wären Sie bereit, dem Zeugen ein Geheimnis anzuvertrauen? Haben Sie den Eindruck, dass er wirklich die Wahrheit sagt? Hat der Zeuge ein selektives Gedächtnis und erinnert sich nur an Dinge, die ihm nützen? Antwortet er direkt oder ausweichend? Weichen seine Aussagen von anderen Zeugenaussagen ab? Macht er absichtliche Falschaussagen? Seien Sie skeptisch, wenn den Zeugen von der US-Regierung Immunität und/oder ein Nicht-Strafverfolgungs-Abkommen oder sonstige Vergünstigungen angeboten wurden. Die Tatsache, dass eine Einzelperson oder eine Gesellschaft in einem Vergleich mit der Regierung eine Geldstrafe entrichtete, stellt kein Schuldeingeständnis dar.

Es ist nicht statthaft, die Nationalität des Angeklagten oder Ihre persönlichen Gefühle betreffend das ihm vorgeworfene Verbrechen in die Beurteilung einfließen zu lassen.

Bitte beachten Sie ferner, dass Herr Weil in einem einzigen Punkt angeklagt ist: wissentliche und willentliche Verschwörung zum Zweck des Betrugs der Steuerbehörde IRS sowie der USA.«

Der Richter nahm einen Schluck Wasser und fuhr dann mit der Instruktion der Geschworenen fort.

»Eine Verschwörung ist eine Partnerschaft, in der jedes Mitglied im Zentrum des kriminellen Planes steht. Zwei oder mehrere Partner müssen in den Plan einwilligen. Das Vorhandensein von verschiedenen, unabhängigen Verschwörungen beweist nicht das Vorhandensein einer relevanten, übergreifenden Verschwörung. Der Angeklagte muss wissentlich in die Verschwörung eingetreten sein. Es müssen ihm jedoch nicht zwingend alle Details bekannt gewesen sein. Treu und Glauben widerspricht einer wissentlichen Verschwörung. Hat sich Herr Weil demnach in seinen Entscheidungen auf den Rat von internen oder externen Anwälten abgestützt, dann ist er nicht wissentlich der Verschwörung beigetreten. Der Beklagte muss *willentlich*, das heißt *freiwillig*, der Verschwörung beigetreten sein. Herr Weil ist nicht wegen Verletzungen der US-Banken- oder US-Wertschriftengesetze angeklagt, sondern allein wegen Verschwörung zum Steuerbetrug. Sie müssen einstimmig über die Schuldfrage entscheiden. Ihre Diskussion ist vertraulich. Bleiben Sie standhaft, wenn Sie von Ihrer eigenen Meinung wirklich überzeugt sind. Sie sind die Richter über die Fakten. Sie müssen einen Vorsitzenden bestimmen, der auf diesem Formular hier«, Richter Cohn wedelte mit einem Blatt Papier, »festhalten muss, zu welchem Urteil Sie gekommen sind. Bitte erwähnen Sie nicht, wie viele Geschworene ursprünglich auf ›schuldig‹ oder ›unschuldig‹ plädiert hatten. Das Strafmaß wird vom Gericht festgelegt.«

Richter Cohn wandte sich von den Geschworenen ab und den Staatsanwälten zu.

»Die Regierung eröffnet nun ihr Schlussplädoyer. Bitte, Staatsanwalt Mike Weekley.«

Weekley stand auf, er schien ausgeschlafen und guter Dinge.

»Werte Geschworene, wir haben es hier mit einem ganz einfachen Fall zu tun. US-Bürger versteckten ihr Geld auf geheimen

Konten. Sie hinterzogen Steuern. Die OSB schlug Profit aus diesem Betrug und vertuschte diesen. Wir hörten vom Kunden Jochen Heer, wie er betrügerische Kreditkonstruktionen aufsetzte. Wir hörten vom Kunden Hochfelder, wie er mit seinen Bankern in Codewörtern kommunizierte und wie ihm in Dallas von seinem Kundenberater 13 500 Dollar in Zeitungspapier eingewickelt überreicht worden waren. Der Kunde Reza Hosseini schilderte uns, wie ihm der Anwalt Beat Sänger für 600 000 Dollar eine betrügerische Liechtensteiner Stiftung gegründet hatte. Schließlich legte uns Herr Lehman dar, wie sein Konto von den Cayman Islands in die Schweiz verlegt wurde, um dem drohenden Informationsaustausch zwischen Cayman und den USA zu entfliehen. Er schilderte uns auch, dass er Geld von Zürich auf die Bahamas transferieren ließ, um diese Summe dort als Bargeld entgegenzunehmen. Roland Schneider, der ehemalige Leiter Nordamerika bei der OSB, beschrieb, wie er immer wieder die Hotels wechselte, um ja nicht entdeckt zu werden. Remo Fragola schilderte, wie er die Kundenauszüge anonymisierte und sich diese mit Fed-Ex ins Hotel schicken ließ. Jürg Spälti benutzte den berühmt-berüchtigten Reise-Laptop mit dem Notfall-Code, um heiße Daten zu löschen. So sollte der Betrug vertuscht werden. Kundenberater wurden zudem in Verschleierungstaktik ausgebildet, zuerst informell von direkten Vorgesetzten, später in einem offiziellen Ausbildungskurs.«

Weekley setzte kurz ab, um Luft zu holen.

»Unter der Oberleitung von Herrn Weil wurde klar zwischen einem versteuerten Geschäft mit tieferen Gebühren und einem unversteuerten mit höheren Gebühren unterschieden. Die Kunden wehrten sich nicht gegen diese höheren Gebühren, da sie die Mehrkosten mit dem Steuerbetrug mehr als kompensierten.

Werte Geschworene, das Top-Management der OSB, dem Raoul Weil angehörte, sowie Dieter Dunkel samt seinen Kundenberatern mit ihren 17 000 US-Kunden waren gemeinsam mit den externen Anbietern von kriminellen Strukturen Teil einer Verschwörung! Herr Weil wusste von dieser spätestens seit den Kundenbindungstreffen in Florida im Jahr 2002. Er bewilligte nur widerwillig die Gründung der Swiss Investment Advisors. Nun wurde zum ersten Mal zwischen versteuerten und unversteuerten Kunden unterschieden. Im Projekt ›Segen‹ verzögerte Herr Weil den Ausstieg aus dem US-Geschäft unnötig, da dieses zu profitabel war.

Doch schauen wir uns die Gesetzesverstöße etwas genauer an. Seit dem Kauf von Wayne Weaver im Jahre 2000 fürchtete sich die OSB vor Anklagen in diesem Bereich. Weshalb wohl?

Roland Schneider wollte mit seinem Vorschlag, das US-Geschäft an einen externen Vermögensverwalter auszulagern, das Risiko für die Bank reduzieren. Raoul Weil und seine Kollegen von der Führungsetage lehnten diesen Vorschlag ab. Mit dem Transfer des US-Geschäfts aus der Karibik in die Schweiz wurde 2002 der Steuerinformationsaustausch mit den USA aktiv umgangen. Als 2002 beziehungsweise 2003 die OVCI die Banken als Anbieter bedrohte, führte die OSB kurzerhand einen Reisestopp Richtung USA ein, um sich ja nicht zu exponieren. Herr Weil wurde von Dieter Dunkel, seinem direkten Untergebenen, in den bilateralen Sitzungen über alles auf dem Laufenden gehalten.

Herr Weil drängte Herrn Dunkel die globalen Verkaufskampagnen auf. Als Dieter Dunkel sich weigerte, daran teilzunehmen, nannte Herr Weil das US-Geschäft ›Sondermüll‹! Die Kundenberater führten jedes Jahr Tausende von unerlaubten Kundenbesuchen durch. Im Sommer 2005 klärte die OSB die Möglichkeit einer beschränkten Steueramnestie ab. Weshalb wohl? Dieter Dunkel schlug damals eine Steueramnestie für Holocaust-Opfer vor. Der Chefanwalt der OSB wollte jedoch auf gar keinen Fall mit der US-Regierung verhandeln.«

Selbst zu diesem späten Zeitpunkt stand es dem Ankläger offenbar frei, neue Aspekte in den Fall einzubringen.

»Im Februar 2006 präsentierte Maurice Piccard mit dem Projekt ›Planet‹ verschiedene Optionen, um das Geschäft zu beschränken. Von den Rechtsanwälten der OSB wurden keine Fragen gestellt. Nach der Buchacker-Affäre insistierte das Top-Management auf mehr Ausbildung, obwohl Dieter Dunkel die Wirkung einer solchen anzweifelte und auf einen schnellen Ausstieg aus dem US-Geschäft drängte. In den nachfolgenden Kursen schulten die Ausbildner die Kundenberater mit folgendem Satz: ›Wir sind keine Kriminellen.‹ Bitte verraten Sie mir doch, weshalb man so etwas überhaupt erwähnen sollte?

Als mit dem Projekt ›Segen‹ schließlich die verschiedenen Ausstiegsvarianten geprüft wurden, drückte man schriftlich die Besorgnis aus, dass es fatale Auswirkungen haben würde, wenn nur schon ein einziger Kunde die Bank beim IRS anschwärzen würde. Weshalb war die OSB so besorgt? Herr Weil wollte selbst dann nur einen Ausstieg unterstützen, wenn daraus Geld – möglichst viel Geld – herausgeschlagen werden konnte.

Erst als die OSB einen Drohbrief von einem mysteriösen Herrn Al-Hani erhielt, der den Kontakt zwischen Buchacker und dem Department of Justice ankündigte, entschied sich das Top-Management zum Ausstieg. Bis die Instruktionen für den Ausstiegsprozess bewilligt wurden, dauerte es aber noch Monate.

Meine Damen und Herren, werte Geschworene«, Weekley holte noch einmal tief Luft, »seien wir ehrlich, wir haben es hier mit einer einfachen, klassischen Verschwörung zum Zweck des Steuerbetrugs zu tun. Die US-Regierung zweifelt keinen Moment daran, dass Sie ein eindeutiges Urteil sprechen werden: ›Schuldig!‹«

Das »Schuldig« schmetterte er den Geschworenen richtiggehend ins Gesicht.

Weekleys Präsentation hatte exakt 45 Minuten gedauert. Er hatte dabei auf den Bildschirmen nur unspezifische Folien des DoJ gezeigt, die wenig Bezug zu meinem Fall herstellten. Die Gewissheit, dass nun sein Kollege Parker im zweiten Teil ebenfalls maximal 45 Minuten über mich herziehen konnte, beruhigte mich.

Es war inzwischen elf Uhr geworden. Matt hatte sich entschieden, seine zwei Stunden Redezeit aufzuteilen: eine Stunde vor dem Essen und eine danach. Dadurch wollte er einerseits die Vorbereitungszeit der Staatsanwaltschaft auf ihre zweiten 45 Minuten beschneiden und andererseits während der Mittagspause unseren Gegenschlag auf Staatsanwalt Mike Weekleys Eröffnung argumentativ optimal vorbereiten.

»Verteidiger Menchel, Sie haben nun zwei Stunden für Ihr Schlussplädoyer. Fangen Sie an, und unterbrechen Sie für die Mittagspause, dann, wenn es Ihnen passend erscheint.«

»Danke, Richter Cohn. Geehrte Geschworene«, Matt wandte sich an die zwölf Damen und Herren, die in Kürze über den weiteren Verlauf meiner Zukunft bestimmen würden, »ich möchte mich bei Ihnen dafür bedanken, dass Sie drei Wochen Ihres Lebens für die Gerechtigkeit in diesem Fall geopfert haben. Es ist unser uramerikanisches Geschworenensystem, basierend auf Amerikanern wie Ihnen, die den Bürger vor der Allmacht des Staates schützt.

Und ich möchte mich bei Ihnen für mein teilweise aufgebrachtes Verhalten aufrichtig entschuldigen. Ich gebe zu, dass mich die Antworten des Zeugen Dieter Dunkel in Rage versetzt haben. Doch ich sagen Ihnen: Herr Dunkel ist ein pathologischer Lügner. Und glauben Sie mir bitte, ich gehe mit dem Wort ›pathologisch‹ weiß Gott nicht leichtfertig um!

Herr Weil wurde 2008 aus politischen Gründen angeklagt. Mit

seiner Anklage zwang das Department of Justice die OSB in die Knie und brach den hartnäckigen Widerstand der Schweizer Regierung. Das Ziel – dass das Schweizer Bankgeheimnis aufgehoben würde – war damit erreicht. Die Anklage erfolgte nicht aufgrund von Tatsachen, sondern lediglich aufgrund von Aussagen Dieter Dunkels, der während seines viermonatigen Hausarrests in Miami vom Department of Justice massiv unter Druck gesetzt worden war und sich mit einem Deal loskaufte. Der Bericht der Eidgenössischen Finanzmarktaufsicht, FINMA, der viel breiter angelegt war als die Untersuchung unseres Department of Justice, hat Herrn Weil völlig entlastet. Mein Kollege Aaron Marcu suchte mit der US-Regierung seit 2008 mehrfach das Gespräch, da die Anklage auf tönernen Füßen stand und immer noch steht. Trotzdem weigerte sich das Department of Justice bis zuletzt standhaft, seinen Fehler einzugestehen und die Anklage fallen zu lassen.

Herr Raoul Weil, dieser Mann hier« – mit einer ausladenden Geste zeigte Matt auf mich –, »ist unschuldig! Aber was macht die US-Regierung? Statt ihren Fehler zuzugeben, verdoppelt sie ihren Einsatz und erzwingt diesen völlig unnötigen Gerichtsprozess.

Soeben präsentierte uns Mike Weekley – präsentierte uns die Regierung – aufpolierte Folien generellster Natur. Werte Geschworene, Details sind äußerst wichtig, in einem Prozess gegen einen Einzelnen sind sie entscheidend. Der Teufel liegt im Detail! ›Jedermann wusste‹ ist einfach nicht gut genug! ›Alle waren informiert‹ ist schlicht kein Beweis.

Herr Weil ist wegen Täuschung und Betrugs des IRS angeklagt. Doch, werte Geschworene, man kann den IRS mit undeklarierten US-Kunden-Geldern gar nicht betrügen! Der IRS hat nämlich nach monatelangen Verhandlungen im QI-Abkommen mit der OSB wissentlich eine spezielle Kundenkategorie, jene der ›US-Kunden mit undeklarierten Konten‹, eingeführt. Der IRS wusste also ganz genau, dass gewisse US-Kunden möglicherweise ihrer persönlichen Steuerpflicht nicht nachkamen oder nicht nachkommen wollten.

Nicht nur bei diesen Kunden, sondern auch in anderen Bereichen will uns die Regierung dauernd weismachen, dass Dinge kriminell seien, die in Wirklichkeit legal sind. Strukturen zur Nachfolgeplanung sind völlig legitim, solange die gesellschaftsrechtlichen Strukturen und Prozesse korrekt eingehalten werden. Der IRS will uns ebenfalls weismachen, dass es kriminell sei, im bezüglich Geldwäscherei relevanten Formular A den Namen des amerikanischen Eigentümers, das heißt einer natürlichen Person, im für den IRS relevanten Formular W-8BEN hingegen den Namen der Gesellschaft, das heißt der juristischen Person, festzuhalten. Die Schweizer QI-Verhandlungsdelegation hat dem IRS angeboten, diesem nicht nur den Gesellschaftsnamen mit dem Formular W-8BEN zur Verfügung zu stellen, sondern mit dem Formular A auch den Namen des Eigentümers. Das US-Treasury intervenierte beim IRS und wollte nichts von der Eigentümeridentifikation wissen. Das Finanzministerium hatte nämlich gerade über die rechtliche Eigenständigkeit von Aktiengesellschaften entschieden, und diese Transparenz bezüglich des Eigentümers hätte seinen eigenen Entscheid unterminiert.«

Matt trank einen Schluck Wasser.

»Das Department of Justice will uns ebenfalls weismachen, dass Kundenbesuche in den USA illegal seien, was überhaupt nicht stimmt, solange diese lediglich sozialen Charakter aufweisen und keine Wertschriftenberatung stattfindet.

Worüber allseits Einigkeit besteht, ist die Tatsache, dass die Steuerpflicht und die Pflicht zur korrekten Einreichung der Steuererklärung bei den US-Kunden lag und nicht bei der OSB. Die einzigen Verpflichtungen, welche die OSB hatte, bestanden darin, im Falle von W9-Kunden, das heißt von US-Kunden mit deklarierten Konten, das Formular 1099 einzureichen und im Falle von Kunden mit undeklarierten US-Wertschriften 31 Prozent Verrechnungssteuer abzuziehen.

Das Department of Justice hat geflissentlich verschwiegen, dass das QI-Abkommen vor allem wegen der ausländischen Investoren im US-Markt abgeschlossen wurde. 98 Prozent der vom QI betroffenen Investoren waren nämlich solche ausländischen Investoren. Die amerikanische Regierung zielte auf eine korrekte Erfassung der Daten und die Anwendung des richtigen Doppelbesteuerungsabkommens ab. Bei den irrelevanten zwei Prozent US-Bürgern ging der IRS bewusst einen Kompromiss ein: Er betrachtete das Verbot, amerikanische Wertschriften zu halten, als genügend harten Verzicht, um möglichst viele US-Steuerzahler mit ausländischen Konten zu ihrer Deklarationspflicht zu motivieren. Das QI-Abkommen war für die OSB äußerst wertvoll, da sie ohne das Abkommen ihre globale Kundschaft nicht konkurrenzfähig hätte bedienen können. Eine Verletzung, die zur Kündigung des Vertrages geführt hätte, stellte für die Bank ein absolutes Katastrophenszenario dar.«

Matt sah kurz zu Boden und dann wieder zur Jury.

»Werte Geschworene, es existiert absolut kein Motiv, weshalb Herr Weil oder die oberste Führungsriege der OSB irgendwelche Risiken hätten eingehen wollen, die 98 Prozent ihrer treuen Kundschaft wegen 2 Prozent US-Kunden zu gefährden. Aber lassen wir doch die einzelnen Zeugen der Regierung Revue passieren«, fuhr er dann fort. »Dass das Department of Justice den Zeugen Roland Schneider aufrief, war ein Akt der Verzweiflung. Die Regierung hat schlicht nichts gegen Herrn Weil in der Hand und geht mit Herrn Schneider eine perverse Vereinbarung ein: Roland Schneider wird für seine Aussagen hier an diesem Gericht immunisiert und muss sich für seine Verbrechen noch nicht einmal schuldig bekennen. Statt vor Jahren schon zuzugeben, dass es gar keinen Fall Weil gibt, verdoppelt das Department of Justice seinen Einsatz mit einem Zeugen, dessen Lügen im Zeugenstand problemlos entlarvt werden konnten. Schneiders Vorschlag, sich selber als CEO und Besitzer einer Vermögensverwaltungsgesellschaft einzusetzen, hatte vor allem eines zum Ziel – ihn persönlich reich zu machen. Extrem reich. Roland Schneiders Aussage, dass sein Vorschlag die Compliance verbessern würde, schmetterte sogar sein Chef Dieter Dunkel ab. Dieter Dunkel selbst bezeichnete die von Schneider vorgeschlagene externe Struktur als unkontrollierbar und hochriskant.

Roland Schneider gab im Zeugenstand zu, dass Herr Weil absolut nichts mit der aktiven Beihilfe zum Steuerbetrug mittels Strukturen zu tun hatte. Nur eine absolute Minderheit von Kundenberatern und ihre direkten Vorgesetzten halfen ihren Kunden aktiv, eine begrenzte Zahl betrügerischer Gesellschaften aufzusetzen. Im Gegensatz zu Dieter Dunkel, der eine Mitwisserschaft in kriminellen Fällen – wie unter anderem denjenigen von Anna Ellsworth und Pinkus Rabe – nicht verleugnen kann, besteht bei Herrn Weil kein einziger solcher Verdacht.

Jürg Spälti war ein ambitiöser Kundenberater, der zugab, dass er Richtlinien absichtlich verletzte, um seinen Bonus zu steigern. Als die OSB das US-Geschäft dichtmachte, folgte er Roland Schneider zur Alten Zürcher Bank und betrieb dort seine kriminellen Machenschaften in alter Manier noch Jahre frisch und fröhlich weiter. Am 15. Oktober, während wir hier in diesem Gerichtssaal saßen und Roland Schneider verhört wurde, schloss die Regierung mit Jürg Spälti ein Nicht-Strafverfolgungs-Abkommen ab. Herr Spälti musste vor Ihnen seinen Vertrag mit dem Department of Justice erfüllen und Herrn Weil in ein möglichst schlechtes Licht rücken. Seine einzige Munition waren angebliche Kundentreffen mit Herrn Weil in Miami. Ist etwas falsch an solchen Kundentreffen? Nein, überhaupt nicht! Treffen mit sozialem Charakter sind vollkommen legal. Herr Spälti schilderte zuerst, dass es zwei bis drei Treffen waren, dann hat ihm sein Anwalt in der Pause wohl eingeflößt, dass er im Sinne seiner Vertragsverpflichtungen gegenüber dem Department of Justice auf drei Treffen insistieren solle. Tatsache ist, dass sich Herr Spälti weder an die genaue Zahl der Treffen noch an die Namen der Kunden, noch an die Größe von deren Vermögen, noch an deren Verbleib bei der OSB, noch an den Inhalt der Gespräche entsinnen kann. Jürg Spälti hat also keinerlei Erinnerung und soll diesen Mann hier, Herrn Weil, belasten? Womit denn bitte?«

Matt hielt inne, zuckte mit den Schultern und blickte fragend zu den Geschworenen.

»Aber erinnern wir uns doch auch noch an den Kronzeugen, Dieter Dunkel. Er war ein ›Freund‹ von Herrn Weil. Nachdem er eine Nacht im Gefängnis verbracht und vier Monate im ›Four Seasons‹-Hotel in Miami mit GPS-Überwachung logiert hatte, schloss er mit der Regierung, unter Druck, ein Nicht-Strafverfolgungs-Abkommen. Herr Dunkel baute ein Lügengebilde auf, um sich selber zu entlasten und Herrn Weil die Schuld für seine Vergehen in die Schuhe zu schieben. Sein Lügengebilde fiel im Zeugenstand nach und nach um wie Domino-Steine. Dieter Dunkel ist, ich wiederhole es, ein pathologischer Lügner. Was passierte, als ich ihn damit konfrontierte, dass Herr Weil zum Zeitpunkt von Roland Schneiders Kündigung im März 2002 noch gar nicht sein Chef war und es für Dieter Dunkel keinerlei Veranlassung gab, Herrn Weil zu informieren? Er erfand die Geschichte, dass er von Herrn Weils bevorstehender Beförderung bereits gewusst habe. Dieter Dunkel wollte angeblich seinem künftigen Boss zudienen.«

Matt blickte zur Decke und schloss kurz die Augen.

»Und wo konnte er von der Beförderung erfahren haben? Natürlich wieder einmal in einer dieser mysteriösen ›bilateralen Sitzungen‹ mit seinem Mentor Hugo Parafin und selbstverständlich nicht in einem Business-Komitee-Meeting, denn davon gäbe es ja ein Protokoll!

Werte Geschworene, schauen wir uns doch bitte die wirklichen Beweise an. Hier ist die offizielle Ankündigung der OSB-Reorganisation mit der Beförderung von Herrn Weil. Ende Juni 2002, volle drei Monate also nach Roland Schneiders Kündigung, erfolgte die Meldung von Herrn Weils Beförderung. Es wäre völlig irrational von Hugo Parafin, eine solche organisatorische Veränderung drei Monate im Voraus auszuplaudern. Das hätte ihn zur machtlosen lahmen Ente degradiert!«

Das letzte Wort betonte Matt ausdrücklich und wandte sich dann an den Richter.

»Euer Ehren, es ist nun kurz vor zwölf Uhr, ich würde vorschlagen, dass wir hier die Mittagspause einlegen.«

»Einverstanden, Pause. Die Verhandlung wird um halb zwei fortgeführt. Guten Appetit!«

Während des gesamten Prozesses verbrachten wir – das heißt Susanne und ich sowie das ganze Anwaltsteam – die Mittagspause in den temporären Büros von Kobre & Kim, die direkt gegenüber dem Gerichtsgebäude lagen. Dort aßen wir während drei langen Wochen immer dasselbe: Tuna-Sandwiches und Chips. Dazu tranken wir Coke Zero. Nachdem Susanne und ich am ersten Prozesstag beim Warten an der Fußgängerampel von der Presse regelrecht belagert worden waren, änderten wir unsere Taktik. Aaron, Matt, Kim und die anderen vom Team gingen die 200 Meter zu Fuß, und Susanne und ich stiegen, ohne nach rechts oder links zu schauen, vor dem Gerichtsgebäude schnurstracks in den wartenden Minibus von

Aarons Sekretärin, die uns dann zum Hintereingang der Büros fuhr. Ein kleiner Streich, der die ganze Zeit über funktionierte und über den wir uns jeden Tag diebisch freuten. Heute ganz speziell.

»Fahren Sie fort, Herr Menchel. Sie haben noch genau eine Stunde und neun Minuten zur Verfügung«, wandte sich Richter Cohn nach der Mittagspause an Matt.

»Danke, Euer Ehren. Werte Geschworene, das Department of Justice hat die ›Offshore Voluntary Compliance Initiative‹ und den darauffolgenden Reisestopp, den die OSB ihren Kundenberatern auferlegt hatte, des Langen und Breiten ausgeschlachtet. Es gibt keinerlei Hinweise, dass Herr Weil in diesen Reisestopp-Entscheid involviert gewesen war. Und selbst wenn, Reisestopps wurden des Öfteren verhängt und waren nichts Spezielles. Zum gleichen Zeitpunkt wurde ein Reisestopp wegen der Schweinegrippe-Seuche, SARS, erlassen. Reisestopps wurden auch nach 9/11, dem Bombenattentat in Bali und anlässlich zahlreicher anderer Ereignisse verhängt.

Das Department of Justice behauptet, dass die Gebühren bei der OSB im Geschäft mit *undeklarierten* Geldern massiv höher waren als im Geschäft mit den deklarierten bei der Swiss Investment Advisors, da Kunden ja bei der Steuer sparten. Auf dieser Folie« – Matt zeigte auf einen der Bildschirme – »sehen Sie den Preisvergleich. Die Dienstleistungspreise sind identisch, es existiert schlicht kein Gebührenunterschied. Der Teufel steckt wieder einmal im Detail!

Weiter: Das Department of Justice fährt immer wieder mit diesen Reise-Laptop-James-Bond-Geschichten auf. Doch ist es nicht absolut selbstverständlich, dass eine Bank, notabene eine Privatbank, die gesetzlich dem Bankgeheimnis verpflichtet ist, die Privatsphäre ihrer Kunden mittels Verschlüsselung schützt?

Wir haben Ihnen den Bericht der Eidgenössischen Finanz-marktaufsicht vorgestellt, eine weitaus breiter angelegte Analyse als jene unseres Department of Justice. Die Resultate wurden nota-bene erst nach Herrn Weils Anklage durch die US-Regierung ver-öffentlicht. Ich lese Ihnen die auf Herrn Weil bezogene Schluss-folgerung daraus vor: ›Es gibt absolut keinen Hinweis auf Herrn Weils Teilnahme oder Mitwissen bei den Vergehen.‹

Werte Geschworene, Richter James I. Cohn hat Ihnen heute Morgen den Maßstab für ›jenseits eines vernünftigen Zweifels‹ definiert. Er hat auch den Rahmen für die Glaubwürdigkeit von Zeugen gesetzt. Wären Sie zum Beispiel bereit, dem Zeugen Ihre Kinder anzuvertrauen? Erinnert er sich nur an das, woran er sich erinnern will? Antwortet er direkt oder ausweichend?

Die Teilnahme an einer Verschwörung setzt voraus, dass Herr Weil wissentlich *und* willentlich einer solchen beigetreten wäre. Beides trifft nicht zu. Herr Weil verließ sich auf die Rechtsgutach-ten seiner Anwälte. Selbst im Projekt ›Segen‹, im August 2007, zum Zeitpunkt des Ausstiegs-Entscheids, bestätigten die Anwälte, dass das Geschäft *völlig gesetzeskonform* geführt wurde. Herr Weil kann also gar nicht wissentlich einer Verschwörung beigetreten sein. Und damit Herr Weil willentlich beigetreten wäre, hätte mit den Verschwörern ein gemeinsames Ziel bestehen müssen. Wie uns die in den Zeugenstand gerufenen OSB-Kunden erklärten, kannten sie Herrn Weil nicht, hatten ihn noch nie gesprochen und – mehr noch – hatten nicht einmal von ihm gehört. Die Kunden sagten ebenfalls aus, dass sie mit Herrn Weil nicht konspiriert hatten. Wie sollten sie auch? Ihre Zielsetzung war, Steuern zu sparen, diejenige von Herrn Weil dagegen war, eine profitable Bank zu leiten.

Meine Damen und Herren, werte Geschworene, wie auch im-mer Sie entscheiden werden, Herr Weils Karriere, Herr Weils Re-putation, ja Herr Weils Leben: Das alles ist jetzt schon zerstört.

Stoppen wir den Meuchelmord an ihm. Es gibt nur *ein* gerechtes Urteil: Freispruch!«

Mit dem Sprung des Minutenzeigers nach exakt zwei Stunden Redezeit beendete Matt sein Schlussplädoyer. Er war schlicht großartig!

»Staatsanwalt Parker, bitte fahren Sie jetzt mit dem zweiten Teil des Regierungsplädoyers fort, ich erinnere Sie daran, dass Ihnen maximal 45 Minuten zur Verfügung stehen.«

»Werte Geschworene, wir haben einen ganz einfachen Fall vor uns: Es geht um unversteuerte Vermögenswerte und einen Betrug an unserer Steuerbehörde, dem IRS. Die Verteidigung versucht, die Geschichte zu verkomplizieren und mit dem QI und den Verstößen gegen das Wertschriftengesetz abzulenken. Durchschauen Sie doch bitte dieses Spiel! Setzen Sie Ihren gesunden Menschenverstand ein, und lassen Sie sich nicht vom zentralen Aspekt des Steuerbetrugs ablenken!

Die OSB pries das Bankgeheimnis als Werkzeug an, um Vermögenswerte vor dem IRS zu verstecken. Die Bank steigerte ihre Profite, und die Kunden sparten Geld und betrogen bei ihren Steuern. Herr Weil wusste schon zu einem sehr frühen Zeitpunkt davon. Bereits 2001 hatte ihn Roland Schneider gewarnt. Doch Herr Weil gab bei Schneiders Abgang die Devise aus: ›Wir kämpfen um jeden Kunden!‹ Der Kundenberater Jürg Spälti bestätigte uns, dass er und Herr Weil mehrfach Kunden in einem Hotelzimmer in Miami besucht hatten. Es gibt keinen Grund, anzunehmen, dass das Akquisitionsargument ›Wir können das Bankgeheimnis auch bei Steuerbetrug weiterhin garantieren‹ bei diesen Treffen nicht eingesetzt wurde. Herr Weil hat sich seine eigenen Hände nicht schmutzig gemacht, die eigentliche Drecksarbeit wurde von den Kundenberatern erledigt.

Das QI-Abkommen war kein allumfassendes Vertragswerk, sondern ein einfaches Verrechnungssteuerabkommen. Und vor allem war es kein Abkommen, um den Steuerbetrug zu fördern. Das QI-Abkommen sagt *nicht* aus, dass Kunden undeklarierte Konten halten dürfen. Weshalb be…«

Nun passierte etwas, was keiner meiner erfahrenen Anwälte während eines Schlussplädoyers der Staatsanwaltschaft je erlebt hatte – es wurde unterbrochen.

»Einspruch! Ich bitte um eine private Unterredung der Parteien mit dem Richter.«

Matt war aufgesprungen. Er kochte vor Wut, und Richter Cohn schien dies nachvollziehen zu können.

»Stattgegeben.«

Nun schritten Weekley und Parker sowie Matt und Aaron zu Richter Cohns Pult, alle mit hochrotem Kopf. Der ganze Gerichtssaal wurde über die Lautsprecheranlage mit einem Rauschen beschallt, damit niemand die Unterredung der fünf Männer mithören konnte. Nach knapp sechs Minuten kehrten die beiden Staatsanwälte, Matt und Aaron an ihre Plätze zurück – keinem von ihnen war anzusehen, ob die Unterredung für sie positiv oder negativ verlaufen war.

Das Rauschen verschwand und Richter Cohn begann, jene ursprüngliche Geschworeneninstruktion über die Definition von QI vorzulesen, die in der Endversion untergegangen war und die Aaron am Morgen noch erfolglos einzubringen versucht hatte.

»Ich muss hier leider klärend eingreifen und lese Ihnen eine Anweisung zum QI-Abkommen vor. Undeklarierte Konten waren im QI-Abkommen *ausdrücklich zugelassen* und *legal*, solange US-Kunden *keine US-Wertschriften* hielten. Hielten US-Kunden US-Wertschriften, so erfolgte eine Meldung an den IRS. Wollte der US-Kunde anonym bleiben, so belastete die Bank 31 Prozent Verrechnungssteuer, und zwar nicht nur auf Zinsen und Dividenden, sondern auch auf einem allfälligen Verkaufserlös. .

Staatsanwalt Parker, fahren Sie bitte fort. Die zehnminütige Unterbrechung wird Ihnen nicht von Ihrer Redezeit abgezogen.«

Das Resultat von Matts Einsprache war für die Anklage ein harter Schlag. Das DoJ hing nun in den Seilen. Die absichtliche Falschauslegung des QI-Abkommens durch die Anklage – und dies wohlverstanden erst noch in deren Schlussplädoyer – hatte kurze Beine. Ich spürte, wie die Glaubwürdigkeit des DoJ endgültig bröckelte.

Paul Parker war von diesem für ihn offenbar völlig unerwarteten Intermezzo sichtlich gezeichnet und wirkte plötzlich fahrig und kraftlos.

»Weshalb bestand bei der OSB diese permanente Angst, erwischt zu werden? Spätestens seit das Geschäft in zwei Bereiche aufgeteilt worden war, in einen mit versteuerten Kundengeldern und einen mit unversteuerten, musste sich Herr Weil bewusst sein, was abläuft. Dieter Dunkel beschrieb zahlreiche bilaterale Treffen, bei denen er Herrn Weil informiert und gewarnt hatte. Aber Raoul Weil weigerte sich standhaft, dieses profitable Geschäft mit unversteuerten Kunden einzustellen. In einer Anklage wegen Verschwörung muss die Regierung dem Angeklagten nicht alle Vergehen direkt zuweisen können. Es ist nicht nötig, dass der Verschwörer sämtliche Details kennt. Das Argument, dass sich Herr Weil auf den Rat von externen Anwälten abstützte, sticht nicht, wenn diesen Anwälten von der OSB eine falsche Ausgangslage präsentiert wurde. Weshalb insistierte die Bank beim Projekt ›Segen‹ darauf, unbedingt an ein Schweizer Institut zu verkaufen, das durch das Schweizer Bankgeheimnis geschützt wurde? Die OSB hätte doch problemlos auch an eine internationale Bank verkaufen können, wenn es sich tatsächlich um ein legales Geschäft gehandelt hätte.

Werte Geschworene, setzen Sie bitte Ihren gesunden Menschenverstand ein. Herr Weil wurde bereits 2001 von Roland Schneider gewarnt. 2002 nahm er persönlich an den Kundenbindungstreffen teil, und ab diesem Zeitpunkt wurde er von Dieter Dunkel Jahr für Jahr gewarnt und zum Ausstieg aus dem US-Geschäft gemahnt. Es kann nur ein einziges logisches Urteil geben: Schuldig!«

Staatsanwalt Parker war um Punkt 15 Uhr 15 fertig, und Richter Cohn wandte sich an die Geschworenen.

»Bitte nehmen Sie sich eine fünfzehnminütige Pause, und ziehen Sie sich anschließend zur Beratung zurück.«

Nun begann das lange Warten. Aaron erklärte mir, es sei äußerst unwahrscheinlich, dass die Geschworenen bereits heute einen Entscheid fällen würden. Als Faustregel gelte, dass die Geschworenen pro Woche Gerichtsverhandlung einen Tag Beratung benötigten, um die verlangte Einstimmigkeit in der Jury zu erzielen. Das heißt, dass bei einem so komplexen Fall wie meinem eine Beratungszeit von mindestens drei Tagen zu erwarten war.

Der Gerichtsdiener räumte den Saal, und wir begaben uns in den Innenhof des Gerichtsgebäudes, wo wir in der warmen Herbstsonne der Dinge harrten, die da kommen sollten. Wir, das waren Matt, Aaron, Kim, Susanne, Brenda und John – der sich jedoch schon bald absetzte, um bei der nächsten Imbissbude einen Hotdog zu erstehen, da er plötzlich eine seiner berühmten nachmittäglichen Hungerattacken verspürte.

Um 16 Uhr 15, John war noch nicht einmal von seinem Fast-Food-Ausflug zurück, tauchte der Gerichtsdiener völlig unerwartet im Hof auf und bat uns, sofort in den Gerichtssaal zurückzukehren.

»Aaron, was hat das zu bedeuten?«

»Keine Ahnung, Raoul, ich weiß es auch nicht.«

Wieder im Saal, war ich erstaunlich ruhig.

Bevor Richter Cohn sprach, schenkte er mir einen kurzen Blick.

»Erheben Sie sich bitte für die Geschworenen!«

In diesem Moment begann mein Puls zu rasen, und meine Handflächen wurden feucht. Als die Geschworenen den Gerichtssaal betraten, traute ich mich nicht, in ihren Gesichtsausdrücken ein mögliches Urteil abzulesen, und schaute nicht sie, sondern wie gebannt den Richter an.

James I. Cohn räusperte sich und sagte dann mit erhabener Stimme: »Meine Damen und Herren, ich wurde vom Vorsitzenden der Geschworenen informiert, dass die Jury zu einem Urteil gekommen ist.«

Ich schaute Aaron an und sah, dass wir beide dasselbe dachten – ein Urteil nach nur gerade 45 Minuten Beratungszeit, was hatte das zu bedeuten? Alles oder nichts.

Der Richter hob seinen Blick, schaute erst der Delegation der Anklage, dann der der Verteidigung und schließlich mir in die Augen.

»Herr Vorsitzender, wie lautet das Urteil der Geschworenen?«

Der Vorsitzende stand auf und setzte zum Sprechen an. Mir kam alles wie in Zeitlupe vor.

»Das Urteil lautet: Unschuldig!«

Im ersten Moment war ich wie gelähmt, dann spürte ich, wie mir der tonnenschwere Stein vom Herzen fiel, der mich in den letzten sechs Jahren runtergezogen hatte, und wie das Damoklesschwert von fünf Jahren Haft sich in Luft auflöste. Ich sprang auf, umarmte und küsste Susanne, die von Weinkrämpfen geschüttelt wurde. Dann fiel ich meinen Anwälten in die weit geöffneten Arme. Kim und Matt weinten ebenfalls, und Aaron war schlicht sprachlos. Die überwältigende Erleichterung nach sechs Jahren Anspannung ist unbeschreiblich.

Die Kolonne der Staatsanwaltschaft verließ, ihre Aktenwägelchen hinter sich herziehend, wortlos und ohne Handshake sofort den Gerichtssaal.

»Absolut unprofessionell!«, war der Kommentar meiner Anwälte.

Nun wandte sich Richter Cohn an Matt und Aaron.

»Herr Menchel, das war ein ausgezeichnetes Schlussplädoyer. Herr Marcu, darf ich Sie zur Richterbank bitten.«

Richter Cohn sagte Aaron unter vier Augen, dass er im Falle eines Schuldspruchs von seinem richterlichen Recht Gebrauch gemacht hätte, die Klage aufgrund der juristisch inkonsistenten Verschwörungssituation abzuweisen. Zum Glück mussten wir auf diesen letzten Rettungsring nicht zurückgreifen. Denn bei einer Ablehnung der Klage hätte im Gegensatz zum Freispruch die Staatsanwaltschaft Gelegenheit für einen Rekurs erhalten. So aber – mit diesem einstimmigen Freispruch in rekordverdächtiger Zeit – war ich endlich voll und ganz rehabilitiert.

Nun gab es für mich nur noch eines: Nein, ich öffnete keinen Champagner, ich stürmte in den obersten Stock des Gerichtsgebäudes und meldete mich bei der Pretrial Services Division. Ich wollte endlich meine verfluchte Fußfessel loswerden. Ein Beamter schlug mit einem Schraubenzieher den Bolzen aus dem Gummigurt, die Fessel sprang auf, und ich war – frei! Endlich! Endlich war ich das Auge des großen Bruders losgeworden.

Vor dem Gerichtsgebäude warteten die Medien auf uns.

»Herr Weil, was empfinden Sie nach dem Freispruch?«

»Ich bin überwältigt und unglaublich erleichtert und möchte meiner Frau, meinen Freunden und meinen Anwälten danken, dass sie mir während dieses sechsjährigen Albtraums beigestanden haben.«

»Was für einen Einfluss hat dieser Entscheid auf die Situation der Schweizer Banken?«

»Schwierig zu sagen. Wir haben in der Schweiz offensichtlich ein Problem. Und damit meine ich, dass es inakzeptabel ist, wenn Leute in den USA in einem Deal mit dem Department of Justice Geldwäscherei und Bankgeheimnis-Verletzungen zugeben können, nur weil Sie in der Schweiz keine Strafverfolgung befürchten müssen. Da stimmt etwas nicht. Und ich meine, da stimmt etwas in der Schweiz nicht.«

»Wie geht es nun weiter, was werden Sie als Nächstes tun?«

»Ich werde in meine Heimat zurückfliegen, meine Eltern wiedersehen und mit unserem Hund spazieren gehen.«

Nach einer kurzen Feier mit meinem Verteidigungsteam waren Susanne und ich bereits um zehn Uhr nachts wieder im »Marriott«, denn Susanne hatte für den kommenden Tag einen Flug Miami–Zürich buchen können. Wir packten und versuchten dann zu schlafen, was mir allerdings nicht möglich war. Das aufgestaute Adrenalin ließ meinen Blutdruck in die Höhe schnellen, mein Herz raste, und ich war von kaltem Schweiß nass geschwitzt.

Die ganze Anspannung fiel erst von mir ab, als sich die Räder des Airbus von der Piste in Miami lösten. Erstmals seit sechs Jahren spürte ich Reinhard Meys grenzenlose Freiheit über den Wolken, und Tage später tat ich das, was mir als Bild die ganze Zeit seit dem »Toc! Toc! Toc!« Kraft verliehen hatte: Ich spazierte mit Madhu durch die Engadiner Lärchenwälder. Frischer Pulverschnee hatte sich wie Watte über das Tal gelegt. Die Stille war absolut.

EPILOG

Heute, wo ich diese Zeilen schreibe, heute vor genau einem Jahr fiel das erlösende Wort: »Unschuldig!« Ein sechs Jahre dauernder Albtraum war mit einem Schlag zu Ende. Wer schon einmal aus einem solchen erwacht ist, weiß, wie sich das anfühlt. Die Vernunft sagt einem, dass es nur ein Traum war und man sich erleichtert fühlen sollte; trotzdem bleibt die Gefahr noch einige Zeit präsent, sogar körperlich spürbar. Genauso ist es Raoul und mir ergangen. Alle Demütigungen, Entbehrungen, Kämpfe, Rückschläge und kräftezehrenden Anstrengungen schienen sich mit einem Mal gelohnt zu haben. Alles fiel von uns ab. Und doch wollte sich einfach kein unmittelbares Glücksgefühl einstellen. Wars das jetzt, oder holte die Gegenseite nochmals zu einem Schlag gegen uns aus?

Der Gerichtssaal war noch ganz erfüllt von der negativen Energie der letzten sechs Jahre. Wie konnten wir wieder zur Normalität zurückfinden? Wie hatten wir diese sechs Jahre überhaupt überstehen können? Wie kann man solch einschneidende, traumatisierende Erlebnisse verarbeiten?

Das Wichtigste ist wohl, zu akzeptieren, was man nicht ändern kann. Anfänglich raubten uns Fragen nach dem »Warum?« und dem »Weshalb wir?« oder dem »Womit hat Raoul das verdient?« noch den Schlaf. Aber auf diese Fragen fanden wir keine Antworten, weil es auf solche Fragen keine Antworten gibt. Also suchten wir irgendwann nicht weiter.

Uns einfach in das Schicksal zu ergeben, war aber auch keine Alternative. Hätten wir das getan, steckten wir heute noch in der Opferrolle. »Schmerz ist unvermeidlich, Leiden hängt von der Entscheidung ab.« (Dalai Lama) Wir mussten versuchen, die Situation durch Handeln positiv zu beeinflussen.

Die Überzeugung, unschuldig zu sein, hat uns dabei sicherlich entscheidend geholfen. Aber es braucht auch eine große innere Willenskraft und emotionale Stärke, um unter den widrigen Umständen, wie wir sie erleben mussten, aktiv zu werden respektive zu bleiben und nicht zu resignieren.

Raoul war in seiner Zeit im Gefängnis in Bologna, während der zehn Monate dauernden Prozessvorbereitungen im Hausarrest und auch im Prozess selbst immer wieder niedergeschlagen und angezählt. Jedes Mal raffte er sich von neuem auf und war noch entschlossener als zuvor. Aber alle Widerstandskraft nützt nichts, wenn man auf sich allein gestellt ist. Eine solch existenzielle Lebenskrise meistert man nur mit der Hilfe von Familie und Freunden. Mit Bezugspersonen, die zuhören, die anpacken, bei denen man sich gehen lassen kann, die keine Fragen stellen, die Antworten geben, die mitlachen, die mitweinen – und die Romeo y Julietas nach Amerika bringen!

Natürlich suchten sich auch Bitterkeit, Rachegefühle und Selbstmitleid immer wieder den Weg nach oben. Angebracht wären diese Empfindungen in der Tat gewesen, aber welchen Nutzen hätten sie gehabt? Wir hätten uns damit nur selbst geschadet, deshalb ließen wir sie nicht zu – ein Kraftakt, der uns nicht immer gleich gut gelang.

Ende gut, alles gut? Das griechische Wort »krisis« bezeichnet keine hoffnungslose Situation, sondern eine entscheidende Wendung in einer gefährlichen Lage. Diese Wendung kann in die Katastrophe führen. Oder ein neuer Anfang sein.

Ein großes Danke an alle, die mitgeholfen haben, die Katastrophe abzuwenden.

Susanne Lerch, am 3. November 2015

DANK

Meine Frau Susanne stand mir während der ganzen sechs schwierigen Jahre meines Albtraums immer zur Seite. Sie trug die Hauptlast meiner emotionalen Schwankungen. Ihr bin ich zu endlosem Dank verpflichtet, denn dank ihr habe ich die Situation überhaupt durchgestanden.

John und Brenda »adoptierten« mich in ihre Familie in New Jersey. Die beiden wurden für zehn Monate mein zweites Zuhause. Ich werde es ihnen nie vergessen, wie herzlich sie mich aufgenommen und in ihren Freundeskreis integriert haben.

Mein Dank gehört auch meinen Eltern. Ich bin unendlich dankbar, dass mein Vater meinen Freispruch noch miterleben durfte. Danken möchte ich auch all unseren Freunden, die uns treu zur Seite standen und uns immer unterstützt haben. Insbesondere auch jenen, die mich in Amerika besucht und kiloweise Ragusa-Schokolade als Seelentröster im Gepäck hatten.

Ein spezieller Dank gilt den Zeugen meiner Verteidigung. Aus taktischen Gründen wurden sie nicht aufgerufen, doch sie zeigten seltene Zivilcourage und waren bereit, sich für mich einem Kreuzverhör mit einem US-Staatsanwalt auszusetzen.

Ein weiteres Dutzend Personen stellten sich meinen Anwälten für Recherche-Interviews zur Verfügung und lieferten so wichtige Anhaltspunkte für meine Verteidigung. Danke auch ihnen.

Ohne mein Team von Anwälten wäre ich auf verlorenem Posten gewesen. Da war Aaron Marcu, der bereits seit 2008 mein Anwalt und später der Coach und Stratege im Prozess war. Da war Kimberly (Kim) Zelnick, die den ganzen Prozess organisierte und koordinierte. Da war Matthew (Matt) Menchel, der die wichtigsten Kreuzverhöre mit Bravour meisterte. Und da war Julie Blackman, die uns während des ganzen Prozesses aus psychologischer Sicht beraten hat. Ihnen allen, aber auch all jenen, die im Freshfields-Team, im Team von Kobre & Kim sowie im Team von DOAR im Hintergrund zum Erfolg beigetragen haben, gehört ein ganz großes »Thank you«!

Meinem Jugendfreund, Tobias Trevisan, danke ich dafür, dass er nach meiner Rückkehr aus Florida die Medienarbeit koordinierte, mir bei den Interviews half und mich bei der Suche nach einem Verlag für das vorliegende Buch unterstützte.

Auch danken möchte ich meiner Verlegerin Gabriella Baumann-von Arx, die das Risiko auf sich nahm, mich als schriftstellerisch völlig unerfahrenen Autor unter Vertrag zu nehmen.

GLOSSAR

Dieses Glossar versucht, in verständlicher Sprache komplexe Sachverhalte sinngemäß zusammenzufassen und zu erklären, und erhebt keinen Anspruch auf juristische Vollständigkeit.

Anwaltsprivileg (oder auch Anwaltsgeheimnis) Der allgemeine Rechtsgrundsatz des »Schutzes der Vertraulichkeit anwaltlicher Rechtsberatung«. Um das Vertrauensverhältnis zwischen dem Mandanten und seinem Anwalt zu schützen, garantiert es unter anderem auch, dass der geführte Schriftverkehr zwischen den beiden vor dem Zugriff durch Dritte, selbst einer Behörde, bewahrt wird.

»Blue Chip«-Aktien Aktien international bekannter Unternehmen von hoher Reputation und Solidität.

»Brady and Giglio«-Beweismaterial Entscheid des obersten US-Gerichtshofes (U.S. Supreme Court), dass die Staatsanwaltschaft der Verteidigung kein *Brady-Beweismaterial vorenthalten darf*, das einen Angeklagten entlastet und/oder sein Strafmaß reduziert (Brady v. Maryland, 373 U.S. 83 [U.S. 1963]).

Die Offenlegungspflicht der Staatsanwaltschaft für Brady-Beweismaterial wurde 1972 um das *Giglio-Beweismaterial* erweitert.

Dabei handelt es sich um Beweismaterial, das *die Glaubwürdigkeit der Zeugen der Anklage in Zweifel zieht* und ab 1972 der Verteidigung ebenfalls zugänglich gemacht werden musste. Darunter fallen auch Abkommen der Staatsanwaltschaft mit Zeugen der Anklage, die Straferlass als »Entgelt« für deren Aussagen beinhalten (Giglio v. United States, 405 U.S. 150, 153 [U.S. 1972]).

Compliance Gesetzeskonformes, vorschriftsgemäßes Verhalten.

»Deemed Sales«-Regeln Nach diesen Regeln wurde ein Kauf von Wertschriften, der *außerhalb* der USA abgewickelt wurde (z. B. via Telefon, Mail, Fax), als *innerhalb* der USA ausgeführt behandelt, wenn eine »territoriale« Verbindung zu den USA bestand, unter anderem, wenn sich der US-Kunde zum Zeitpunkt des Auftrags in den USA befand. Rechtsgutachten belegten jedoch, dass mit der Einführung des »Qualified Intermediary Agreement« im Jahr 2001 die »Deemed Sales«-Regeln *außer Kraft gesetzt* wurden. Zu Beginn der Einführung dieses QI-Abkommens bestand allerdings zuerst noch Unklarheit, ob die »Deemed Sales«-Regeln noch Gültigkeit hatten. Nicht-US-Wertschriften (zum Beispiel deutsche Aktien) wären, wenn die »Deemed Sales«-Regeln noch Gültigkeiten gehabt hätten, für QI-Banken – internationale, nichtamerikanische Banken, die das QI-Abkommen unterzeichnet hatten – ebenfalls steuerlich relevant geworden. Dies erwies sich jedoch als nicht mehr zutreffend.

DoJ / Department of Justice Justizministerium der Vereinigten Staaten.

DPA / »Deferred Prosecution Agreement« (aufgeschobenes Strafverfolgungsabkommen) Eine Einigung zwischen der US-Staatsanwaltschaft und dem Angeklagten zu einem Verzicht auf Strafverfolgung. Dies setzt voraus, dass der Angeklagte eine »freiwillige« Verpflichtung zur Erfüllung der Forderungen der Staatsanwaltschaft eingeht. Ein DPA beinhaltet üblicherweise keine Schuldanerkennung. Nach Ablauf einer »Bewährungsfrist«, abgeschlossenen Gesellschaftsreformen und einer Vergleichszahlung wird die Klage fallen gelassen. Es handelt sich dabei um eine Einigung ähnlich einem NPA, »Non-Prosecution Agreement«. Der Übergang zum NPA ist »fließend« und verhandelbar.

Die OSB einigte sich im Jahr 2009 mit dem DoJ auf ein DPA ohne Schuldanerkennung.

Credit Suisse einigte sich im Jahr 2014 mit dem DoJ auf ein DPA mit Schuldanerkennung.

EBK / Eidgenössische Bankenkommission Ab 1. Januar 2009 in die damals gegründete FINMA integriert.

FINMA Eidgenössische Finanzmarktaufsicht.

Formulare
- **W9-Formular** Bekannt als »Antrag auf eine Steuerzahleridentifikations-Nummer und Zertifizierung«. Wurde von US-Steuerzahlern benutzt, um ihre Steueridentifikationsnummer (TIN) zu verifizieren. Diese Nummer wurde von der nichtamerikanischen, internationalen QI-Bank beim Ausfüllen des 1099-Steuerformulars verwendet.
- **1099-Steuerformular** Steuerformular, mit dem auf jährlicher Basis unter anderem Einnahmen aus Dividenden und Zinsen an den IRS deklariert wurden. Die QI-Banken haben das Ausfüllen dieses Formulars für ihre US-Kunden, die US-Wertschriften hielten und diese deklarierten, übernommen.

- **W-8BEN-Formular** Ein Formular, das bestätigte, dass es sich beim Kontoinhaber (Privatpersonen oder Gesellschaften) nicht um einen US-Steuerzahler handelte. Diesem wurde damals eine 31-prozentige Verrechnungssteuer auf dem US-Einkommen abgezogen. Für gewisse Herkunftsländer kam ein Doppelbesteuerungsabkommen zur Anwendung, das diesen Steuersatz reduzieren konnte. So wurde beispielsweise eine in Hong Kong domizilierte Aktiengesellschaft, die eine eigene Rechtspersönlichkeit hatte, als Nicht-US-Steuerzahler eingestuft, sofern sämtliche Grundsätze einer ordentlichen Gesellschaftsführung eingehalten wurden. Entsprechend musste ein W-8BEN-Formular ausgefüllt werden, selbst wenn der Hauptaktionär der Gesellschaft ein Amerikaner war.
- **Formular A** Eine Schweizer Bank war verpflichtet, die Identität des wirtschaftlich berechtigten Kontoinhabers festzustellen. Auf dem Formular A bestätigte der Kunde die wirtschaftliche Berechtigung an den eingebrachten Vermögenswerten.

Freies Geleit Zusage einer Behörde an eine bestimmte Person, beispielsweise einen Zeugen, nicht verhaftet zu werden.

Hearsay (Hörensagen) Wird im US-Strafprozess gebraucht und bedeutet, vereinfacht dargestellt, dass das Vorbringen von (mittelbaren) Beweisen oder Aussagen von nicht direkt involvierten Personen, die keine direkte Auswirkung auf ein Geschehen haben, vom Gericht als nicht relevant eingestuft wird. Bei dieser Regel gibt es allerdings diverse Ausnahmen, die je nach US-Bundesstaat unterschiedlich sind.

IRS / Internal Revenue Service Bundessteuerbehörde der Vereinigten Staaten; sie ist dem Finanzministerium unterstellt.

Länderpapier USA Spezifische Richtlinien der OSB für die Mitarbeiter im US-Geschäft. Diese regelten und beschränkten unter anderem die US-Kundenakquisition und die Wertschriftenberatungs-Dienstleistungen für US-Kunden.

»Levin-Coleman-Obama«-Gesetzesentwurf Ein im Jahr 2007 von den damaligen Senatoren Carl Levin, Norm Coleman und Barack Obama präsentierter Gesetzesvorschlag, der zum Ziel hatte, außeramerikanische Steueroasen – unter anderen die in der Schweiz und Liechtenstein – auszutrocknen.

MBO / Management-Buyout Als Management-Buyout wird die Übernahme eines Unternehmens, bei der das Management die Mehrheit des Kapitals von den bisherigen Eigentümern erwirbt, bezeichnet. Üblicherweise werden diese Übernahmen mit Bankkrediten finanziert.

Mock trail Fiktives Gerichtsverfahren, das vor allem im angelsächsischen Raum dazu dient, einen echten Prozess vorzubereiten.

NPA / »Non-Prosecution Agreement« (Nicht-Strafverfolgungs-Abkommen) Eine Einigung zwischen der US-Staatsanwaltschaft und dem Angeklagten zu einem Verzicht auf Strafverfolgung. Dieses Abkommen setzt *eine Schuldanerkennung* durch den Angeklagten voraus und beinhaltet eine Geldstrafe sowie die Verpflichtung zu Reformen unter der Aufsicht eines externen Revisors oder Überwachungsorgans. Die »Statthaftigkeit« solcher Abkommen muss Mal für Mal von einem US-Richter unabhängig überprüft werden. Der Übergang zu einem DPA ist fließend und verhandelbar.

NPV / Net Present Value Der Wert einer Investition, der aus den zukünftigen Profiten berechnet wird, die auf den aktuellen Tag abgezinst werden.

OVCI / »Offshore Voluntary Compliance Initiative« Die Möglichkeit für US-Steuerzahler, die mittels Offshore-Investments, unter anderem mit Kreditkarten, Steuern hinterzogen haben, ihre Aktivitäten gegenüber dem IRS offenzulegen und dadurch das Strafmaß zu mindern (Steueramnestie).

Pretrial Services Division Behörde, die in der US-Justiz für die Überwachung und Begleitung von Angeklagten vor und während des Prozesses zuständig ist.

QI-Abkommen / »Qualified Intermediary Agreement« (vereinfachte Darstellung) Ab 2001 schloss der IRS, die amerikanische Steuerbehörde, mit internationalen, nichtamerikanischen Banken ein QI-Abkommen ab. Die Banken übernahmen die Aufgaben und Pflichten eines »qualified intermediary«, eines qualifizierten Vermittlers dieses Abkommens.

Die Banken verpflichteten sich gegenüber dem IRS, für *nichtamerikanische Kunden mit US-Wertschriften* Dividenden und Zinserträge zurückzubehalten. Und dies auf anonymer Basis, jedoch gemäß den jeweils geltenden Doppelbesteuerungsabkommen.

Für *US-Kunden* der internationalen Banken sah das QI-Abkommen folgende offizielle Varianten vor:

1.) US-Kunden durften im Ausland US-Wertschriften halten, sofern sie ein W9-Steuerformular ausgefüllt hatten. Dieses Formular garantierte einen Informationsaustausch mit dem IRS. In diesen Fällen wurde kein QI-Verrechnungssteuerabzug vorgenommen.

2.) Wenn sich US-Kunden *verpflichteten*, im Ausland keine US-Wertschriften zu halten oder die, die sie bereits hatten, zu verkaufen, erfolgte kein QI-Verrechnungssteuerabzug oder Datenaustausch. Entsprechend war es internationalen Banken erlaubt, sogenannte »non-declared accounts« (undeklarierte Konten) zu führen.

3.) US-Kunden, die im Ausland US-Wertschriften hielten, jedoch anonym bleiben wollten. In diesem Fall erfolgte ein 31-prozentiger US-Verrechnungssteuerabzug, und zwar nicht nur auf Zinsen und Dividenden, sondern auch auf einem allfälligen Verkaufserlös.

SEC / United States Securities and Exchange Commission Amerikanische Börsenaufsichtsbehörde.

US-Treasury Finanzministerium der Vereinigten Staaten.

W9-Kunden Kunden, die ihre Anlagen gegenüber den US-Steuerbehörden deklariert hatten.

Ueli Oswald
This Jenny
Ein reiches Leben

192 Seiten, gebunden
mit Schutzumschlag
13,5 × 21,2 cm
Print ISBN 978-3-03763-061-7
E-Book ISBN 978-3-03763-584-1
www.woerterseh.ch

This Jenny war Unternehmer, Politiker, Vater, Ehemann und Lebenspartner. Und er war ein Menschenfreund. In seiner direkten Art redete er sich in die Herzen der Menschen und nahm nie ein Blatt vor den Mund – auch nicht als Ständerat. Was nicht viele wussten: Seine Kindheit war geprägt von Armut und Vernachlässigung. This Jenny war knapp 62-jährig, als er die Diagnose Magenkrebs erhielt und – nach reiflicher Überlegung – Ja sagte zu einem Buch über ihn. Und dies nicht ein-, sondern zweimal. Das erste Mal, als noch die Hoffnung bestand, er könne dem Autor Ueli Oswald selbst Red und Antwort stehen. Das zweite Mal, als klar war, dass die Zeit fehlte und er am Vorabend seines Todes Namen hinterließ. Namen von Menschen, die ihn ein Stück des Wegs begleitet hatten, von Menschen, die im nun vorliegenden Buch über ihn und sein reiches Leben erzählen. This Jenny kam am 4. Mai 1952 im Kantonsspital Glarus zur Welt, und er starb – viel zu früh – am 15. November 2014, am selben Ort. Er fehlt.

Ursula Hauser
Die Rebellin
Ein Leben für Frieden
und Gerechtigkeit

208 Seiten, gebunden
mit Schutzumschlag
13,5 × 21,2 cm
Print ISBN 978-3-03763-065-5
E-Book ISBN 978-3-03763-588-9
www.woerterseh.ch

Ursula Hausers Lebensweg scheint in geordneten Bahnen vorgezeichnet, als ein Schicksalsschlag dazu führt, dass sie ihr enges Umfeld nicht mehr aushält und nach Amerika reist. Dort gerät sie in den Strudel der Anti-Vietnam-Proteste und schließt sich der afroamerikanischen Bürgerrechtsbewegung an. Zurück in der Schweiz, engagiert sie sich in der 68er-Bewegung und beginnt, Psychologie zu studieren. 1980 reist sie als Psychoanalytikerin nach Nicaragua, um die sandinistische Revolution zu unterstützen und den vom Bürgerkrieg traumatisierten und sexuell ausgebeuteten Frauen zu helfen. Dort lernt sie Antonio Grieco kennen, einen Revolutionär und Weggefährten Che Guevaras. Die beiden sind glücklich verheiratet, bevor er an den Spätfolgen der Folter stirbt, die er in Uruguay erlitten hat. Noch heute reist Ursula Hauser in die Kriegs- und Krisengebiete dieser Welt und setzt in Flüchtlingslagern und Armenvierteln, unter anderem im Gazastreifen, ihre Vision von Frieden und Gerechtigkeit um.